中学生数学思维方法丛书

12 递归求解

冯跃峰 著

中国科学技术大学出版社

内容简介

本书介绍数学思维方法的一种形式:递归求解.其中一些内容是本书首次提出的,比如递归组、多维递归、递归不等式、固定元素、固定位置、剔除元素、剔除位置、"进"式归纳、"退"式归纳等,这是本书的特点之一.书中选用了一些数学原创题,有些问题还是第一次公开发表,这是本书的另一特点.此外,书中对每一个问题,并不是直接给出解答,而是详细分析如何发现其解法,这是本书的又一特点.

本书适合高等院校数学系师生、中学数学教师、中学生和数学爱好者阅读.

图书在版编目(CIP)数据

递归求解/冯跃峰著. —合肥:中国科学技术大学出版社,2016.10
(2024.9重印)

(中学生数学思维方法丛书)

ISBN 978-7-312-03988-1

Ⅰ.递… Ⅱ.冯… Ⅲ.中学数学课—教学参考资料 Ⅳ.G634.603

中国版本图书馆 CIP 数据核字(2016)第 164659 号

出版	中国科学技术大学出版社 安徽省合肥市金寨路96号,230026 http://press.ustc.edu.cn https://zgkxjsdxcbs.tmall.com
印刷	安徽省瑞隆印务有限公司
发行	中国科学技术大学出版社
开本	880 mm×1230 mm 1/32
印张	9.875
字数	239千
版次	2016年10月第1版
印次	2024年9月第4次印刷
定价	28.00元

序

问题是数学的心脏,学数学离不开解题.我国著名数学家华罗庚教授曾说过:如果你读一本数学书,却不做书中的习题,那就犹如入宝山而空手归.因此,如何解题,也就成为了一个千古话题.

国外曾流传着这样一则有趣的故事,说的是当时数学在欧几里得的推动下,逐渐成为人们生活中的一个时髦话题(这与当今社会截然相反),以至于托勒密一世也想赶这一时髦,学点数学.虽然托勒密一世见多识广,但在学数学上却很吃力.一天,他向欧几里得请教数学问题,听了半天,还是云里雾里不知所云,便忍不住向欧几里得要求道:"你能不能把问题讲得简单点呢?"欧几里得笑着回答:"很抱歉,数学无王者之路."欧几里得的意思是说,要想学好数学,就必须扎扎实实打好基础,没有捷径可走.后来人们常用这一故事讥讽那些凡事都想投机取巧之人.但从另一个角度想,托勒密一世的要求也未必过分,难道数学就只能是"神来之笔",不能让其思路来得更自然一些吗?

记得我少年时期上学,每逢学期初发新书的那个时刻是最令我兴奋的,书一到手,总是迫不及待地看看书中有哪些新的内容,一方面是受好奇心的驱使,另一方面也是想测试一下自己,看能不能不用老师教也能读懂书中的内容.但每每都是失望而终:尽管书中介绍的知识都弄明白了,书中的例题也读懂了,但一做书中的练习题,却还

是不会.为此,我曾非常苦恼,却又万思不得其解.后来上了大学,更是对课堂中老师那些"神来之笔"惊叹不已,严密的逻辑推理常常令我折服.但我未能理解的是,为什么会想到这么做呢?

20世纪中叶,美国数学教育家G.Polya的数学名著《怎样解题》风靡全球,该书使我受益匪浅.这并不是说,我从书中学到了"怎样解题",而是它引发了我对数学思维方法的思考.

实际上,数学解题是一项系统工程,有许许多多的因素影响着它的成败.本质的因素有知识、方法(指狭义的方法,即解决问题所使用的具体方法)、能力(指基本能力,即计算能力、推理能力、抽象能力、概括能力等)、经验等,由此构成解题基础;非本质的因素有兴趣、爱好、态度、习惯、情绪、意志、体质等,由此构成解题的主观状态;此外,还受时空、环境、工具的约束,这些构成了解题的客观条件.但是,具有扎实的解题基础,且有较好的客观条件,主观上也做了相应的努力,解题也不一定能获得成功.这是因为,数学中真正标准的、可以程序化的问题(像解一元二次方程)是很少的。解题中,要想把问题中的条件与结论沟通起来,光有雄厚的知识、灵活的方法和成功的解题经验是不够的.为了判断利用什么知识,选用什么方法,就必须对问题进行解剖、识别,对各种信息进行筛选、加工和组装,以创造利用知识、方法和经验的条件.这种复杂的、创造性的分析过程就是数学思维过程.这一过程能否顺利进行,取决于思维方法是否正确.因此,正确的思维方法亦是影响解题成败的重要因素之一.

经验不止一次地告诉我们:知识不足还可以补充,方法不够也可以积累,但若不善思考,即使再有知识和方法,不懂得如何运用它们解决问题,也是枉然.与此相反,掌握了正确的思维方法,知识就不再是孤立的,方法也不再是呆板的,它们都建立了有血有肉的联系,组成了生机勃勃的知识方法体系,数学思维活动也就充满了活力,得到了更完美的发挥与体现.

序

G. Polya 曾指出,解题的价值不是答案本身,而在于弄清"是怎样想到这个解法的","是什么促使你这样想、这样做的".这实际上都属于数学思维方法的范畴.所谓数学思维方法,就是在基本数学观念系统作用下进行思维活动的心理过程.简单地说,数学思维方法就是找出已有的数学知识和新遇的数学问题之间联系的一种分析、探索方法.在一般情况下,问题与知识的联系并非是显然的,即使有时能在问题中看到某些知识的"影子",但毕竟不是知识的原形,或是披上了"外衣",或是减少了条件,或是改变了结构,从而没有现成的知识、方法可用,这就是我在学生时代"为什么知识都明白了,例题也看懂了,还是不会做习题"的原因.为了利用有关的知识和方法解题,就必须创造一定的"条件",这种创造条件的认识、探索过程,就是数学思维方法作用的过程.

但是,在当前数学解题教学中,由于"高考"指挥棒的影响,教师往往只注重学生对知识方法掌握的熟练程度,不少教师片面地强调基本知识和解决问题的具体方法的重要性,忽视思维方法方面的训练,造成学生解决一般问题的困难.为了克服这一困难,各种各样的、非本质的、庞杂零乱的具体解题技巧统统被视为规律,成为教师谆谆告诫的教学重点,学生解题也就试图通过记忆、模仿来补偿思维能力的不足,利用胡猜乱碰代替有根据、有目的的探索.这不仅不能提高学生的解题能力,而且对于系统数学知识的学习,对于数学思维结构的健康发展都是不利的.

数学思维方法通常又表现为一种解题的思维模式.例如,G. Polya 就在《怎样解题》中列出了一张著名的解题表.容许我们大胆断言,任何一种解题模式均不可能囊括人们在解题过程中表现出来的各种思维特征,诸如观察、识别、猜想、尝试、回忆、比较、直觉、顿悟、联想、类比、归纳、演绎、想象、反例、一般化、特殊化等.这些思维特征充满解题过程中的各个环节,要想用一个模式来概括,那就像用

数以千计的思维元件来构造一个复杂而庞大的解题机器.这在理论上也许是可行的,但在实际应用中却很不方便,难以被人们接受.更何况数学问题形形色色,任何一个模式都未必能适用所有的数学问题.因此,究竟如何解题,其核心内容还是学会如何思考.有鉴于此,笔者想到写这样一套关于数学思维方法的丛书.

本丛书也不可能穷尽所有的数学思维方法,只是选用一些典型的思维方法为代表做些介绍.这些方法,或是作者原创发现,或是作者从一个全新的角度对其进行了较为深入的分析与阐述.

囿于水平,书中观点可能片面武断,错误难免,敬请读者不吝指正.

冯跃峰
2015 年 1 月

目 录

1 递归方程的解法 ··· (001)
　1.1 迭代法 ··· (004)
　1.2 猜想与证明 ··· (010)
　1.3 转化法 ··· (011)
　1.4 特征根法 ··· (031)
　习题 1 ··· (035)
　习题 1 解答 ··· (038)

2 几种非常规递归形式 ····································· (055)
　2.1 分式递归 ··· (055)
　2.2 递归方程组 ··· (065)
　2.3 多维递归 ··· (076)
　2.4 递归不等式 ··· (104)
　习题 2 ··· (122)
　习题 2 解答 ··· (126)

3 递归数列项的性质研究 ··································· (144)
　3.1 通项法 ··· (144)
　3.2 直接利用递归关系法 ································· (153)

 3.3 寻找新递归新数列法 ·················· (158)
 3.4 代换转化法及其他 ···················· (174)
 习题 3 ······································· (186)
 习题 3 解答 ·································· (189)

4 如何建立递归关系 ···························· (207)
 4.1 初值递归 ···························· (207)
 4.2 定元递归 ···························· (225)
 4.3 定位递归 ···························· (237)
 4.4 容斥递归 ···························· (247)
 4.5 分拆递归 ···························· (252)
 4.6 分段递归 ···························· (259)
 习题 4 ······································· (286)
 习题 4 解答 ·································· (288)

1 递归方程的解法

我们先看如下两个有趣的问题:

问题 1(兔子繁殖问题) 意大利数学家斐波那契(Fibonacci)在"算盘书"中提出了如下的问题:

已知 1 对成熟了的兔子每个月可以生 1 对小兔子,小兔子 1 个月以后成熟,第 2 个月就可再生小兔子.试问:1 对成熟的兔子在 1 年内能繁殖出多少对成熟的兔子?

用 f_k 表示 k 个月后成熟的兔子的总对数,显然 $f_0=1$.

在第 1 个月,那对成熟的兔子生了 1 对小兔子,但这对小兔子没有成熟,不能算作成熟的兔子对.所以,第 1 个月后成熟的兔子对总数仍为 1,即 $f_1=1$.

在第 2 个月,上个月出生的 1 对小兔子在本月底已经成熟,应算入成熟的兔子对总数,而上个月中成熟的那对兔子也应算入成熟兔子对总数.所以,第 2 个月后成熟的兔子对总数为 $1+1=2$,即 $f_2=2$.

一般地,在第 n 个月,成熟的兔子对有两个来源:一是第 $n-1$ 个月出生的 x 对小兔子在本月底已经成熟,应算入成熟的兔子对总数;二是第 $n-1$ 个月中成熟的那 f_{n-1} 对兔子也应算作成熟兔子对.所以,第 n 个月后成熟的兔子对总数为 $x+f_{n-1}$,即 $f_n=x+f_{n-1}$.

现在来看看 x 是多少.第 $n-1$ 个月出生了 x 对小兔子,意味着

第 $n-2$ 个月有 x 对成熟的兔子,即 $x=f_{n-2}$.

所以,$f_n = f_{n-1} + f_{n-2}$.

兔子繁殖过程可用图 1.1 表示如下,其中 ¤ 表示未成熟的兔子对,⊙ 表示成熟了的兔子对.

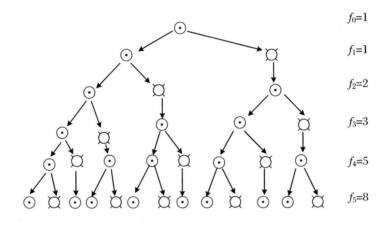

图 1.1

将每个月的成熟兔子对依次排成数列:1,1,2,3,5,8,…. 此数列由 $f_0 = f_1 = 1, f_n = f_{n-1} + f_{n-2}$ 确定,人们称之为斐波那契数列.

问题 2(猴子分苹果问题) 1979 年美籍华人李政道博士访问中国科学技术大学时,给当时的科大少年班提出了如下一个问题:

海滩上有一堆苹果,这是 5 个猴子的财产. 它们要平均分配. 第一个猴子来了,它左等右等,未等来别的猴子,便把苹果分为 5 堆,每堆一样多,还剩下一个. 它把剩下的一个扔到海里,自己拿走了 5 堆中的一堆. 第二个猴子来了,它也未等到别的猴子,便把苹果分为 5 堆,每堆一样多,又剩下一个. 它也把剩下的一个扔到海里,拿一堆走了. 以后每个猴子到来都是如此处理. 问原来至少有多少个苹果?最后至少有多少个苹果?

对该问题,李政道博士指出:用通常的方法列方程组解上述问题相当麻烦,而著名的英国物理学家狄拉克提出了一个相当巧妙的解法：

设原有 n 个苹果,而 5 个猴子分得的苹果数依次为 $A_1, A_2, \cdots, A_5$,则得到方程组：

$$n = 5A_1 + 1, \quad 4A_1 = 5A_2 + 1, \quad 4A_2 = 5A_3 + 1,$$
$$4A_3 = 5A_4 + 1, \quad 4A_4 = 5A_5 + 1.$$

这个方程组有一组特解 $A_1 = A_2 = \cdots = A_5 = -1, n = -4$.

注意到与方程组相应的齐次方程组的通解是

$$n' = 5A_1' = 5 \cdot \frac{5}{4} \cdot A_2' = 5 \cdot \left(\frac{5}{4}\right)^2 \cdot A_3'$$
$$= 5 \cdot \left(\frac{5}{4}\right)^3 \cdot A_4' = 5 \cdot \left(\frac{5}{4}\right)^4 \cdot A_5'.$$

令 $A_5' = k$（k 为任意常数）,得到原方程组的通解为

$$n = 5 \cdot \left(\frac{5}{4}\right)^4 k - 4, \quad A_j = \left(\frac{5}{4}\right)^{5-j} k - 1 \quad (j = 1, 2, 3, 4, 5).$$

可见,n 的最小正整数取值为 $n_{\min} = 5^5 - 4 = 3\,121$,此时 $k = 4^4 = 256$,而最后剩下的苹果的数目是 $4A_5 = 4(k-1) = 1\,020$.

注 令 $A_5 = 1$,似乎能使最后的苹果数达到最小值为 6,但它却不满足递归关系 $4A_4 = 5A_5 + 1$.

上面的解答利用了高等代数中线性方程组解的理论,超出了中学生的知识范围,不无"烦琐"之嫌.那么,此问题有无简单的解法? 回答是肯定的,利用递归数列知识即可使之简单获解.

一般地,对于数列 $\{a_n\}$,如果存在 r 元函数 $f(x_1, x_2, \cdots, x_r)$,使对任何 $n \geqslant r+1$,都有

$$a_n = f(a_{n-1}, a_{n-2}, \cdots, a_{n-r}), \qquad ①$$

或存在 $r+1$ 元函数 $F(x_1, x_2, \cdots, x_{r+1})$,使对任何 $n \geqslant r+1$,都有

$$F(a_n, a_{n-1}, \cdots, a_{n-r}) = 0, \qquad ②$$

则称数列 $\{a_n\}$ 为 r 阶递归数列.

上面的①式和②式都称为数列 $\{a_n\}$ 的 r 阶递归关系或递归方

程,其中①式是显式递归方程,而②式是隐式递归方程.

如果递归关系中的 r 元函数 $f(x_1,x_2,\cdots,x_r)$ 是线性函数,即
$$f(x_1,x_2,\cdots,x_r) = k_1 x_1 + k_2 x_2 + \cdots + k_r x_r + k_{r+1},$$
则称数列 $\{a_n\}$ 为 r 阶线性递归数列.

特别地,当 $k_{r+1}=0$ 时,称数列 $\{a_n\}$ 为 r 阶齐次线性递归数列.当 $k_1,k_2,\cdots,k_r,k_{r+1}$ 为常数时,称数列 $\{a_n\}$ 为常系数线性递归数列.

r 阶递归数列 $\{a_n\}$ 的前 r 项 $a_1,a_2,\cdots,a_r$ 的值称为数列 $\{a_n\}$ 的初值,由数列 $\{a_n\}$ 的初值及递归关系便可唯一确定一个数列 $\{a_n\}$.

本章介绍求递归数列通项的一些常用方法.

1.1 迭 代 法

所谓迭代法,就是反复利用递归关系,从 a_n 开始,一次一次地代入,直至转化为数列初值的运算.它是求递归数列通项的基本方法,其过程可以表示为
$$\begin{aligned}a_n &= f(a_{n-1},a_{n-2},\cdots,a_{n-r})\\&= f(f(a_{n-2},\cdots,a_{n-r-1}),f(a_{n-3},\cdots,a_{n-r-2}),\cdots,\\&\quad f(a_{n-r-1},\cdots,a_{n-2r}))\\&= \cdots = g(a_1,a_2,\cdots,a_r).\end{aligned}$$

迭代法的另一种表现形式是由递归方程依次得到 $n-r$ 个递归方程:
$$\begin{aligned}a_n &= f(a_{n-1},a_{n-2},\cdots,a_{n-r}),\\a_{n-1} &= f(a_{n-2},a_{n-3},\cdots,a_{n-r-1}),\\&\cdots\cdots\\a_{r+1} &= f(a_r,a_{r-1},\cdots,a_1),\end{aligned}$$
然后叠合这 $n-r$ 个方程得出相应结果.此时,有两种常见的叠合方

式,分别是"累加"和"累乘".

一般来说,对于多项式形式(用加号连接)的递归关系,可用累加法求通项;对于单项式形式(用乘号连接)的递归关系,可用累乘法求通项.

例如,等差数列 $a_n = a_{n-1} + d$,就可用累加法求通项;等比数列 $a_n = a_{n-1} \cdot q$,就可用累乘法求通项.

例1 设 $a_1 = 2, a_{n+1} = a_n + 3n + 2$,求 a_n.

分析与解 递归关系是多项式形式,可用累加法求通项.

实际上,将递归关系中的 n 依次换成 $1, 2, \cdots, n-1$,得

$$a_2 = a_1 + 3 \times 1 + 2,$$
$$a_3 = a_2 + 3 \times 2 + 2,$$
$$\cdots\cdots$$
$$a_n = a_{n-1} + 3 \times (n-1) + 2,$$

以上各式相加,得

$$a_n = a_1 + 3 \times \frac{n(n-1)}{2} + 2(n-1) = \frac{3n^2 + n}{2}.$$

例2 设 $a_1 = 3, a_{n+1} = \left(1 - \frac{1}{n}\right)a_n + 1$,求 a_n.

分析与解 本题表面上不具备 $a_n = a_{n-1} + f(n)$ 的形式,但适当变形即可变为这种形式.

实际上,递归关系可以变为

$$na_{n+1} = (n-1)a_n + n,$$

将 $\{na_n\}$ 看作一个新数列,即可按上述方法求解.

将其中的 n 依次换成 $1, 2, \cdots, n-1$,得

$$a_2 = 1,$$
$$2a_3 = a_2 + 2,$$
$$3a_4 = 2a_3 + 3,$$

……

$$(n-1)a_n = (n-2)a_{n-1} + (n-1),$$

以上各式相加,得

$$(n-1)a_n = \frac{1}{2}n(n-1).$$

当 $n \neq 1$ 时,$a_n = \frac{n}{2}$;当 $n = 1$ 时,$a_1 = 3$.故

$$a_n = \begin{cases} 3, & n = 1, \\ \dfrac{n}{2}, & n \neq 1. \end{cases}$$

例3 设 $a_1 = 5$,$a_{n+1} = a_n \cdot 5^{n+1}$,求 a_n.

分析与解 递归关系是单项式形式,可用累乘法求通项.

实际上,将递归关系中的 n 依次换成 $1, 2, \cdots, n-1$,得

$$a_2 = 5^2 a_1,$$
$$a_3 = 5^3 a_2,$$
$$\cdots\cdots$$
$$a_n = 5^n a_{n-1},$$

以上各式累乘,得

$$a_n = a_1 5^{2+3+\cdots+n} = 5^{\frac{n(n+1)}{2}}.$$

例4 设正数列 $a_0, a_1, \cdots, a_n$ 满足:$\sqrt{a_n a_{n-2}} - \sqrt{a_{n-1} a_{n-2}} = 2a_{n-1}(n \geq 2)$,且 $a_0 = a_1 = 1$,求数列 $\{a_n\}$ 的通项公式.(1993年全国高中数学联赛试题)

分析与解 注意到与 $\sqrt{a_n a_{n-2}}$、$\sqrt{a_{n-1} a_{n-2}}$ 都接近的式子为 $\sqrt{a_{n-1} a_{n-2}}$ 及 $\sqrt{a_n a_{n-1}}$.再注意到 $\sqrt{a_{n-1} a_{n-2}}$ 还与递归方程右边的 a_{n-1} 接近,从而想到对递归方程两边都除以 $\sqrt{a_{n-1} a_{n-2}}$,得

$$\sqrt{\frac{a_n}{a_{n-1}}} - 1 = 2\sqrt{\frac{a_{n-1}}{a_{n-2}}},$$

即

$$\sqrt{\frac{a_n}{a_{n-1}}} - 2\sqrt{\frac{a_{n-1}}{a_{n-2}}} = 1, \qquad (1)$$

由此得

$$\sqrt{\frac{a_{n-1}}{a_{n-2}}} - 2\sqrt{\frac{a_{n-2}}{a_{n-3}}} = 1, \qquad (2)$$

$$\cdots\cdots$$

$$\sqrt{\frac{a_2}{a_1}} - 2\sqrt{\frac{a_1}{a_0}} = 1, \qquad (n-1)$$

$(1) \times 1 + (2) \times 2 + (3) \times 2^2 + \cdots + (n-1) \times 2^{n-2}$, 得

$$\sqrt{\frac{a_n}{a_{n-1}}} - 2^{n-1}\sqrt{\frac{a_1}{a_0}} = 1 + 2 + 2^2 + \cdots + 2^{n-2},$$

$$\sqrt{\frac{a_n}{a_{n-1}}} = 2^{n-1} + 1 + 2 + 2^2 + \cdots + 2^{n-2} = 2^n - 1,$$

$$a_n = (2^n - 1)^2 a_{n-1}.$$

累乘迭代,得

$$a_n = (2^n - 1)^2 a_{n-1} = (2^n - 1)^2 (2^{n-1} - 1)^2 a_{n-2}$$

$$= \cdots = \prod_{k=1}^{n}(2^k - 1)^2 \quad (n > 0).$$

综上所述,$a_n = 1(n=0), a_n = \prod_{k=1}^{n}(2^k - 1)^2 (n > 0)$.

在使用上述迭代方法时,要注意化简已知的递归关系式,或寻找新递归关系式.

例5 设数列 $a_1, a_2, a_3, \cdots, a_n$ 满足:$a_1 = a_2 = 1, a_2 = 2$,且对任何自然数 n,有 $a_n a_{n+1} a_{n+2} \neq 1$.若 $a_n a_{n+1} a_{n+2} a_{n+3} = a_n + a_{n+1} + a_{n+2} + a_{n+3}$,求 $a_1 + a_2 + \cdots + a_{100}$.(1992年全国高中数学联赛试题)

分析与解 注意到 $a_n + a_{n+1} + a_{n+2} + a_{n+3}$ 错位相减可抵消许多项,于是,由

$$a_n a_{n+1} a_{n+2} a_{n+3} = a_n + a_{n+1} + a_{n+2} + a_{n+3}.$$

递推一次,得

$$a_{n+1} a_{n+2} a_{n+3} a_{n+4} = a_{n+1} + a_{n+2} + a_{n+3} + a_{n+4},$$

两式相减,得

$$a_{n+1} a_{n+2} a_{n+3} (a_{n+4} - a_n) = a_{n+4} - a_n,$$
$$(a_{n+4} - a_n)(a_{n+1} a_{n+2} a_{n+3} - 1) = 0.$$

又 $a_{n+1} a_{n+2} a_{n+3} \neq 1$,所以 $a_{n+4} = a_n$.

由初值及递归关系,易知 $a_4 = 4$,所以

$$a_1 + a_2 + \cdots + a_{100} = 25(a_1 + a_2 + a_3 + a_4) = 25 \times 8 = 200.$$

例 6 设数列 a_n 的前 n 项的和为 $S_n = 2a_n - 1 (n=1,2,\cdots)$,数列 b_n 满足: $b_1 = 3, b_{k+1} = a_k + b_k (k = 1, 2, \cdots)$. 求数列 $\{b_n\}$ 的前 n 项和. (1996 年全国高中数学联赛试题)

分析与解 因为 $S_n = 2a_n - 1, a_1 = S_1 = 2a_1 - 1$,所以 $a_1 = 1$.

又由 $S_n = 2a_n - 1$ 递推一次,得

$$S_{n-1} = 2a_{n-1} - 1.$$

两式相减消去 S_n,得

$$a_n = S_n - S_{n-1} = (2a_n - 1) - (2a_{n-1} - 1) = 2a_n - 2a_{n-1},$$

所以 $a_n = 2a_{n-1}$,即数列 $\{a_n\}$ 是首项为 1、公比为 2 的等比数列.

对于 $b_{k+1} = a_k + b_k$,取 $k = 1, 2, \cdots, n-1$,将各式相加,得

$$b_n = S_{n-1} + b_1 = 2^{n-1} + 2,$$

所以数列 $\{b_n\}$ 的前 n 项和为

$$S_n' = \sum (2^{k-1} + 2) = 2^n + 2n - 1.$$

例 7 设 $a_1 = 4$,对 $n \geq 2$,有 $a_n + a_{n-1} = 4 \cdot 3^{n-1} + 4$,求 a_n.

分析与解 由递归关系,有

$$a_n + a_{n-1} = 4 \cdot 3^{n-1} + 4,$$
$$a_{n-1} + a_{n-2} = 4 \cdot 3^{n-2} + 4,$$

……

$$a_2 + a_1 = 4 \cdot 3^1 + 4.$$

为了消去尽可能多的项,需要对以上各式交替进行加减,最后一式是"加"还是"减",取决于 n 的奇偶性,但下面的解法可避免分类讨论.

将上述第 i 个式子两边同时乘以 $(-1)^{i-1}$,得

$$(-1)(a_{n-1} + a_{n-2}) = (-1)(4 \cdot 3^{n-2} + 4),$$
$$(-1)^2(a_{n-2} + a_{n-3}) = (-1)^2(4 \cdot 3^{n-3} + 4),$$

……

$$(-1)^{n-3}(a_3 + a_2) = (-1)^{n-3}(4 \cdot 3^2 + 4),$$
$$(-1)^{n-2}(a_2 + a_1) = (-1)^{n-2}(4 \cdot 3 + 4),$$

以上各式相加,得

$$\begin{aligned}
a_n &+ (-1)^n a_1 \\
&= 4[3^{n-1} + (-1) \cdot 3^{n-2} + \cdots + (-1)^{n-2} \cdot 3] + \frac{1 + (-1)^n}{2} \cdot 4 \\
&= 4 \cdot \frac{3^{n-1}\left[1 - \left(-\frac{1}{3}\right)^{n-1}\right]}{1 - \left(-\frac{1}{3}\right)} + \frac{1 + (-1)^n}{2} \cdot 4 \\
&= 4 \cdot \frac{3^{n-1} + (-1)^n}{1 + \frac{1}{3}} + 2 + 2 \cdot (-1)^n \\
&= 3[3^{n-1} + (-1)^n] + 2 + 2 \cdot (-1)^n \\
&= 3^n + 3 \cdot (-1)^n + 2 + 2 \cdot (-1)^n,
\end{aligned}$$

所以

$$\begin{aligned}
a_n &= 3^n + 5 \cdot (-1)^n + 2 - (-1)^n a_1 \\
&= 3^n + 5 \cdot (-1)^n + 2 - 4 \cdot (-1)^n \\
&= 3^n + 2 + (-1)^n.
\end{aligned}$$

1.2 猜想与证明

这种方法是通过若干初值呈现出的某种规律,猜想递归数列的通项,然后用数学归纳法或其他方法加以证明.

例1 设 $a_1 = p+q(p \neq q)$,$a_2 = \dfrac{p^3-q^3}{p-q}$,$a_n = (p+q)a_{n-1} - pqa_{n-2}$,求 a_n.

分析与解 先由递归关系求出前面若干项.易知

$$a_1 = p+q = \frac{p^2-q^2}{p-q},$$

$$a_2 = \frac{p^3-q^3}{p-q},$$

$$\begin{aligned}a_3 &= (p+q)a_2 - pqa_1 \\ &= (p+q) \cdot \frac{p^3-q^3}{p-q} - pq \cdot \frac{p^2-q^2}{p-q} = \frac{p^4-q^4}{p-q}.\end{aligned}$$

由上面各项的表现形式,可进一步设

$$a_{k-1} = \frac{p^k-q^k}{p-q},\quad a_k = \frac{p^{k+1}-q^{k+1}}{p-q},$$

则

$$\begin{aligned}a_{k+1} &= (p+q)a_k - pqa_{k-1} \\ &= (p+q) \cdot \frac{p^{k+1}-q^{k+1}}{p-q} - pq \cdot \frac{p^k-q^k}{p-q} \\ &= \frac{p^{k+2}-q^{k+2}}{p-q}.\end{aligned}$$

故

$$a_n = \frac{p^{n+1}-q^{n+1}}{p-q}.$$

例2 设数列 $\{a_n\}$ 是无穷递增数列,$a_1 = 1$,对所有正整数 n,有

$$4a_n a_{n+1} = (a_n + a_{n+1} - 1)^2,$$

求 a_n.

分析与解 在递归关系中令 $n=1$,得

$$4a_1 a_2 = (a_1 + a_2 - 1)^2.$$

又 $a_1 = 1$,所以 $4a_2 = a_2^2$,故 $a_2 = 0$ 或 4.

因为数列 $\{a_n\}$ 是递增数列,有 $a_2 > a_1 = 1$,所以 $a_2 = 4$.

在递归关系中令 $n=2$,得

$$4a_2 a_3 = (a_2 + a_3 - 1)^2,$$

又 $a_1 = 4$,所以 $16a_3 = (a_3 + 3)^2$,解得 $a_3 = 1$ 或 9.

因为数列 $\{a_n\}$ 是递增数列,有 $a_3 > a_2 = 4$,所以 $a_3 = 9$.

由上面各项的表现形式,可进一步设 $a_k = k^2$,则在递归关系中令 $n=k$,得

$$4a_k a_{k+1} = (a_k + a_{k+1} - 1)^2,$$

于是,有

$4k^2 a_{k+1} = (k^2 + a_{k+1} - 1)^2 = (k^2 - 1)^2 + 2(k^2 - 1)a_{k+1} + a_{k+1}^2,$

$a_{k+1}^2 - 2(k^2 + 1)a_{k+1} + (k^2 - 1)^2 = 0,$

$[a_{k+1} - (k+1)^2][a_{k+1} - (k-1)^2] = 0,$

$a_{k+1} = (k+1)^2$ 或 $(k-1)^2$.

因为数列 $\{a_n\}$ 是递增数列,有 $a_{k+1} > a_k = k^2$,所以 $a_{k+1} = (k+1)^2$.

综上所述,对一切正整数 n,有 $a_n = n^2$.

 转 化 法

这种方法就是将当前的递归关系转化为熟悉的递归关系进行求解的方法.

我们主要介绍四种类型递归关系的转化方案.

1. $x_n = ax_{n-1} + cn + d$ 型（简称 I 型递归关系）

基本想法：设法去掉"尾巴"项 $cn + d$，可将其归入通项，即寻找关于 n 的一次多项式 $pn + q$，使 $\{x_n + pn + q\}$ 是 1 阶齐次递归数列，即等比数列（其公比显然为 a）.

实际上，设
$$x_n + pn + q = a[x_{n-1} + p(n-1) + q],$$
$$x_n = ax_{n-1} + (a-1)pn + (a-1)q - ap,$$
与已知递归关系比较，得
$$(a-1)p = c, \quad (a-1)q - ap = d.$$
如果 $a \neq 1$，解上述方程组，得
$$p = \frac{c}{a-1}, \quad q = \frac{d}{a-1} + \frac{ac}{(a-1)^2}.$$

因为上述得到的 p, q 的表达式较复杂，在实际解题过程中，可用待定系数法直接求，不需记住上述结果.

此外，如果 $a = 1$，此时 $\{x_n - x_{n-1}\}$ 是等差数列，则直接累加迭代即可求出通项.

例 1 设 $x_1 = 1, x_n = 3x_{n-1} + 1$，求 x_n.

分析与解 令
$$x_n + m = 3(x_{n-1} + m),$$
则
$$x_n = 3x_{n-1} + 2m,$$
与递归关系 $x_n = 3x_{n-1} + 1$ 比较，得 $m = \frac{1}{2}$. 于是
$$x_n + \frac{1}{2} = 3x_{n-1} + \frac{3}{2} = 3\left(x_{n-1} + \frac{1}{2}\right),$$
所以数列 $\left\{x_n + \frac{1}{2}\right\}$ 是公比为 3 的等比数列. 故
$$x_n + \frac{1}{2} = \left(x_1 + \frac{1}{2}\right) \times 3^{n-1} = \frac{3^n}{2},$$

所以
$$x_n = \frac{3^n - 1}{2}.$$

另解 令 $x_n = y_n + a$,代入原递归关系,得
$$y_n = 3y_{n-1} + 2a + 1,$$
令 $2a + 1 = 0$,得 $a = -\frac{1}{2}$,则
$$y_n = 3y_{n-1}.$$
所以数列 $\{y_n\}$ 是公比为 3 的等比数列,故
$$y_n = y_1 \times 3^{n-1} = \frac{3^n}{2},$$
所以
$$x_n = \frac{3^n - 1}{2}.$$

例 2 海滩上有一堆苹果,这是 5 个猴子的财产,它们要平均分配.第一个猴子来了,它左等右等,未等来别的猴子,便把苹果分为 5 堆,每堆一样多,还剩下一个.它把剩下的一个扔到海里,自己拿走了 5 堆中的一堆.以后每个猴子到来都是如此办理.问原来至少有多少个苹果?最后至少有多少个苹果?

分析与解 前面我们介绍了本题的一个高等代数解法,这里介绍一个初等解法.设原有 N 个苹果,而 5 个猴子分得的苹果数依次为 $A_1, A_2, \cdots, A_5$,则得到递归方程
$$4A_n = 5A_{n+1} + 1 \quad (n = 0, 1, 2, \cdots, 4, A_0 = \frac{N}{4}).$$

利用待定系数法,递归关系可变为
$$A_{n+1} + 1 = \frac{4}{5}(A_n + 1),$$
所以 $\{A_n + 1\}$ 是公比为 $\frac{4}{5}$ 的等比数列,于是

$$A_5 + 1 = (A_0 + 1) \cdot \left(\frac{4}{5}\right)^5,$$

$$A_0 = (A_5 + 1) \cdot \left(\frac{5}{4}\right)^5 - 1,$$

$$N = 4A_0 = (A_5 + 1) \cdot \frac{5^5}{4^4} - 4.$$

要使 N 最小,只需 $A_5 + 1$ 最小,注意到 $(4,5) = 1$,由上式可知, $4^4 | A_5 + 1$,所以 $A_5 + 1$ 的最小值为 $4^4 = 256$,此时

$$N = 4A_0 = (A_5 + 1) \cdot \frac{5^5}{4^4} - 4 = 5^5 - 4 = 3\,121,$$

而最后剩下的苹果数为 $4A_5 = 4^5 - 4 = 1\,020$.

例 3 设 $x_1 = 1, x_n = 2x_{n-1} + n - 1$,求 x_n.

分析与解 令

$$x_n + kn + m = 2[x_{n-1} + k(n-1) + m],$$

则

$$x_n = 2x_{n-1} + kn + m - 2k,$$

与递归关系 $x_n = 2x_{n-1} + n - 1$ 比较,有

$$k = 1, \quad m - 2k = -1,$$

解得 $k = m = 1$.

于是,递归关系变为

$$x_n + n + 1 = 2[x_{n-1} + (n-1) + 1],$$

所以数列 $\{x_n + n + 1\}$ 是公比为 2 的等比数列.因此

$$x_n + n + 1 = (x_1 + 1 + 1) \times 2^{n-1} = 3 \times 2^{n-1},$$

故 $x_n = 3 \times 2^{n-1} - n - 1$.

例 4 已知正整数列 $\{a_n\}$ 满足条件:对于任意正整数 n,从集合 $\{a_1, a_2, \cdots, a_n\}$ 中不重复地任取若干个数,这些数之间经过加减运算后所得的数的绝对值为互不相同的正整数,且这些正整数与 a_1, $a_2, \cdots, a_n$ 一起恰好是 1 至 S_n 全体自然数组成的集合,其中 S_n 为数

列 $\{a_n\}$ 的前 n 项和.

(1) 求 a_1, a_2 的值;

(2) 求数列 $\{a_n\}$ 的通项公式.

(2007 年高中数学联赛四川赛区初赛试题)

分析与解 为了便于理解题意,我们先给出如下定义:

对于数集 $X = \{x_1, x_2, \cdots, x_k\}$,记 $U = \{p_1 x_1, p_2 x_2, \cdots, p_k x_k\}$,其中 $p_1^2 = p_2^2 = \cdots = p_k^2 = 1$,我们称 U 为 X 的派生集.

设 $U = \{p_1 x_1, p_2 x_2, \cdots, p_k x_k\}$,$V = \{q_1 x_1, q_2 x_2, \cdots, q_k x_k\}$ 是 X 的两个派生集,如果对每一个 $i = 1, 2, \cdots, k$,有 $p_i x_i + q_i x_i = 0$,则称 U, V 是相关的,否则称为无关的.

称一个集合中所有元素之和的绝对值为该集合的绝对和,则 X 的两个相关的派生集的绝对和相等.

显然,$X = \{x_1, x_2, \cdots, x_k\}$ 共有 2^k 个派生集,其中有 2^{k-1} 个派生集是互不相关的.

对于原题,其条件可表述为:对集合 $\{a_1, a_2, \cdots, a_n\}$,考察它的所有非空子集的所有无关派生集,它们的绝对和互不相等,且恰好是 1 至 S_n 全体自然数组成的集合(其中 n 个单元素子集的绝对和分别为 $a_1, a_2, \cdots, a_n$).

(1) 记 $A_n = \{1, 2, \cdots, S_n\}$,当 $n = 1$ 时,显然 $a_1 = S_1 = 1$.

当 $n = 2$ 时,$\{a_1, a_2\} = \{1, a_2\}$,其所有非空子集为 $\{1\}, \{a_2\}, \{1, a_2\}$,其所有无关派生集的绝对和为 $1, a_2, 1 + a_2, |1 - a_2|$,所以 $A_2 = \{1, 2, \cdots, S_2\} = \{1, a_2, 1 + a_2, |1 - a_2|\} = \{1, 2, 3, 4\}$.

于是,$1 + a_2 = 4$,得 $a_2 = 3$.

(2) 由题意知,集合 $\{a_1, a_2, \cdots, a_n\}$ 按上述规则共产生 S_n 个绝对和;而集合 $\{a_1, a_2, \cdots, a_n, a_{n+1}\}$ 按上述规则产生的 S_{n+1} 个绝对和中,除 $1, 2, \cdots, S_n$ 这 S_n 个数外,其他的绝对和都是含有 a_{n+1} 的子集的派生集的绝对和,它们分别为 $a_{n+1}, a_{n+1} + i, |a_{n+1} - i|$ $(i = 1,$

$2,\cdots,S_n$),共 $2S_n+1$ 个数.

所以
$$S_{n+1} = S_n + (2S_n + 1) = 3S_n + 1.$$

因为 $S_{n+1} + \dfrac{1}{2} = 3\left(S_n + \dfrac{1}{2}\right)$,所以
$$S_{n+1} = \left(S_1 + \dfrac{1}{2}\right) \times 3^n - \dfrac{1}{2} = \dfrac{1}{2} \times 3^{n+1} - \dfrac{1}{2}.$$

所以当 $n \geqslant 2$ 时,有
$$a_n = S_n - S_{n-1} = \left(\dfrac{1}{2} \times 3^n - \dfrac{1}{2}\right) - \left(\dfrac{1}{2} \times 3^{n-1} - \dfrac{1}{2}\right) = 3^{n-1}.$$

而 $a_1 = 1$ 也满足 $a_n = 3^{n-1}$,所以 $a_n = 3^{n-1}$ ($n \geqslant 1$).

最后,容易验证 $a_n = 3^{n-1}$ 合乎条件.

另解 因为 k 元子集共有 2^{k-1} 个互不相关的派生集,所以集合 $\{a_1, a_2, \cdots, a_n\}$ 的所有非空子集的所有无关派生集的个数为

$$C_n^1 2^0 + C_n^2 2^1 + C_n^3 2^2 + \cdots + C_n^n 2^{n-1}$$
$$= \dfrac{1}{2}(C_n^1 2^1 + C_n^2 2^2 + C_n^3 2^3 + \cdots + C_n^n 2^n)$$
$$= \dfrac{1}{2}(C_n^0 2^0 + C_n^1 2^1 + C_n^2 2^2 + C_n^3 2^3 + \cdots + C_n^n 2^n - 1)$$
$$= \dfrac{1}{2}[(1+2)^n - 1] = \dfrac{1}{2}(3^n - 1),$$

所以 $S_n = \dfrac{1}{2}(3^n - 1)$,从而 $a_n = S_n - S_{n-1} = 3^{n-1}$ ($n \geqslant 2$).

而 $a_1 = 1$ 也满足 $a_n = 3^{n-1}$,所以 $a_n = 3^{n-1}$ ($n \geqslant 1$).

最后,容易验证 $a_n = 3^{n-1}$ 合乎条件.

2. $x_n = ax_{n-1} + bx_{n-2} + cn + d$ 型(简称Ⅱ型递归关系)

基本想法:设法去掉"尾巴"项 $cn + d$.可将其归入通项,即寻找关于 n 的一次多项式 $pn + q$,使 $\{x_n + pn + q\}$ 是 2 阶齐次递归数列.

实际上,设

$$x_n + pn + q = a[x_{n-1} + p(n-1) + q]$$
$$+ b[x_{n-2} + p(n-2) + q].$$

即
$$x_n = ax_{n-1} + bx_{n-2} + (a+b-1)pn + (a+b-1)q - (a+2b)p,$$
令 $(a+b-1)p = c, (a+b-1)q - (a+2b)p = d$，则当 $a+b \neq 1$ 时，有
$$p = \frac{c}{a+b-1}, \quad q = \frac{d}{a+b-1} + \frac{(a+2b)c}{(a+b-1)^2}.$$

我们还可以这样处理：保留 $cn+d$ 不动，转化为 I 型递归关系. 即寻找常数 p_1, q_1, p_2, q_2，使
$$x_n + p_1 x_{n-1} = q_1(x_{n-1} + p_1 x_{n-2}) + cn + d,$$
$$x_n + p_2 x_{n-1} = q_2(x_{n-1} + p_2 x_{n-2}) + cn + d.$$
于是数列 $\{x_n + p_1 x_{n-1}\}, \{x_n + p_2 x_{n-1}\}$ 都是 I 型的数列，分别由 I 型递归关系求出通项
$$x_n + p_1 x_{n-1} = f(n),$$
$$x_n + p_2 x_{n-1} = g(n),$$
再联立消去 x_{n-1}，即得 x_n. 但此方案通常较繁.

此外，当 $a+b=1$ 时，$\{x_n - x_{n-1}\}$ 是 I 型数列.

实际上，因为
$$x_n = ax_{n-1} + bx_{n-2} + cn + d,$$
两边同时减去 x_{n-1}，得
$$x_n - x_{n-1} = ax_{n-1} - x_{n-1} + bx_{n-2} + cn + d$$
$$= (a-1)x_{n-1} + (1-a)x_{n-2} + cn + d$$
$$= (a-1)(x_{n-1} - x_{n-2}) + cn + d.$$

例5 设 $x_0 = x_1 = 1, x_n = -x_{n-1} + 2x_{n-2} + n - 1$，求 x_n.

分析与解 因为 $a+b = -1+2 = 1$，只能通过"差分"化为 I 型数列.

由递归关系,得

$$x_n - x_{n-1} = -2(x_{n-1} - x_{n-2}) + n - 1.$$

令 $y_n = x_n - x_{n-1}(n \in \mathbf{N}^*)$,则

$$y_n = -2y_{n-1} + n - 1.$$

由待定系数法,得

$$y_n - \frac{n}{3} + \frac{1}{9} = -2\left(y_{n-1} - \frac{n-1}{3} + \frac{1}{9}\right) = \cdots$$
$$= \left(y_1 - \frac{1}{3} + \frac{1}{9}\right) \times (-2)^n,$$

所以

$$y_n = \frac{1}{9}(-2)^n + \frac{n}{3} - \frac{1}{9},$$
$$x_n - x_{n-1} = \frac{1}{9}(-2)^n + \frac{n}{3} - \frac{1}{9}.$$

两边分别对 n 求和,得

$$x_n = \frac{1}{54}\left[(-2)^{n+2} + 9n^2 + 3n + 50\right].$$

例 6 设 $x_0 = x_1 = 1, x_n = x_{n-1} + 2x_{n-2} + n - 1$,求 x_n.

分析与解 设

$$x_n + px_{n-1} = q(x_{n-1} + px_{n-2}) + n - 1,$$
$$x_n = (q - p)x_{n-1} + pq x_{n-2} + n - 1.$$

令 $q - p = 1, qp = 2$,则

$$(p, q) = (1, 2) \text{ 或 } (-2, -1).$$

于是,有

$$x_n + x_{n-1} = 2(x_{n-1} + x_{n-2}) + n - 1,$$
$$x_n - 2x_{n-1} = -(x_{n-1} - 2x_{n-2}) + n - 1.$$

再令 $u_n = x_n + x_{n-1}, v_n = x_n - 2x_{n-1}, n \in \mathbf{N}^*$,则

$$u_n = 2u_{n-1} + n - 1,$$

$$v_n = -v_{n-1} + n - 1.$$

由待定系数法,得

$$u_n + n + 1 = 2[u_{n-1} + (n-1) + 1]$$
$$= \cdots = (u_1 + 1 + 1) \times 2^{n-1},$$
$$v_n - \frac{n}{2} + \frac{1}{4} = -\left(v_{n-1} - \frac{n-1}{2} + \frac{1}{4}\right)$$
$$= \cdots = \left(v_1 - \frac{1}{2} + \frac{1}{4}\right) \times (-1)^{n-1},$$

所以

$$u_n = 2^{n+1} - n - 1, \quad v_n = \frac{5}{4}(-1)^n + \frac{n}{2} - \frac{1}{4},$$

即

$$x_n + x_{n-1} = 2^{n+1} - n - 1,$$
$$x_n - 2x_{n-1} = \frac{5}{4}(-1)^n + \frac{n}{2} - \frac{1}{4},$$

联立消去 x_{n-1},得

$$x_n = \frac{1}{12}[2^{n+4} + 5 \cdot (-1)^n - 6n - 9].$$

注 以上过程中,仅由 $x_n + x_{n-1} = 2^{n+1} - n - 1$ 就可求出 x_n. 实际上,它可变形为

$$x_n - \frac{1}{3} \cdot 2^{n+2} + \frac{n}{2} + \frac{3}{4} = -\left(x_{n-1} - \frac{1}{3} \cdot 2^{n+1} + \frac{n-1}{2} + \frac{3}{4}\right)$$
$$= \cdots$$
$$= \left(x_1 - \frac{8}{3} + \frac{1}{2} + \frac{3}{4}\right) \cdot (-1)^{n-1}$$
$$= \frac{5}{12} \cdot (-1)^n,$$

故

$$x_n = \frac{1}{12}[2^{n+4} + 5 \cdot (-1)^n - 6n - 9].$$

另解 设
$$x_n + pn + q = [x_{n-1} + p(n-1) + q] + 2[x_{n-2} + p(n-2) + q],$$
即
$$x_n = x_{n-1} + 2x_{n-2} + 2pn + 2q - 5p,$$
令 $2p = 1, 2q - 5p = -1$,则
$$(p, q) = \left(\frac{1}{2}, \frac{3}{4}\right).$$

于是,有
$$x_n + \frac{n}{2} + \frac{3}{4} = \left(x_{n-1} + \frac{n-1}{2} + \frac{3}{4}\right) + 2\left(x_{n-2} + \frac{n-2}{2} + \frac{3}{4}\right),$$

再令 $y_n = x_n + \dfrac{n}{2} + \dfrac{3}{4}$,则
$$y_n = y_{n-1} + 2y_{n-2}.$$

由方程 $x^2 = x + 2$ 解得两个根为 $2, -1$,由此可得
$$y_n = \frac{4}{3} \cdot 2^n + \frac{5}{12} \cdot (-1)^n,$$

所以
$$x_n = \frac{1}{12}\left[2^{n+4} + 5 \cdot (-1)^n - 6n - 9\right].$$

3. $x_n = ax_{n-1} + b \times q^n + c \times r^n$ 型(简称Ⅲ型递归关系)

(1) 如果 $c = 0$,则方程两边同时除以 q^n,递归关系变为
$$\frac{x_n}{q^n} = \frac{a}{q} \cdot \frac{x_{n-1}}{q^{n-1}} + b,$$

于是,数列 $\left\{\dfrac{x_n}{q^n}\right\}$ 是Ⅰ型数列.

(2) 如果 $bc \neq 0$,则有两种方案:

方案 1 将其中一个"尾巴" $b \times q^n$ 归入辅助数列通项,另一个"尾巴" $c \times r^n$ 保持不动.此时,可用"尾巴"的关于 n 的零次多项式作为待定参数:先找常数 p,使局部 $a_n + p \cdot q^n$ 是Ⅲ型数列.

1 递归方程的解法

方案 2 将其中两个"尾巴"$b \times q^n, c \times r^n$ 都归入辅助数列通项. 此时,可用"尾巴"的关于 n 的一次多项式组合作为待定参数:先找常数 p, q,使 $a_n + p \cdot q^n + qn \cdot r^n$ 是Ⅲ型数列.

例 7 设 $x_1 = 1, x_n = 3x_{n-1} + 2^{n-3}$,求 x_n.

分析与解 因为 $x_n = 3x_{n-1} + 2^{n-3}$,所以

$$\frac{x_n}{2^n} = 3 \cdot \frac{x_{n-1}}{2^n} + \frac{1}{8} = \frac{3}{2} \cdot \frac{x_{n-1}}{2^{n-1}} + \frac{1}{8}.$$

设

$$\frac{x_n}{2^n} + d = \frac{3}{2} \cdot \left(\frac{x_{n-1}}{2^{n-1}} + d\right),$$

则

$$\frac{x_n}{2^n} = \frac{3}{2} \cdot \frac{x_{n-1}}{2^{n-1}} + \frac{d}{2},$$

令 $\dfrac{d}{2} = \dfrac{1}{8}$,得 $d = \dfrac{1}{4}$.所以

$$\frac{x_n}{2^n} + \frac{1}{4} = \frac{3}{2} \cdot \left(\frac{x_{n-1}}{2^{n-1}} + \frac{1}{4}\right),$$

$$\frac{x_n}{2^n} + \frac{1}{4} = \left(\frac{x_1}{2^1} + \frac{1}{4}\right) \cdot \left(\frac{3}{2}\right)^{n-1} = \frac{1}{2} \cdot \left(\frac{3}{2}\right)^n,$$

$$\frac{x_n}{2^n} = \frac{1}{2} \cdot \left(\frac{3}{2}\right)^n - \frac{1}{4},$$

故

$$x_n = \frac{3^n}{2} - \frac{2^n}{4}.$$

另解 把"尾巴"2^{n-3} 归入通项,设

$$x_n + p \cdot 2^n = 3(x_{n-1} + p \cdot 2^{n-1}),$$

则

$$x_n = 3x_{n-1} + 3p \cdot 2^{n-1} - p \cdot 2^n,$$

令 $3p \cdot 2^{n-1} - p \cdot 2^n = 2^{n-3}$，得 $p = \dfrac{1}{4}$. 所以
$$x_n + 2^{n-2} = 3(x_{n-1} + 2^{n-3}),$$
所以
$$x_n + 2^{n-2} = \left(x_1 + \dfrac{1}{2}\right) \times 3^{n-1} = \dfrac{3^n}{2},$$
故
$$x_n = \dfrac{3^n}{2} - \dfrac{2^n}{4}.$$

注 后一种解法虽然简单，但它有局限性. 比如，对于递归关系 $x_n = ax_{n-1} + ba^n$（其中 a, b 为常数，$a \ne 0$），无法把"尾巴"a^n归入通项.

实际上，设 $x_n + ka^n = a(x_{n-1} + ka^{n-1})$（其中 k 为待定参数），则 $x_n = ax_{n-1} + ka^n - ka^n = ax_{n-1}$，矛盾.

例 8 设 $a_1 = 6, a_n = 3a_{n-1} + 7 \times 5^{n-2} + 2 \times 3^{n-1}$，求 a_n.

分析与解 先找常数 p，使 $a_n + p \cdot 5^{n-1}$ 是 Ⅲ 型数列，此时可将一个"尾巴"$7 \times 5^{n-2}$ 归入辅助数列通项，另一个"尾巴"$2 \times 3^{n-1}$ 保持不动. 设
$$a_n + p \cdot 5^{n-1} = 3(a_{n-1} + p \cdot 5^{n-2}) + 2 \times 3^{n-1},$$
则
$$a_n = 3a_{n-1} - 2p \cdot 5^{n-2} + 2 \times 3^{n-1},$$
令 $-2p = 7$，得 $p = -\dfrac{7}{2}$，所以
$$a_n - \dfrac{7}{2} \times 5^{n-1} = 3\left(a_{n-1} - \dfrac{7}{2} \times 5^{n-2}\right) + 2 \times 3^{n-1},$$
记 $x_n = a_n - \dfrac{7}{2} \times 5^{n-1}$，则
$$x_n = 3x_{n-1} + 2 \times 3^{n-1}, \quad x_1 = a_1 - \dfrac{7}{2} \cdot 5^0 = 6 - \dfrac{7}{2} = \dfrac{5}{2},$$

所以

$$\frac{x_n}{3^n} = 3 \times \frac{x_{n-1}}{3^n} + \frac{2}{3} = \frac{x_{n-1}}{3^{n-1}} + \frac{2}{3},$$

$$\frac{x_n}{3^n} = \frac{x_1}{3^1} + \frac{2}{3}(n-1) = \frac{5}{6} + \frac{2}{3}(n-1) = \frac{2}{3}n + \frac{1}{6},$$

$$x_n = \frac{2}{3}n \times 3^n + \frac{1}{6} \times 3^n = 2n \cdot 3^{n-1} + \frac{1}{2} \times 3^{n-1},$$

$$a_n - \frac{7}{2} \times 5^{n-1} = 2n \cdot 3^{n-1} + \frac{1}{2} \times 3^{n-1},$$

故

$$a_n = \frac{7}{2} \times 5^{n-1} + 2n \cdot 3^{n-1} + \frac{1}{2} \times 3^{n-1}$$

$$= \frac{7}{2} \times 5^{n-1} + \frac{4n+1}{2} \cdot 3^{n-1}.$$

另解 将两个"尾巴"$7 \times 5^{n-2}, 2 \times 3^{n-1}$ 都归入辅助数列通项,设

$$a_n + p \cdot 5^n + qn \cdot 3^n = 3[a_{n-1} + p \cdot 5^{n-1} + q(n-1) \cdot 3^{n-1}],$$

则

$$a_n = 3a_{n-1} - 10p \cdot 5^{n-2} - 3q \cdot 3^{n-1},$$

令 $-10p = 7, -3q = 2$,得 $p = -\frac{7}{10}, q = -\frac{2}{3}$,所以

$$a_n - \frac{7}{10} \times 5^n - \frac{2n}{3} \cdot 3^n = 3\left[a_{n-1} - \frac{7}{10} \times 5^{n-1} - \frac{2(n-1)}{3} \cdot 3^{n-1}\right],$$

$$a_n - \frac{7}{10} \times 5^n - \frac{2n}{3} \cdot 3^n = 3^{n-1} \cdot \left[a_1 - \frac{7}{10} \times 5^1 - \frac{2}{3} \cdot 3^1\right]$$

$$= 3^{n-1} \cdot \left(6 - \frac{7}{2} - 2\right) = \frac{1}{2} \times 3^{n-1},$$

故

$$a_n = \frac{7}{10} \times 5^n + \frac{2n}{3} \cdot 3^n + \frac{1}{2} \times 3^{n-1}$$

$$= \frac{7}{2} \times 5^{n-1} + 2n \cdot 3^{n-1} + \frac{1}{2} \times 3^{n-1} = \frac{7}{2} \times 5^{n-1} + \frac{4n+1}{2} \cdot 3^{n-1}.$$

例 9 设 $a_1 = \frac{5}{4}, a_n = 3a_{n-1} + n \cdot (2^n + 5^n)$,求 a_n.(原创题)

分析与解 设

$$a_n + (pn+q) \cdot 2^n + (sn+t) \cdot 5^n$$
$$= 3\{a_{n-1} + [p(n-1)+q] \cdot 2^{n-1} + [s(n-1)+t] \cdot 5^{n-1}\},$$

则

$$a_n = 3a_{n-1} + \frac{pn - 3p + q}{2} \cdot 2^n - \frac{2sn + 3s + 2t}{5} \cdot 5^n,$$

令

$$\frac{pn - 3p + q}{2} = n, \quad -\frac{2sn + 3s + 2t}{5} = n,$$

得

$$pn - 3p + q = 2n, \quad -2sn - 3s - 2t = 5n,$$

所以

$$p = 2, \quad q - 3p = 0, \quad -2s = 5, \quad -3s - 2t = 0,$$

解得

$$p = 2, \quad q = 6, \quad s = -\frac{5}{2}, \quad t = \frac{15}{4}.$$

所以

$$a_n + (2n+6) \cdot 2^n + \left(-\frac{5}{2}n + \frac{15}{4}\right) \cdot 5^n$$
$$= 3\left\{a_{n-1} + [2(n-1)+6] \cdot 2^{n-1} + \left[-\frac{5}{2}(n-1) + \frac{15}{4}\right] \cdot 5^{n-1}\right\},$$

$$a_n + (2n+6) \cdot 2^n + \left(-\frac{5}{2}n + \frac{15}{4}\right) \cdot 5^n$$
$$= 3^{n-1} \cdot \left[a_1 + (2+6) \cdot 2 + \left(-\frac{5}{2} + \frac{15}{4}\right) \cdot 5\right] = 26 \times 3^{n-1},$$

故

$$a_n = 26 \times 3^{n-1} - (2n+6) \cdot 2^n + \frac{10n-15}{4} \cdot 5^n.$$

例10 设 $a_1 = 1, a_n = 3a_{n-1} + 2^n + 3^n + 5^n$,求 a_n.(原创题)

分析与解 首先值得注意的是,本递归关系的"尾巴"不能全部归入辅助数列通项.

实际上,若设
$$a_n + p \cdot 2^n + q \cdot 3^n + r \cdot 5^n$$
$$= 3(a_{n-1} + p \cdot 2^{n-1} + q \cdot 3^{n-1} + r \cdot 5^{n-1}),$$
则
$$a_n = 3a_{n-1} + 2^n\left(\frac{3p}{2} - p\right) + 3^n\left(\frac{3q}{3} - q\right) + 5^n\left(\frac{3q}{7} - r\right),$$
即
$$a_n = 3a_{n-1} + 2^n\left(\frac{3p}{2} - p\right) + 5^n\left(\frac{3q}{7} - r\right),$$
缺 3^n 项,矛盾.

究其原因,是 3^n 的底与 a_{n-1} 的系数相等,从而 3^n 无法归入辅助数列通项.

修正如下:设
$$a_n + p \cdot 2^n + q \cdot 5^n = 3(a_{n-1} + p \cdot 2^{n-1} + q \cdot 5^{n-1}) + 3^n.$$
即
$$a_n = 3a_{n-1} + 3p \cdot 2^{n-1} - p \cdot 2^n + 3q \cdot 5^{n-1} - q \cdot 5^n + 3^n$$
$$= 3a_{n-1} + 2^n\left(\frac{3p}{2} - p\right) + 5^n\left(\frac{3q}{5} - q\right) + 3^n,$$
所以
$$\frac{3p}{2} - p = 1, \quad \frac{3q}{5} - q = 1,$$
所以

$$p = 2, \quad q = -\frac{5}{2}.$$

于是

$$a_n + 2 \times 2^n - \frac{5}{2} \times 5^n = 3\left(a_{n-1} + 2 \times 2^{n-1} - \frac{5}{2} \times 5^{n-1}\right) + 3^n,$$

令

$$b_n = a_n + 2 \times 2^n - \frac{5}{2} \times 5^n,$$

则 $b_n = 3b_{n-1} + 3^n$,所以

$$\frac{b_n}{3^n} = \frac{b_{n-1}}{3^{n-1}} + 1,$$

$$\frac{b_n}{3^n} = \frac{b_1}{3^1} + (n-1)$$

$$= \frac{1}{3}\left(a_1 + 2 \cdot 2^1 - \frac{5}{2} \cdot 5^1\right) + (n-1) = n - \frac{7}{2},$$

$$b_n = \left(n - \frac{7}{2}\right)3^n,$$

即

$$a_n + 2 \times 2^n - \frac{5}{2} \times 5^n = \left(n - \frac{7}{2}\right)3^n,$$

故

$$a_n = \left(n - \frac{7}{2}\right)3^n - 2 \times 2^n + \frac{5}{2} \times 5^n$$

$$= \left(n - \frac{7}{2}\right)3^n - 2^{n+1} + \frac{5^{n+1}}{2}.$$

4. $x_n = a_1 x_{n-1} + a_2 x_{n-2} + \cdots + a_r x_{n-r}\ (a_1 + a_2 + \cdots + a_r = 1)$ 型(简称Ⅳ型递归关系)

对此,我们有如下的降阶法则:存在常数 $p_1, p_2, \cdots, p_{r-1}$,使数列 $\{x_n + p_1 x_{n-1} + p_2 x_{n-2} + \cdots + p_{r-1} x_{n-r+1}\}$ 为常数列,从而可降为 $r-1$ 阶递归方程求解.其中

$$p_1 = a_2 + a_3 + \cdots + a_r,$$
$$p_2 = a_3 + a_4 + \cdots + a_r,$$
$$\cdots\cdots$$
$$p_{r-1} = a_r.$$

我们以 $r=4$ 为例说明如下,一般情况与之类似.

对于递归方程 $x_n = ax_{n-1} + bx_{n-2} + cx_{n-3} + dx_{n-4}$,当 $a+b+c+d=1$ 时,为了在方程右边凑 $a+b+c+d$,方程两边都加上 $(b+c+d)x_{n-1}$,得

$$x_n + (b+c+d)x_{n-1} = x_{n-1} + bx_{n-2} + cx_{n-3} + dx_{n-4},$$

两边再加上 $(c+d)x_{n-2}$ 以凑右边的 $b+c+d$,得

$$x_n + (b+c+d)x_{n-1} + (c+d)x_{n-2}$$
$$= x_{n-1} + (b+c+d)x_{n-2} + cx_{n-3} + dx_{n-4},$$

两边再加上 dx_{n-3} 以凑右边的 $c+d$,得

$$x_n + (b+c+d)x_{n-1} + (c+d)x_{n-2} + dx_{n-3}$$
$$= x_{n-1} + (b+c+d)x_{n-2} + (c+d)x_{n-3} + dx_{n-4},$$

此时 $p_1 = b+c+d, p_2 = c+d, p_3 = d$.

例 11 设 $a_1 = 1, a_2 = 2, a_3 = 4, a_n = 4a_{n-1} - 5a_{n-2} + 2a_{n-3}$,求 a_n.

分析与解 因为 $4-5+2=1$,而 $b+c=-3, c=2$,所以 $\{a_n - 3a_{n-1} + 2a_{n-2}\}$ 为常数列.

递归关系变形,得

$$a_n - 3a_{n-1} + 2a_{n-2} = a_{n-1} - 3a_{n-2} + 2a_{n-3}$$
$$= \cdots = a_3 - 3a_2 + 2a_1 = 0,$$

所以,$a_n = 3a_{n-1} - 2a_{n-2}$.

注意到 $3+(-2)=1$,可以进一步化简,得

$$a_n - 2a_{n-1} = a_{n-1} - 2a_{n-2} = \cdots = a_2 - 2a_1 = 0,$$

所以 $a_n = 2a_{n-1} = \cdots = a_1 2^{n-1} = 2^{n-1}$.

例 12 设

$$a_1 = 1, \quad a_{n+1} = \frac{1}{16}(1 + 4a_n + \sqrt{1 + 24a_n}),$$

求 a_n.

分析与解 令 $b_n = \sqrt{1 + 24a_n}$,即

$$a_n = \frac{1}{24}(b_n^2 - 1),$$

则原递归关系变为

$$\frac{1}{24}(b_{n+1}^2 - 1) = \frac{1}{16}\left(1 + \frac{b_n^2 - 1}{6} + b_n\right),$$

即 $4b_{n+1}^2 = (b_n + 3)^2$.

又 $b_n = \sqrt{1 + 24a_n} > 0$,所以 $2b_{n+1} = b_n + 3$,解得

$$b_n = 3 + 2^{2-n},$$

所以

$$a_n = \frac{1}{24}[(3 + 2^{2-n})^2 - 1].$$

例 13 数列 $\{a_n\}$ 定义如下:$a_1 = 0, a_2 = 1$,

$$a_n = \frac{1}{2}na_{n-1} + \frac{1}{2}n(n-1)a_{n-2} + (-1)^n\left(1 - \frac{n}{2}\right), \quad n \geqslant 3.$$

试求

$$f_n = a_n + 2C_n^1 a_{n-1} + 3C_n^2 a_{n-2} + \cdots + (n-1)C_n^{n-2} a_2 + nC_n^{n-1} a_1$$

的最简表达式.

分析与解 递归关系变为

$$a_n = \frac{1}{2}n[a_{n-1} + (n-1)a_{n-2} + (-1)^{n-1}] + (-1)^n. \quad ①$$

注意嵌入的 $[a_{n-1} + (n-1)a_{n-2} + (-1)^{n-1}]$ 与外面的形式一致,可设想

$$a_{n-1} + (n-1)a_{n-2} + (-1)^{n-1} = 2a_{n-1}. \quad ②$$

将②式代入①式,有
$$a_n = na_{n-1} + (-1)^n, \qquad ③$$
其中补充规定 $a_0 = 1$.

注意②式与③式是等价的,从而可用数学归纳法归纳证明③式.

当 $n=1$ 时,$a_1 = 0 = 1-1 = 1 \cdot a_0 + (-1)^1$,结论成立.

设 $n=k$ 时结论成立,即 $a_k = ka_{k-1} + (-1)^k$,那么当 $n=k+1$ 时,由①式有

$$a_{k+1} = \frac{1}{2}(k+1)[a_k + ka_{k-1} + (-1)^k] + (-1)^{k+1}$$
$$= \frac{1}{2}(k+1)(2a_k) + (-1)^{k+1}$$
$$= (k+1)a_k + (-1)^{k+1},$$

结论成立.①式获证.所以

$$f_n = a_n + 2C_n^1 a_{n-1} + 3C_n^2 a_{n-2} + \cdots + (n-1)C_n^{n-2} a_2 + nC_n^{n-1} a_1$$
$$= [na_{n-1} + (-1)^n] + 2C_n^1[(n-1)a_{n-2} + (-1)^{n-1}]$$
$$\quad + 3C_n^2[(n-2)a_{n-3} + (-1)^{n-2}] + \cdots$$
$$\quad + (n-1)C_n^{n-2}[2a_1 + (-1)^2] + 0$$
$$= [na_{n-1} + 2nC_{n-1}^1 a_{n-2} + 3nC_{n-1}^2 a_{n-3} + \cdots + (n-1)nC_{n-1}^{n-2} a_1]$$
$$\quad + [(-1)^n + 2C_n^1(-1)^{n-1} + 3C_n^2(-1)^{n-2}$$
$$\quad + \cdots + (n-1)C_n^{n-2}(-1)^2]$$
$$= nf_{n-1} + [(-1)^n + C_n^1(-1)^{n-1} + C_n^2(-1)^{n-2} + \cdots + C_n^{n-2}(-1)^2]$$
$$\quad + [C_n^1(-1)^{n-1} + 2C_n^2(-1)^{n-2} + \cdots + (n-2)C_n^{n-2}(-1)^2]$$
$$= nf_{n-1} + [(-1)^n + C_n^1(-1)^{n-1} + C_n^2(-1)^{n-2} + \cdots$$
$$\quad + C_n^{n-2}(-1)^2 + C_n^{n-1}(-1)^1 + C_n^n(-1)^0 + n - 1]$$
$$\quad + [nC_{n-1}^0(-1)^{n-1} + nC_{n-1}^1(-1)^{n-2} + \cdots + nC_{n-1}^{n-3}(-1)^2]$$
$$= (nf_{n-1} + n - 1) + n[C_{n-1}^0(-1)^{n-1} + C_{n-1}^1(-1)^{n-2} + \cdots$$
$$\quad + C_{n-1}^{n-3}(-1)^2 + C_{n-1}^{n-2}(-1)^1 + C_{n-1}^{n-1}(-1)^0 + n - 2]$$

$$= (nf_{n-1} + n - 1) + n(n-2) = nf_{n-1} + n^2 - n - 1,$$

所以
$$f_n + n + 1 = nf_{n-1} + n^2 = n(f_{n-1} + n),$$

迭代,得
$$f_n + n + 1 = n!(f_1 + 2) = 2 \cdot n!,$$

故 $f_n = 2 \cdot n! - n - 1$.

另证 记 $F_n = \sum_{i=0}^{n}(n+1-i)C_n^i a_i$,则

$$f_n = \sum_{i=1}^{n}(n+1-i)C_n^{n-i}a_i$$
$$= F_n - (n+1)C_n^0 a_0 = F_n - n - 1.$$

$$F_{n+1} - (n+1)F_n$$
$$= \sum_{i=0}^{n+1}(n+2-i)C_{n+1}^i a_i - (n+1)\sum_{i=0}^{n}(n+1-i)C_n^i a_i$$
$$= (n+2)C_{n+1}^0 a_0$$
$$\quad + \sum_{i=0}^{n}[(n-i+1)C_{n+1}^{i+1}a_{i+1} - (n+1)(n+1-i)C_n^i a_i]$$
$$= n+2$$
$$\quad + \sum_{i=0}^{n}(n-i+1)\{C_{n+1}^{i+1} \times [(i+1)a_i + (-1)^{i+1}]$$
$$\quad - (n+1)C_n^i a_i\}$$
$$= n+2$$
$$\quad + \sum_{i=0}^{n}[n+2-(i+1)]\{(-1)^{i+1}C_{n+1}^{i+1}$$
$$\quad + [(i+1)C_{n+1}^{i+1} - (n+1)C_n^i]a_i\}$$
$$= n+2 + \sum_{i=0}^{n}[n+2-(i+1)](-1)^{i+1}C_{n+1}^{i+1}$$
$$= n+2 + \sum_{i=0}^{n}(n+2)(-1)^{i+1}C_{n+1}^{i+1} - \sum_{i=0}^{n}(-1)^{i+1}(i+1)C_{n+1}^{i+1}$$

$$= (n+2)\sum_{i=0}^{n+1}(-1)^i C_{n+1}^i - \sum_{i=0}^{n}(n+1)(-1)^{i+1}C_n^i$$

$$= (n+2)\sum_{i=0}^{n+1}(-1)^i C_{n+1}^i + (n+1)\sum_{i=0}^{n}(-1)^i C_n^i = 0,$$

由于 $F_1 = 2$,由此得到 $F_n = 2 \cdot n!$ ($n \geq 1$),因此

$$f_n = 2 \cdot n! - n - 1 \quad (n \geq 1).$$

 特征根法

对于 r 阶常系数线性递归方程

$$a_n = p_1 a_{n-1} + p_2 a_{n-2} + \cdots + p_r a_{n-r},$$

其中 $p_1, p_2, \cdots, p_r$ 为常数,我们称 r 次方程

$$x^r = p_1 x^{r-1} + p_2 x^{r-2} + \cdots + p_r$$

为该递归关系的特征方程.

设特征方程的根中有 t 个互异的根,设为 $\alpha_1, \alpha_2, \cdots, \alpha_t$,它们分别是 $k_1, k_2, \cdots, k_t$ 重根.那么,递归方程的解为

$$a_n = f_1(n)\alpha_1^n + f_2(n)\alpha_2^n + \cdots + f_t(n)\alpha_t^n,$$

其中

$$f_i(n) = p_{k_i-1}n^{k_i-1} + p_{k_i-2}n^{k_i-2} + \cdots + p_0$$

是关于 n 的 $k_i - 1$ 次多项式,其系数由序列 $\{a_n\}$ 的初值条件给出.

为简单起见,我们只对上述结论在 $r = 2$ 时的情形给出证明,一般情况的证明与之类似.

$r = 2$ 时上述结论可以表示为:对于递归序列

$$x_n = ax_{n-1} + bx_{n-2}, \qquad ①$$

设它的特征方程 $x^2 = ax + b$ 的两个根为 α, β,那么:

当 $\alpha \neq \beta$ 时,$x_n = c_1 \alpha^{n-1} + c_2 \beta^{n-1}$,其中 c_1, c_2 由下列初始条件给出:

$$x_1 = c_1 + c_2, \quad x_2 = c_1 \alpha + c_2 \beta.$$

当 $\alpha = \beta$ 时，$x_n = (c_1 n + c_2)\alpha^{n-1}$，其中 c_1, c_2 由下列初始条件给出：

$$x_1 = c_1 + c_2, \quad x_2 = (2c_1 + c_2)\alpha.$$

先证明：当 $\alpha \neq \beta$ 时，对任何常数 c_1, c_2，序列 $\{c_1\alpha^{n-1} + c_2\beta^{n-1}\}$ 满足递归方程①.

实际上，因为 α, β 是特征方程的两根，所以

$$\alpha^2 = a\alpha + b, \quad \beta^2 = a\beta + b.$$

于是，有

$$a(c_1\alpha^{n-2} + c_2\beta^{n-2}) + b(c_1\alpha^{n-3} + c_2\beta^{n-3})$$
$$= (ac_1\alpha^{n-2} + bc_1\alpha^{n-3}) + (ac_2\beta^{n-2} + bc_2\beta^{n-3})$$
$$= c_1\alpha^{n-3}(a\alpha + b) + c_2\beta^{n-3}(a\beta + b)$$
$$= c_1\alpha^{n-3}(\alpha^2) + c_2\beta^{n-3}(\beta^2)$$
$$= c_1\alpha^{n-1} + c_2\beta^{n-1}.$$

注意到

$$x_1 = c_1 + c_2, \quad x_2 = c_1\alpha + c_2\beta,$$

从而 $\{x_n\}$ 与 $\{c_1\alpha^{n-1} + c_2\beta^{n-1}\}$ 具有相同的初值且满足相同的递归关系，故

$$x_n = c_1\alpha^{n-1} + c_2\beta^{n-1}.$$

再证明：当 $\alpha = \beta$ 时，对任何常数 c_1, c_2，序列 $\{(c_1 n + c_2)\alpha^{n-1}\}$ 满足递归方程①.

实际上，因为 α 是特征方程的 2 重根，所以

$$\alpha^2 = a\alpha + b, \quad 2\alpha = a, \quad \alpha^2 = -b.$$

于是，有

$$a[c_1(n-1) + c_2]\alpha^{n-2} + b[c_1(n-2) + c_2]\alpha^{n-3}$$
$$= [ac_1(n-1)\alpha^{n-2} + bc_1(n-2)\alpha^{n-3}] + (ac_2\alpha^{n-2} + bc_2\alpha^{n-3})$$
$$= c_1\alpha^{n-3}[a\alpha(n-1) + b(n-2)] + c_2\alpha^{n-3}(a\alpha + b)$$
$$= c_1\alpha^{n-3}[2\alpha \cdot \alpha(n-1) + (-\alpha^2)(n-2)] + c_2\alpha^{n-3}(\alpha^2)$$

$$= c_1 \alpha^{n-1}[2(n-1)-(n-2)] + c_2 \alpha^{n-1}$$
$$= c_1 n \alpha^{n-1} + c_2 \alpha^{n-1}$$
$$= (c_1 n + c_2) \alpha^{n-1}.$$

再注意到
$$x_1 = c_1 + c_2, \quad x_2 = (2c_1 + c_2)\alpha.$$
从而 $\{x_n\}$ 与 $\{(c_1 n + c_2)\alpha^{n-1}\}$ 具有相同的初值且满足相同的递归关系,故
$$x_n = (c_1 n + c_2)\alpha^{n-1}.$$

例1(Fibonacci 数列) 已知 1 对成熟了的兔子每个月可以生 1 对小兔子,小兔子 1 个月以后成熟,第 2 个月就可再生小兔子,问:1 对成熟的兔子在一年内能繁殖出多少对成熟的兔子?

分析与解 用 F_k 表示 k 个月后成熟的兔子的总对数,显然 $F_0 = F_1 = 1, F_n = F_{n-1} + F_{n-2}$.

特征方程为 $x^2 = x + 1$, 它的两个根分别为 $\alpha = \dfrac{1+\sqrt{5}}{2}, \beta = \dfrac{1-\sqrt{5}}{2}$. 令

$$F_n = c_1 \left(\frac{1+\sqrt{5}}{2}\right)^n + c_2 \left(\frac{1-\sqrt{5}}{2}\right)^n \quad (n=0,1,2,\cdots),$$

则
$$1 = F_0 = c_1 + c_2, \quad 1 = F_1 = c_1 \left(\frac{1+\sqrt{5}}{2}\right) + c_2 \left(\frac{1-\sqrt{5}}{2}\right),$$

解得
$$c_1 = \frac{\sqrt{5}+1}{2\sqrt{5}}, \quad c_2 = \frac{\sqrt{5}-1}{2\sqrt{5}}.$$

所以
$$F_n = \frac{1}{\sqrt{5}}\left[\left(\frac{1+\sqrt{5}}{2}\right)^{n+1} - \left(\frac{1-\sqrt{5}}{2}\right)^{n+1}\right].$$

注 若初值为 $F_1 = F_2 = 1$,则
$$F_n = \frac{1}{\sqrt{5}}\left[\left(\frac{1+\sqrt{5}}{2}\right)^n - \left(\frac{1-\sqrt{5}}{2}\right)^n\right].$$

例 2 设 $a_1 = \frac{\sqrt{3}}{2}, a_2 = 0, a_n = a_{n-1} - a_{n-2}$,求 a_n.

分析与解 特征方程 $x^2 = x - 1$ 的两个根分别为
$$\alpha = \cos\frac{\pi}{3} + i\sin\frac{\pi}{3}, \quad \beta = \cos\frac{\pi}{3} - i\sin\frac{\pi}{3},$$
令
$$a_n = c_1 \alpha^{n-1} + c_2 \beta^{n-1},$$
由初始条件,有
$$\frac{\sqrt{3}}{2} = a_1 = c_1 + c_2, \quad 0 = a_2 = c_1 \alpha + c_2 \beta,$$
解得
$$c_1 = \frac{1}{2}\left(\cos\frac{\pi}{6} + i\sin\frac{\pi}{6}\right), \quad c_2 = \frac{1}{2}\left(\cos\frac{\pi}{6} - i\sin\frac{\pi}{6}\right),$$
所以
$$a_n = \frac{1}{2}\left[\cos\frac{(2n-1)\pi}{6} + i\sin\frac{(2n-1)\pi}{6}\right]$$
$$+ \frac{1}{2}\left[\cos\frac{(2n-1)\pi}{6} - i\sin\frac{(2n-1)\pi}{6}\right]$$
$$= \cos\frac{(2n-1)\pi}{6}.$$

例 3 设 $a_1 = 1, a_2 = 2, a_n = a_{n-1} - \frac{1}{4}a_{n-2}$,求 a_n.

分析与解 特征方程
$$x^2 = x - \frac{1}{4}$$
的两个根为 $\alpha = \beta = \frac{1}{2}$,令

$$a_n = (c_1 n + c_2)\left(\frac{1}{2}\right)^{n-1},$$

则由初始条件,有

$$1 = a_1 = c_1 + c_2, \quad 2 = a_2 = 2c_1 + c_2,$$

解得 $c_1 = 3, c_2 = -2$,所以

$$a_n = (3n - 2)2^{1-n}.$$

例 4 对于广义斐波那契数列 $\{f_n\}$:

$$f_0 = a, \quad f_1 = b, \quad f_n = f_{n-1} + f_{n-2} \quad (n \geqslant 2),$$

求证:$\{f_n\}$ 的通项为

$$f_n = bF_{n-1} + aF_{n-2} = f_1 F_{n-1} + f_0 F_{n-2},$$

其中

$$F_n = \frac{1}{\sqrt{5}}\left[\left(\frac{1+\sqrt{5}}{2}\right)^{n+1} - \left(\frac{1-\sqrt{5}}{2}\right)^{n+1}\right].$$

分析与证明 对 n 作归纳.

当 $n = 2$ 时,$f_2 = f_1 + f_0 = b + a = bF_1 + aF_0$,结论成立.

当 $n = 3$ 时,$f_3 = f_2 + f_1 = (b+a) + b = 2b + a = bF_2 + aF_1$,结论成立.

设 $n = k-1, k$ 时结论成立,即

$$f_k = bF_{k-1} + aF_{k-2}, \quad f_{k-1} = bF_{k-2} + aF_{k-3},$$

则当 $n = k+1$ 时,有

$$f_{k+1} = f_k + f_{k-1} = (bF_{k-1} + aF_{k-2}) + (bF_{k-2} + aF_{k-3})$$
$$= (bF_{k-1} + bF_{k-2}) + (aF_{k-2} + aF_{k-3}) = bF_k + aF_{k-1},$$

即结论成立.

习 题 1

1. 设 $a_1 = 2, a_n = 2a_{n-1} + 2^n$,求 a_n.

2. 设 $a_1 = \sqrt{2}, a_{n+1} = 2a_n^3$,求 a_n.

3. 数列 $a_1, a_2, a_3, \cdots$ 满足 $a_1 = \dfrac{1}{2}$,且 $a_1 + a_2 + \cdots + a_n = n^2 a_n$ $(n \geq 1)$. 求 $a_n (n \geq 1)$. (1997 年加拿大数学奥林匹克试题)

4. 设 $a_1 = 1, a_2 = 8, a_n = \sqrt{a_{n-1} a_{n-2}}$,求 a_n.

5. 设数列 $\{a_n\}$ 满足 $a_1 = a_2 = 1$,且
$$a_{n+2} = \dfrac{1}{a_{n+1}} + a_n, \quad n = 1, 2, \cdots,$$
求 a_{2004}. (2004 年中国西部数学奥林匹克试题)

6. 设 $a_1 = \cos x, a_2 = \cos 2x, a_{n+1} = 2\cos x a_n - a_{n-1}$,求 a_n.

7. 设 $a_1 = 1, 4 a_{n+1} - a_n a_{n+1} + 2 a_n = 9$,求 a_n.

8. 设数列 $\{a_n\}$ 的所有项为正数,前 n 项和为 S_n,且 $S_n = \dfrac{1}{2}\left(a_n + \dfrac{1}{a_n}\right)$,求 a_n.

9. 设 $a_1 = 0, a_n = 3 a_{n-1}^2 + 6 a_{n-1} + 2$,求 a_n.

10. 设 $a_1 = 0, a_{n+1} = \dfrac{n+2}{n} a_n + \dfrac{1}{n}$,求 a_n.

11. 已知数列 $a_0, a_1, a_2, \cdots, a_n$ 满足关系式 $(3 - a_{n+1})(6 + a_n) = 18$ 且 $a_0 = 3$,求 $\displaystyle\sum_{i=0}^{n} \dfrac{1}{a_i}$ 的值.

12. 设数列 $\{a_n\}$ 的前 n 项之和为 S_n,且 $S_n = 4 - a_n - \dfrac{1}{2^{n-2}}$,求 a_n.

13. 设 $a_1 = \dfrac{1}{2}, a_2 = \dfrac{5}{2}, a_{n+1} = 2 a_n - a_{n-1} + \dfrac{1}{n}(a_n - a_{n-1} + 1)$,求 a_n. (原创题)

14. 设 $a_1 = 2, a_n = 3 a_{n-1} + n \cdot 2^n$,求 a_n. (原创题)

15. 设 $a_1 = \dfrac{1}{2}, a_n = 3 a_{n-1} + n \cdot 2^n + 5^n$,求 a_n. (原创题)

16. 设 $a_1=21, a_n=3a_{n-1}+2^n+5^n+7^n$,求 a_n.(原创题)

17. 设 $a_1=1, a_{n+1}=3a_n+n^2$,求 a_n.

18. 设数列 $\{a_n\}$ 满足:$a_1=2\,000$,对 $n>1$,$a_1+a_2+\cdots+a_n=(1+2+\cdots+n)a_n$,求 a_{2015}.

19. 设 $\{a_n\}$ 是实数列,a_n 和 a_{n+1} 是方程 $x^2+(4n+2)x+b_n=0$ 的根.若 $a_1=-1$,求数列 $\{b_n\}$ 的通项 b_n.

20. 已知数列 $a_0, a_1, a_2, \cdots, a_n$ 满足关系式 $(3-a_{n+1})(6+a_n)=18$ 且 $a_0=3$,求 $\sum_{i=0}^{n}\dfrac{1}{a_i}$ 的值.(2004年全国高中数学联赛试题)

21. 已知 $p, q(q\neq 0)$ 是实数,方程 $x^2-px+q=0$ 有两个实根 α, β,数列 $\{a_n\}$ 满足 $a_1=p, a_2=p^2-q, a_n=pa_{n-1}-qa_{n-2}(n=3,4,\cdots)$.

(1) 求数列 $\{a_n\}$ 的通项公式(用 α, β 表示).

(2) 若 $p=1, q=\dfrac{1}{4}$,求 $\{a_n\}$ 的前 n 项和.

(2009年全国高中数学联赛试题)

22. 已知 $a_1=1, a_2=5, a_{n+1}=\dfrac{a_n a_{n-1}}{\sqrt{a_n^2+a_{n-1}^2+1}}$,求 a_n 的通项公式.(2002年IMO中国集训队测试题)

23. 已知 m 为实数,数列 $\{a_n\}$ 的前 n 项和为 S_n,满足:

$$S_n=\dfrac{9}{8}a_n-\dfrac{4}{3}\times 3^n+m,$$

且 $a_n\geqslant\dfrac{64}{3}$ 对任何的正整数 n 恒成立.

求证:当 m 取到最大值时,对任何正整数 n 都有 $\sum_{k=1}^{n}\dfrac{3^k}{S_k}<\dfrac{3}{16}$.

(2011年全国高中数学联赛四川省初赛试题)

24. 数列 $a_0, a_1, \cdots, a_n$ 满足:$a_0=0, a_1=1, a_2=0$,当 $n\geqslant 3$ 时

有 $a_n = \dfrac{2}{n-1}(a_0 + a_1 + \cdots + a_{n-2})$. 证明:对所有整数 $n \geqslant 3$,有 $a_n > \dfrac{n}{10}$.(2011 年全国高中数学联赛广东省预赛试题)

25. 若数列 $\{a_n\}$ 满足:$a_1 = \dfrac{2}{3}, a_{n+1} - a_n = \sqrt{\dfrac{2}{3}(a_{n+1} + a_n)}$,求 a_{2007}.(2007 年全国高中数学竞赛湖北省预赛试题)

26. 设 $a_1 = 1, a_2 = -7, a_{n+2} = 6a_{n+1} - 9a_n - 4$,求 a_n.

27. 设 $A_1(0,1), A_2(1,1), A_3(1,0), A_4(0,0)$,对 $n \in \mathbf{N}, A_{n+4}$ 是线段 $A_n A_{n+1}$ 的中点,求点列 $\{A_n\}$ 的极限点的坐标.

习题 1 解答

1. 将递归关系变为 $a_n - 2a_{n-1} = 2^n$,递推得
$$a_2 - 2a_1 = 2^2, \quad a_3 - 2a_2 = 2^3, \quad \cdots,$$
$$a_{n-1} - 2a_{n-2} = 2^{n-1}, \quad a_n - 2a_{n-1} = 2^n.$$
将它们分别乘以 $2^{n-2}, 2^{n-3}, 2^{n-4}, \cdots, 2^0$,得
$$2^{n-2} a_2 - 2^{n-1} a_1 = 2^n, \quad 2^{n-3} a_3 - 2^{n-2} a_2 = 2^n, \quad \cdots,$$
$$2 a_{n-1} - 2^2 a_{n-2} = 2^n, \quad a_n - 2 a_{n-1} = 2^n.$$
以上各式相加,得 $a_n - 2^{n-1} a_1 = (n-1) 2^n$,所以 $a_n = (n-1) 2^n + 2^n = n \cdot 2^n$.

另解 递归关系两边同时除以 2^n,得 $\dfrac{a_n}{2^n} = \dfrac{a_{n-1}}{2^{n-1}} + 1$,再利用累加迭代即可.

2. $a_1 = \sqrt{2}, a_2 = 2a_1^3 = 2^2 \cdot \sqrt{2}, a_3 = 2a_2^3 = 2^8 \cdot \sqrt{2}, a_4 = 2a_3^3 = 2^{26} \cdot \sqrt{2}$,迭代可得 $a_n = 2^{3^{n-1}-1} \cdot \sqrt{2} = 2^{3^{n-1}-\frac{1}{2}}$.

另解 因为 $a_{n+1} = 2a_n^3$,所以 $\log_2 a_n = 1 + 3\log_2 a_{n-1}$.

令 $b_n = \log_2 a_n$,则 $b_1 = \log_2 a_1 = \dfrac{1}{2}$, $b_n = 1 + 3b_{n-1}$,所以 $b_n +$

$\frac{1}{2} = 3\left(b_{n-1} + \frac{1}{2}\right) = \cdots = \left(b_1 + \frac{1}{2}\right)3^{n-1} = 3^{n-1}$,故 $b_n = 3^{n-1} - \frac{1}{2}$,则 $a_n = 2^{b_n} = 2^{3^{n-1} - \frac{1}{2}}$.

3. 令 $s_n = a_1 + a_2 + \cdots + a_n$,则 $a_n = s_n - s_{n-1} = n^2 a_n - (n-1)^2 a_{n-1}$,所以

$$a_n = \frac{n-1}{n+1} a_{n-1} \quad (n \geqslant 2),$$

迭代得 $a_n = \frac{1}{n(n+1)}$.

4. 递归方程两边取对数,得 $\log_2 a_n = \frac{1}{2}(\log_2 a_{n-1} + \log_2 a_{n-2})$,所以 $\{\log_2 a_n\}$ 是线性递归数列,且 $\log_2 a_1 = 0, \log_2 a_2 = 3$,解得 $a_n = 2^{2+(-\frac{1}{2})^{n-2}}$.

5. 由题设得 $a_{n+2} a_{n+1} - a_{n+1} a_n = 1$,所以 $\{a_{n+1} a_n\}$ 是一个首项为 1、公差为 1 的等差数列,从而 $a_{n+1} a_n = n (n = 1, 2, \cdots)$.

于是,有

$$a_{n+2} = \frac{n+1}{a_{n+1}} = \frac{n+1}{\frac{n}{a_n}} = \frac{n+1}{n} a_n, \quad n = 1, 2, \cdots,$$

所以

$$a_{2004} = \frac{2\,003}{2\,002} a_{2\,002} = \frac{2\,003}{2\,002} \cdot \frac{2\,001}{2\,000} a_{2\,000} = \cdots$$
$$= \frac{2\,003}{2\,002} \cdot \frac{2\,001}{2\,000} \cdot \cdots \cdot \frac{5}{4} \cdot \frac{3}{2} a_2 = \frac{2\,003!!}{2\,002!!}.$$

6. 利用归纳猜想,可得 $a_n = \cos nx$.

7. 利用归纳猜想,可得 $a_n = \frac{6n-5}{2n-1}$.

8. 利用归纳猜想,可得 $a_n = \sqrt{n} - \sqrt{n-1}$.

9. 将递归关系变为 $a_n + 1 = 3(a_{n-1} + 1)^2$,令 $b_n = a_n + 1$,则

$b_1 = a_1 + 1 = 1, b_n = 3b_{n-1}^2$.递推得 $b_2 = 3b_1^2, b_3 = 3b_2^2, \cdots, b_{n-1} = 3b_{n-2}^2, b_n = 3b_{n-1}^2$.将它们分别 $2^{n-1}, 2^{n-2}, 2^{n-3}, \cdots, 2^1$ 次方,然后相乘,得 $b_n^2 = 3^{2^n-2}$,于是 $b_n = 3^{2^{n-1}-1}$,故 $a_n = b_n - 1 = 3^{2^{n-1}-1} - 1$.

另解 将递归关系变为 $a_n + 1 = 3(a_{n-1} + 1)^2$.令 $b_n = a_n + 1$,则 $b_1 = a_1 + 1 = 1, b_n = 3b_{n-1}^2$.所以 $\log_3 b_n = 1 + 2\log_3 b_{n-1}$.令 $c_n = \log_3 b_n$,则 $c_1 = \log_3 b_1 = 0, c_n = 1 + 2c_{n-1}$,所以 $c_n + 1 = 2(c_{n-1} + 1) = \cdots = (c_1 + 1)2^{n-1} = 2^{n-1}, c_n = 2^{n-1} - 1$.所以 $b_n = 3^{c_n} = 3^{2^{n-1}-1}$,故 $a_n = b_n - 1 = 3^{2^{n-1}-1} - 1$.

10. 设
$$a_{n+1} + f(n+1) = \frac{n+2}{n}[a_n + f(n)],$$
即
$$a_{n+1} = \frac{n+2}{n}a_n + \frac{n+2}{n}f(n) - f(n+1).$$
与条件比较,得
$$\frac{n+2}{n}f(n) - f(n+1) = \frac{1}{n},$$
即
$$f(n) - f(n+1) + \frac{1}{n}[2f(n) - 1] = 0.$$
取 $f(n) = f(n+1) = \frac{1}{2}$,上式成立,于是,有
$$a_{n+1} + \frac{1}{2} = \frac{n+2}{n}\left(a_n + \frac{1}{2}\right),$$
即
$$\frac{a_{n+1} + \frac{1}{2}}{a_n + \frac{1}{2}} = \frac{n+2}{n}.$$

由此迭代,得

$$\frac{a_n + \dfrac{1}{2}}{a_1 + \dfrac{1}{2}} = \frac{1}{2}n(n+1),$$

所以

$$a_n + \frac{1}{2} = \frac{1}{4}n(n+1),$$

即

$$a_n = \frac{1}{4}(n^2 + n - 2).$$

另解 由递归关系得

$$(n-1)a_n = (n+1)a_{n-1} + 1,$$
$$(n-2)a_{n-1} = na_{n-2} + 1,$$

两式相减(消去常数项"1"),得

$$(n-1)a_n - (n-2)a_{n-1} = (n+1)a_{n-1} - na_{n-2},$$

所以

$$(n-1)a_n = (2n-1)a_{n-1} - na_{n-2},$$

即

$$(n-1)(a_n - a_{n-1}) = n(a_{n-1} - a_{n-2}),$$

所以

$$\frac{a_n - a_{n-1}}{n} = \frac{a_{n-1} - a_{n-2}}{n-1},$$

迭代,得

$$\frac{a_n - a_{n-1}}{n} = \frac{a_{n-1} - a_{n-2}}{n-1} = \cdots = \frac{a_2 - a_1}{2} = \frac{1}{2},$$

即 $a_n - a_{n-1} = \dfrac{n}{2}$,所以

$$a_n = \sum_{k=2}^{n}(a_k - a_{k-1}) + a_1 = \sum_{k=2}^{n}(a_k - a_{k-1})$$

$$= \sum_{k=2}^{n} \frac{k}{2} = \frac{1}{4}(n^2 + n - 2).$$

11. 设 $b_n = \frac{1}{a_n}, n = 0, 1, 2, \cdots,$ 则 $\left(3 - \frac{1}{b_{n+1}}\right)\left(6 + \frac{1}{b_n}\right) = 18,$ 即

$3b_{n+1} - 6b_n - 1 = 0.$ 所以 $b_{n+1} = 2b_n + \frac{1}{3}, b_{n+1} + \frac{1}{3} = 2\left(b_n + \frac{1}{3}\right),$

故数列 $\left\{b_n + \frac{1}{3}\right\}$ 是公比为 2 的等比数列,有

$$b_n + \frac{1}{3} = 2^n \left(b_0 + \frac{1}{3}\right) = 2^n \left(\frac{1}{a_0} + \frac{1}{3}\right) = \frac{1}{3} \times 2^{n+1},$$

得 $b_n = \frac{1}{3}(2^{n+1} - 1).$ 则

$$\sum_{i=0}^{n} \frac{1}{a_i} = \sum_{i=0}^{n} b_i = \sum_{i=0}^{n} \frac{1}{3}(2^{i+1} - 1)$$

$$= \frac{1}{3}\left[\frac{2(2^{n+1} - 1)}{2 - 1} - (n+1)\right] = \frac{1}{3}(2^{n+2} - n - 3).$$

12. 因为 $S_n = 4 - a_n - \frac{1}{2^{n-1}},$ 所以 $S_{n-1} = 4 - a_{n-1} - \frac{1}{2^{n-3}},$ 两式

相减,得 $a_n = \frac{1}{2}a_{n-1} + \frac{1}{2^{n-2}},$ 由此求得 $a_n = \frac{n}{2^{n-1}}.$

13.

$$a_{n+1} = 2a_n - a_{n-1} + \frac{1}{n}(a_n - a_{n-1} + 1)$$

$$= \frac{2n+1}{n}a_n - \frac{n+1}{n}a_{n-1} + \frac{1}{n},$$

所以

$$na_{n+1} = (2n+1)a_n - (n+1)a_{n-1} + 1,$$

故

$$na_{n+1} - (n+2)a_n - n = (n-1)a_n - (n+1)a_{n-1} - (n-1),$$

迭代,得

$$na_{n+1} - (n+2)a_n - n = a_2 - 3a_1 - 1 = \frac{5}{2} - 3 \cdot \frac{1}{2} - 1 = 0,$$

则

$$na_{n+1} = (n+2)a_n + n,$$

解得

$$a_{n+1} = \frac{n+2}{n}a_n + 1.$$

于是,有

$$a_{n+1} + (n+1) = \frac{n+2}{n}a_n + n + 2 = \frac{n+2}{n}(a_n + n),$$

即

$$\frac{a_{n+1} + n + 1}{a_n + n} = \frac{n+2}{n}.$$

由此迭代,得

$$\frac{a_n + n}{a_1 + 1} = \frac{n+1}{n-1} \cdot \frac{n}{n-2} \cdot \frac{n-1}{n-3} \cdot \cdots \cdot \frac{4}{2} \cdot \frac{3}{1} = \frac{1}{2}n(n+1),$$

所以

$$a_n + n = \frac{1}{2}n(n+1) \cdot (a_1 + 1) = \frac{3}{4}n(n+1),$$

故

$$a_n = \frac{3}{4}n^2 - \frac{1}{4}n.$$

14. 设

$$a_n + (pn+q) \cdot 2^n = 3\{a_{n-1} + [p(n-1)+q] \cdot 2^{n-1}\},$$

则

$$a_n = 3a_{n-1} + \frac{pn - 3p + q}{2} \cdot 2^n.$$

令 $\dfrac{pn - 3p + q}{2} = n$,得 $pn - 3p + q = 2n$,所以 $p = 2, q - 3p = 0$,则

$q = 6$,所以
$$a_n + (2n+6) \cdot 2^n = 3\{a_{n-1} + [2(n-1)+6] \cdot 2^{n-1}\},$$
故
$$a_n + (2n+6) \cdot 2^n = 3^{n-1} \cdot [a_1 + (2+6) \cdot 2] = 18 \cdot 3^{n-1} = 6 \cdot 3^n,$$
则
$$a_n = 6 \cdot 3^n - 6 \cdot 2^n - n \cdot 2^{n+1}.$$

15. 设
$$a_n + (pn+q) \cdot 2^n + r \cdot 5^n$$
$$= 3\{a_{n-1} + [p(n-1)+q] \cdot 2^{n-1} + r \cdot 5^{n-1}\},$$
则
$$a_n = 3a_{n-1} + \frac{pn - 3p + q}{2} \cdot 2^n - \frac{2r}{5} \cdot 5^n.$$

令 $\dfrac{pn - 3p + q}{2} = n, -\dfrac{2r}{5} = 1$,得 $pn - 3p + q = 2n, -2r = 5$,所以 $p = 2, q = 6, r = -\dfrac{5}{2}$.

所以
$$a_n + (2n+6) \cdot 2^n - \frac{5}{2} \cdot 5^n$$
$$= 3\{a_{n-1} + [2(n-1)+6] \cdot 2^{n-1} - \frac{5}{2} \cdot 5^{n-1}\},$$
$$a_n + (2n+6) \cdot 2^n - \frac{5}{2} \cdot 5^n$$
$$= 3^{n-1} \cdot [a_1 + (2+6) \cdot 2 - \frac{5}{2} \cdot 5] = 4 \cdot 3^{n-1},$$
故
$$a_n = 4 \cdot 3^{n-1} - (2n+6) \cdot 2^n + \frac{5^{n+1}}{2}.$$

16. 将"尾巴"全部归入辅助数列通项,设

$$a_n + p \cdot 2^n + q \cdot 5^n + r \cdot 7^n$$
$$= 3(a_{n-1} + p \cdot 2^{n-1} + q \cdot 5^{n-1} + r \cdot 7^{n-1}),$$

则
$$a_n = 3a_{n-1} + 2^n\left(\frac{3p}{2} - p\right) + 5^n\left(\frac{3q}{5} - q\right) + 7^n\left(\frac{3q}{7} - r\right).$$

所以
$$\frac{3p}{2} - p = 1, \quad \frac{3q}{5} - q = 1, \quad \frac{3q}{7} - r = 1,$$

得
$$p = 2, \quad q = -\frac{5}{2}, \quad r = -\frac{7}{4}.$$

于是,有
$$a_n + 2^{n+1} - \frac{5^{n+1}}{2} - \frac{7^{n+1}}{4} = 3\left(a_{n-1} + 2^n - \frac{5^n}{2} - \frac{7^n}{4}\right),$$
$$a_n + 2^{n+1} - \frac{5^{n+1}}{2} - \frac{7^{n+1}}{4} = 3^{n-1}\left(a_1 + 4 - \frac{25}{2} - \frac{49}{4}\right) = \frac{1}{4} \cdot 3^{n-1},$$

故
$$a_n = \frac{3^{n-1}}{4} + \frac{5^{n+1}}{2} + \frac{7^{n+1}}{4} - 2^{n+1}.$$

17. 由待定系数得 $\left\{a_n + \frac{1}{2}n^2 + \frac{1}{2}n + \frac{1}{2}\right\}$ 为等比数列,由此可得 $a_n = \frac{5}{2} \cdot 3^{n-1} - \frac{1}{2}n^2 - \frac{1}{2}n - \frac{1}{2}$.

18. 由 $a_1 + a_2 + \cdots + a_n = (1 + 2 + \cdots + n)a_n$,得
$$a_1 + a_2 + \cdots + a_{n-1} = (1 + 2 + \cdots + n - 1)a_{n-1},$$
上述两式相减,得
$$a_n = (1 + 2 + \cdots + n)a_n - (1 + 2 + \cdots + n - 1)a_{n-1}$$
$$= \frac{n(n+1)}{2}a_n - \frac{n(n-1)}{2}a_{n-1},$$

所以
$$\left[\frac{n(n+1)}{2} - 1\right]a_n = \frac{n(n-1)}{2}a_{n-1},$$

即
$$\frac{a_n}{a_{n-1}} = \frac{n}{n+2},$$

故
$$a_n = \frac{a_n}{a_{n-1}} \cdot \frac{a_{n-1}}{a_{n-2}} \cdot \cdots \cdot \frac{a_2}{a_1} \cdot a_1 = \frac{n}{n+2} \cdot \frac{n-1}{n+1} \cdot \cdots \cdot \frac{2}{4} \cdot 2\,000$$
$$= \frac{12\,000}{(n+2)(n+1)},$$

于是,有
$$a_{2\,015} = \frac{125}{421\,147}.$$

19. 仿照常系数递归数列的待定系数法,令
$$a_{n+1} + pn + q = -[a_n + p(n-1) + q],$$
由 $a_n + a_{n+1} = -4n - 2$,得
$$a_{n+1} + 2(n+1) = -(a_n + 2n),$$
所以 $\{a_n + 2n\}$ 是等比数列,即
$$a_n + 2n = (a_1 + 2)(-1)^{n-1} = (-1)^{n-1},$$
$$a_n = (-1)^{n-1} - 2n,$$
则
$$b_n = a_n a_{n+1} = [(-1)^{n-1} - 2n] \cdot [(-1)^n - 2n - 2]$$
$$= 4n^2 + 4n + 2(-1)^n - 1.$$

20. 由 $(3 - a_{n+1})(6 + a_n) = 18$,得 $\frac{1}{a_{n+1}} = \frac{2}{a_n} + \frac{1}{3}$,令 $b_n = \frac{1}{a_n} + \frac{1}{3}$,得 $b_0 = \frac{2}{3}$, $b_n = 2b_{n-1}$,于是 $b_n = \frac{2}{3} \times 2^n$.即 $\frac{1}{a_n} = \frac{2^{n+1} - 1}{3}$,故

$$\sum_{i=0}^{n}\frac{1}{a_i}=\frac{1}{3}(2^{n+2}-n-3).$$

21.(1) 由韦达定理知 $\alpha \cdot \beta = q \neq 0$,又 $\alpha + \beta = p$,所以

$a_n - px_{n-1} - qx_{n-2} = (\alpha+\beta)a_{n-1} - \alpha\beta a_{n-2}$ $(n=3,4,5,\cdots)$.

整理,得 $a_n - \beta a_{n-1} = \alpha(a_{n-1} - \beta a_{n-2})$.

令 $b_n = a_{n+1} - \beta a_n$,则 $b_{n+1} = \alpha b_n (n=1,2,\cdots)$,所以 $\{b_n\}$ 是公比为 α 的等比数列.

数列 $\{b_n\}$ 的首项为

$b_1 = a_2 - \beta a_1 = p^2 - q - \beta p = (\alpha+\beta)^2 - \alpha\beta - \beta(\alpha+\beta) = \alpha^2$.

所以 $b_n = \alpha^2 \cdot \alpha^{n-1} = \alpha^{n+1}$,即 $a_{n+1} - \beta a_n = \alpha^{n+1}(n=1,2,\cdots)$.

故 $a_{n+1} = \beta a_n + \alpha^{n+1}(n=1,2,\cdots)$.

① 当 $\Delta = p^2 - 4q = 0$ 时,$\alpha = \beta \neq 0$,$a_1 = p = \alpha + \alpha = 2\alpha$,$a_{n+1} = \beta a_n + \alpha^{n+1}(n=1,2,\cdots)$ 变为 $a_{n+1} = \alpha a_n + \alpha^{n+1}(n=1,2,\cdots)$.

整理得

$$\frac{a_{n+1}}{\alpha^{n+1}} - \frac{a_n}{\alpha^n} = 1 \quad (n=1,2,\cdots).$$

所以,数列 $\frac{a_n}{\alpha^n}$ 成公差为 1 的等差数列,其首项为 $\frac{a_1}{\alpha} = \frac{2\alpha}{\alpha} = 2$.

所以

$$\frac{a_n}{\alpha^n} = 2 + 1(n-1) = n+1.$$

于是,数列 $\{a_n\}$ 的通项公式为 $a_n = (n+1)\alpha^n$.

② 当 $\Delta = p^2 - 4q > 0$ 时,$\alpha \neq \beta$,有

$$a_{n+1} = \beta a_n + \alpha^{n+1} = \beta a_n + \frac{\beta-\alpha}{\beta-\alpha}\alpha^{n+1}$$

$$= \beta a_n + \frac{\beta}{\beta-\alpha}\alpha^{n+1} - \frac{\alpha}{\beta-\alpha}\alpha^{n+1} \quad (n=1,2,\cdots).$$

整理得

$$a_{n+1} + \frac{\alpha^{n+2}}{\beta - \alpha} = \beta\left(a_n + \frac{\alpha^{n+1}}{\beta - \alpha}\right) \quad (n = 1, 2, \cdots).$$

所以,数列 $\left\{a_n + \dfrac{\alpha^{n+1}}{\beta - \alpha}\right\}$ 成公比为 β 的等比数列,其首项为

$$a_1 + \frac{\alpha^2}{\beta - \alpha} = \alpha + \beta + \frac{\alpha^2}{\beta - \alpha} = \frac{\beta^2}{\beta - \alpha}.$$

所以,$a_n + \dfrac{\alpha^{n+1}}{\beta - \alpha} = \dfrac{\beta^2}{\beta - \alpha}\beta^{n-1}.$

于是,数列 $\{a_n\}$ 的通项公式为 $a_n = \dfrac{\beta^{n+1} - \alpha^{n+1}}{\beta - \alpha}.$

另解 由韦达定理知 $\alpha \cdot \beta = q \neq 0$,又 $\alpha + \beta = p$,所以 $a_1 = \alpha + \beta$,$a_2 = \alpha^2 + \beta^2 + \alpha\beta$.

特征方程 $\lambda^2 - p\lambda + q = 0$ 的两个根分别为 α, β.

① 当 $\alpha = \beta \neq 0$ 时,通项 $a_n = (A_1 + A_2 n)\alpha^n (n = 1, 2, \cdots)$.由 $a_1 = \alpha + \beta, a_2 = \alpha^2 + \beta^2 + \alpha\beta$ 得

$$\begin{cases} (A_1 + A_2)\alpha = 2\alpha, \\ (A_1 + 2A_2)\alpha^2 = 3\alpha^2, \end{cases}$$

解得 $A_1 = A_2 = 1$.故 $a_n = (1 + n)\alpha^n.$

② 当 $\alpha \neq \beta$ 时,通项 $a_n = A_1 \alpha^n + A_2 \beta^n (n = 1, 2, \cdots)$.由 $a_1 = \alpha + \beta, a_2 = \alpha^2 + \beta^2 + \alpha\beta$ 得

$$\begin{cases} A_1 \alpha + A_2 \beta = \alpha + \beta, \\ A_1 \alpha^2 + A_2 \beta^2 = \alpha^2 + \beta^2 + \alpha\beta, \end{cases}$$

解得 $A_1 = -\dfrac{\alpha}{\beta - \alpha}, A_2 = \dfrac{\beta}{\beta - \alpha}.$ 故

$$a_n = -\frac{\alpha^{n+1}}{\beta - \alpha} + \frac{\beta^{n+1}}{\beta - \alpha} = \frac{\beta^{n+1} - \alpha^{n+1}}{\beta - \alpha}.$$

(2) 若 $p = 1, q = \dfrac{1}{4}$,则 $\Delta = p^2 - 4q = 0$,此时 $\alpha = \beta = \dfrac{1}{2}$.由(1)的结果得,数列 $\{a_n\}$ 的通项公式为

$$a_n = (n+1)\left(\frac{1}{2}\right)^n = \frac{n+1}{2^n},$$

所以,$\{a_n\}$ 的前 n 项和为

$$s_n = \frac{2}{2} + \frac{3}{2^2} + \frac{4}{2^3} + \cdots + \frac{n}{2^{n-1}} + \frac{n+1}{2^n},$$

$$\frac{1}{2}s_n = \frac{2}{2^2} + \frac{3}{2^3} + \frac{4}{2^4} + \cdots + \frac{n}{2^n} + \frac{n+1}{2^{n+1}},$$

以上两式相减,整理得 $\frac{1}{2}s_n = \frac{3}{2} - \frac{n+3}{2^{n+1}}$,所以 $s_n = 3 - \frac{n+3}{2^n}$.

22. 定义 $F_1 = 1, F_2 = 0, F_n = F_{n-1} + F_{n-2}(n = 3, 4, \cdots)$,由所给关系式有

$$1 + \frac{1}{a_{n+1}^2} = \left(1 + \frac{1}{a_n^2}\right)\left(1 + \frac{1}{a_{n-1}^2}\right).$$

由归纳法可得

$$1 + \frac{1}{a_n^2} = \left(1 + \frac{1}{a_1^2}\right)^{F_n}\left(1 + \frac{1}{a_2^2}\right)^{F_{n+1}} \quad (n = 1, 2, \cdots),$$

从而

$$1 + \frac{1}{a_n^2} = 2^{F_n}\left(\frac{26}{25}\right)^{F_{n+1}} = 2^{F_{n+2}} 13^{F_{n+1}} 5^{-2F_{n+1}},$$

因此

$$a_n = (2^{F_{n+2}} 13^{F_{n+1}} 5^{-2F_{n+1}} - 1)^{-\frac{1}{2}} \quad (n = 1, 2, \cdots),$$

其中

$$F_n = \frac{1}{\sqrt{5}}\left[\left(\frac{1+\sqrt{5}}{2}\right)^{n-2} - \left(\frac{1-\sqrt{5}}{2}\right)^{n-2}\right] \quad (n = 1, 2, \cdots).$$

23. 当 $n = 1$ 时,由 $a_1 = \frac{9}{8}a_1 - 4 + m$ 得 $a_1 = 8(4 - m)$.

当 $n \geqslant 1$ 时,

$$S_n = \frac{9}{8}a_n - \frac{4}{3} \times 3^n + m, \quad S_{n+1} = \frac{9}{8}a_{n+1} - \frac{4}{3} \times 3^{n+1} + m,$$

因此
$$a_{n+1} = \frac{9}{8}a_{n+1} - \frac{9}{8}a_n - \frac{8}{3} \times 3^n, \quad a_{n+1} = 9a_n + \frac{64}{3} \times 3^n,$$
所以
$$a_{n+1} + \frac{32}{9} \times 3^{n+1} = 9\left(a_n + \frac{32}{9} \times 3^n\right),$$
故
$$a_n + \frac{32}{9} \times 3^n = \left(a_1 + \frac{32}{3}\right) \times 9^{n-1},$$
即
$$a_n = \frac{8}{27}(16-3m) \times 9^n - \frac{32}{9} \times 3^n.$$

由条件知,$\frac{8}{27}(16-3m) \times 9^n - \frac{32}{9} \times 3^n \geqslant \frac{64}{3}$ 对任何正整数 n 恒成立,即 $\frac{8}{27}(16-3m) \geqslant \frac{64}{3} \times \frac{1}{9^n} + \frac{32}{9} \times \frac{1}{3^n}$ 对任何正整数 n 恒成立.由于 $\frac{64}{3} \times \frac{1}{9^n} + \frac{32}{9} \times \frac{1}{3^n}$ 在 $n=1$ 时取最大值 $\frac{64}{3} \times \frac{1}{9} + \frac{32}{9} \times \frac{1}{3} = \frac{96}{27}$,于是 $\frac{8}{27}(16-3m) \geqslant \frac{96}{27}$,解得 $m \leqslant \frac{4}{3}$.由上式知 m 的最大值为 $\frac{4}{3}$.

当 $m = \frac{4}{3}$ 时,$a_n = \frac{32}{9} \times 9^n - \frac{32}{9} \times 3^n$,于是
$$S_n = \frac{9}{8}\left(\frac{32}{9} \times 9^n - \frac{32}{9} \times 3^n\right) - \frac{4}{3} \times 3^n + \frac{4}{3}$$
$$= \frac{4}{3}[3 \times (3^n)^2 - 4 \times 3^n + 1] = \frac{4}{3}(3^{n+1}-1)(3^n-1),$$
所以
$$\sum_{k=1}^{n} \frac{3^k}{S_k} = \frac{3}{4}\sum_{k=1}^{n} \frac{3^k}{(3^{k+1}-1)(3^k-1)} = \frac{3}{8}\sum_{k=1}^{n}\left(\frac{1}{3^k-1} - \frac{1}{3^{k+1}-1}\right)$$
$$= \frac{3}{8}\left(\frac{1}{3-1} - \frac{1}{3^{n+1}-1}\right) < \frac{3}{8} \times \frac{1}{2} = \frac{3}{16}.$$

24. 由已知得 $(n-1)a_n = 2(a_0 + a_1 + \cdots + a_{n-2})$, 在上式中以 $n+1$ 代替 n 得 $na_{n+1} = 2(a_0 + a_1 + \cdots + a_{n-1})$, 两式相减得 $na_{n+1} - (n-1)a_n = 2a_{n-1}$, 此式对所有整数 $n \geq 3$ 均成立.

设 $b_n = \dfrac{a_n}{n+2}$, 则 $n(n+3)b_{n+1} = (n-1)(n+2)b_n + 2(n+1)b_{n-1}$.

由于 $n(n+3) = (n-1)(n+2) + 2(n+1)$, 故 b_{n+1} 应在 b_n 与 b_{n-1} 之间. 由于 $a_3 = 1, a_4 = \dfrac{2}{3}$, 故 $b_3 = \dfrac{1}{5}, b_4 = \dfrac{1}{9}$. 因此当 $n \geq 3$ 时, 均有 $b_n \in \left[\dfrac{1}{9}, \dfrac{1}{5}\right]$, 故 $a_n = (n+2)b_n \geq \dfrac{n+2}{9} > \dfrac{n}{10}$, 证毕.

另证 用归纳法证明加强命题: $a_n \geq \dfrac{n+2}{10} (n \geq 3)$.

当 $n = 3, 4$ 时, $a_3 = 1 \geq \dfrac{5}{10}, a_4 = \dfrac{2}{3} \geq \dfrac{6}{10}$. 结论成立.

假设结论对 $n-1$ 成立, 考虑 $n+1$ 的情形, 有

$$\begin{aligned}
a_{n+1} &= \dfrac{2}{n}(a_0 + a_1 + \cdots + a_{n-1}) \\
&= \dfrac{2}{n}(1 + a_3 + a_4 + \cdots + a_{n-1}) \\
&> \dfrac{2}{n}\left(1 + \dfrac{5}{10} + \dfrac{6}{10} + \cdots + \dfrac{n+1}{10}\right) \\
&= \dfrac{2}{n}\left[1 + \dfrac{(n+6)(n-3)}{20}\right] \\
&= \dfrac{2}{n} \cdot \dfrac{n^2 + 3n + 2}{20} > \dfrac{n+3}{10}.
\end{aligned}$$

所以, 结论对 $n+1$ 亦成立.

由归纳法原理可知 $a_n \geq \dfrac{n+2}{10} (n \geq 3)$ 成立. 因此, $a_n \geq \dfrac{n+2}{10} >$

$\frac{n}{10}(n \geqslant 3)$ 成立.

25. 由 $a_{n+1} - a_n = \sqrt{\frac{2}{3}(a_{n+1} + a_n)}$ 两边平方得 $3(a_{n+1} - a_n)^2 = 2(a_{n+1} + a_n)$,又 $3(a_n - a_{n-1})^2 = 2(a_n + a_{n-1})$,两式相减得

$$3(a_{n+1} - a_{n-1})(a_{n+1} - 2a_n + a_{n-1}) = 2(a_{n+1} - a_{n-1}).$$

由 $a_1 = \frac{2}{3}$,$a_{n+1} - a_n = \sqrt{\frac{2}{3}(a_{n+1} + a_n)}$ 求得 $a_2 = 2$,又由递推关系式易知数列 $\{a_n\}$ 是单调递增数列,所以 $a_{n+1} - a_{n-1} \neq 0$.

所以 $3(a_{n+1} - 2a_n + a_{n-1}) = 2$,即 $a_{n+1} - 2a_n + a_{n-1} = \frac{2}{3}$,即 $(a_{n+1} - a_n) - (a_n - a_{n-1}) = \frac{2}{3}$,故数列 $\{a_{n+1} - a_n\}$ 是以 $a_2 - a_1 = \frac{4}{3}$ 为首项、$\frac{2}{3}$ 为公差的等差数列,所以 $a_{n+1} - a_n = \frac{4}{3} + \frac{2}{3}(n-1) = \frac{2}{3}(n+1)$,于是 $a_n = a_1 + \frac{2}{3}(2 + 3 + \cdots + n) = \frac{1}{3}n(n+1)$,所以 $a_{2\,007} = \frac{1}{3} \times 2\,007 \times (2\,007 + 1) = 1\,343\,352$.

26. 设 $a_{n+2} + p = 6(a_{n+1} + p) - 9(a_n + p)$,即 $a_{n+2} = 6a_{n+1} - 9a_n - 4p$,所以 $p = 1$.于是,递归关系可变为 $a_{n+2} + 1 = 6(a_{n+1} + 1) - 9(a_n + 1)$.

令 $a_n + 1 = b_n$,则 $b_1 = a_1 + 1 = 2$,$b_2 = a_2 + 1 = -6$,$b_{n+2} = 6b_{n+1} - 9b_n$.

特征方程 $x^2 = 6x - 9$ 的两根为 $x_1 = x_2 = 3$,所以 $b_n = (an + b) \cdot 3^{n-1}$.

于是 $2 = b_1 = (a + b) \cdot 3^0 = a + b$,$-6 = b_2 = (2a + b) \cdot 3 = 6a + 3b$,所以 $a = -4$,$b = 6$.

所以 $b_n = (6 - 4n) \cdot 3^{n-1}$,即 $a_n + 1 = (6 - 4n) \cdot 3^{n-1}$,故 $a_n =$

$(6-4n) \cdot 3^{n-1} - 1$.

另解 由 $a_{n+2} = 6a_{n+1} - 9a_n - 4$,得 $a_{n+2} - 3a_{n+1} = 3a_{n+1} - 9a_n - 4 = 3(a_{n+1} - 3a_n) - 4$.

令 $a_{n+2} - 3a_{n+1} + d = 3(a_{n+1} - 3a_n + d)$,比较系数得 $d = -2$.

所以 $a_{n+2} - 3a_{n+1} - 2 = 3(a_{n+1} - 3a_n - 2)$,则 $a_n - 3a_{n-1} - 2 = (a_2 - 3a_1 - 2) \cdot 3^{n-2} = -4 \times 3^{n-1}$,即 $a_n = 3a_{n-1} - 4 \times 3^{n-1} + 2$,得

$$\frac{a_n}{3^n} = \frac{a_{n-1}}{3^{n-1}} - \frac{4}{3} + \frac{2}{3^n},$$

故

$$\frac{a_n + 1}{3^n} = \frac{a_{n-1}}{3^{n-1}} - \frac{4}{3} + \frac{3}{3^n} = \frac{a_{n-1} + 1}{3^{n-1}} - \frac{4}{3},$$

即 $\left\{\dfrac{a_n + 1}{3^n}\right\}$ 是等差数列. 所以

$$\frac{a_n + 1}{3^n} = \frac{a_1 + 1}{3^1} + (n-1) \cdot \left(-\frac{4}{3}\right) = \frac{2}{3} + \frac{4}{3}(1-n) = \frac{6-4n}{3},$$

故 $a_n = (6-4n) \cdot 3^{n-1} - 1$.

27. 设 $A_n(a_n, b_n)$,则 $a_0 = 0, a_1 = a_2 = 1, a_3 = 0$,由点列构成规律,有 $2a_{n+4} = a_{n+1} + a_n$.

其特征方程为 $2x^4 = x + 1$,因为 $2x^4 - x - 1 = (x-1)(2x^3 + 2x^2 + 2x + 1)$(其中由观察发现"1"为方程的根),设 $2x^3 + 2x^2 + 2x + 1$ 的 3 个根为 $x_i (2 \leqslant i \leqslant 4)$,则存在 p, q, r, t,使 $a_n = p + qx_2^n + rx_3^n + tx_4^n$.

要使极限 $\lim\limits_{n \to \infty} a_n$ 存在,须有

$$|x_i| < 1 \quad (2 \leqslant i \leqslant 4). \qquad ①$$

下面证明①式成立.

若 $2x^3 + 2x^2 + 2x + 1 = 0$ 的根 x 满足 $|x| > 1$,则由 $2x^4 = x + 1$,得

$$2 = \frac{x+1}{x^4} = \frac{1}{x^3} + \frac{1}{x^4} \leqslant \left|\frac{1}{x^3} + \frac{1}{x^4}\right| \leqslant \left|\frac{1}{x^3}\right| + \left|\frac{1}{x^4}\right| < 1 + 1 = 2,$$

矛盾.

若 $2x^3+2x^2+2x+1=0$ 的根 x 满足 $|x|=1$, 则有 $x^3+x^2+x=-\dfrac{1}{2}$. 所以, $|x^3+x^2+x|=\dfrac{1}{2}$, $|x^2+x+1|=\dfrac{1}{2}$, $\left|x+\dfrac{1}{x}+1\right|=\dfrac{1}{2}$.

令 $x=\cos\theta+\mathrm{i}\sin\theta$, 则 $|2\cos\theta+1|=\dfrac{1}{2}$. 解得 $\cos\theta=-\dfrac{3}{4}$ 或 $\cos\theta=-\dfrac{1}{4}$, 但它们都不适合原方程.

所以, ①式成立, 故 $\lim\limits_{n\to\infty}a_n=p$.

由初值条件得

$$0=a_0=p+q+r+t, \quad ①$$
$$1=a_1=p+qx_1+rx_2+tx_3, \quad ②$$
$$1=a_2=p+qx_1^2+rx_2^2+tx_3^2, \quad ③$$
$$0=a_3=p+qx_1^3+rx_2^3+tx_3^3, \quad ④$$

①$+2\times$(②$+$③$+$④), 并利用 $2x_i^3+2x_i^2+2x_i+1=0$, 得 $4=2a_3+2a_2+2a_1+a_0=7p$, 所以, $p=\dfrac{4}{7}$, 即 $\lim\limits_{n\to\infty}a_n=\dfrac{4}{7}$.

同样可得 $\lim\limits_{n\to\infty}b_n=\dfrac{3}{7}$. 所以 A_n 的极限点为 $\left(\dfrac{4}{7},\dfrac{3}{7}\right)$.

另解 同上先证明 $\lim\limits_{n\to\infty}a_n$, $\lim\limits_{n\to\infty}b_n$ 存在.

其次, 由 $2a_5=a_1+a_2, 2a_6=a_2+a_3, \cdots, 2a_{n+4}=a_n+a_{n+1}$ 相加, 得

$$2a_{n+4}+2a_{n+3}+2a_{n+2}+a_{n+1}=a_1+2a_2+2a_3+2a_4=4,$$

上式两边取极限, 并令 $\lim\limits_{n\to\infty}a_n=p$, 得 $7p=4$, $p=\dfrac{4}{7}$, 即 $\lim\limits_{n\to\infty}a_n=\dfrac{4}{7}$.

类似可求得 $\lim\limits_{n\to\infty}b_n=\dfrac{3}{7}$.

2 几种非常规递归形式

递归方程的简单方式是常系数线性递归方程,本章介绍除此之外的其他几种常见的递归方式.

2.1 分式递归

如果 f 是一个关于 r 个变量的分式函数,则递归方程
$$a_n = f(a_{n-1}, a_{n-2}, \cdots, a_{n-r})$$
称为 r 阶分式递归方程.

下面介绍 $r=1$ 时的两个简单结论.

对于线性分式递归数列
$$x_n = \frac{a x_{n-1} + b}{c x_{n-1} + d},$$

设 $f(x) = \dfrac{ax+b}{cx+d}$ 的两个不动点(即方程 $f(x)=x$ 的解)为 α, β,

(1) 若 $\alpha \neq \beta$,则 $\left\{\dfrac{x_n - \alpha}{x_n - \beta}\right\}$ 是等比数列,公比为 $q = \dfrac{a - c\alpha}{a - c\beta}$;

(2) 若 $\alpha = \beta$,则 $\left\{\dfrac{1}{x_n - \alpha}\right\}$ 是等差数列,公差为 $d = \dfrac{c}{a - c\alpha}$.

证明 当 $\alpha \neq \beta$ 时,则

$$\frac{x_{n+1} - \alpha}{x_{n+1} - \beta} = \frac{\dfrac{ax_n + b}{cx_n + d} - \alpha}{\dfrac{ax_n + b}{cx_n + d} - \beta}$$

$$= \frac{ax_n + b - c\alpha x_n - d\alpha}{ax_n + b - c\beta x_n - d\beta}$$

$$= \frac{(a - c\alpha)x_n + (b - d\alpha)}{(a - c\beta)x_n + (b - d\beta)},$$

因为 $f(\alpha) = \alpha, f(\beta) = \beta$,所以

$$b - d\alpha = (c\alpha - a)\alpha, \quad b - d\beta = (c\beta - a)\beta,$$

代入上式,得

$$\frac{x_{n+1} - \alpha}{x_{n+1} - \beta} = \frac{(a - c\alpha)x_n + (c\alpha - a)\alpha}{(a - c\beta)x_n + (c\beta - a)\beta} = \frac{a - c\alpha}{a - c\beta} \cdot \frac{x_n - \alpha}{x_n - \beta}.$$

当 $\alpha = \beta$ 时,则

$$\frac{1}{x_{n+1} - \alpha} = \frac{1}{\dfrac{ax_n + b}{cx_n + d} - \alpha}$$

$$= \frac{cx_n + d}{(a - c\alpha)x_n + (b - d\alpha)}.$$

由 $f(\alpha) = \alpha$,得

$$c\alpha^2 + (d - a)\alpha - b = 0,$$
$$b - d\alpha = (c\alpha - a)\alpha. \qquad ①$$

又 α 是重根,由韦达定理,得 $2\alpha = \dfrac{a - d}{c}$,所以

$$2c\alpha = a - d,$$
$$c\alpha + d = a - c\alpha. \qquad ②$$

所以

$$\frac{1}{x_{n+1} - \alpha} = \frac{cx_n + d}{(a - c\alpha)x_n + (b - d\alpha)}$$

$$= \frac{cx_n + d}{(a - c\alpha)x_n + (c\alpha - a)\alpha} \quad (\text{利用 ①})$$

$$= \frac{cx_n + d}{(a - c\alpha)(x_n - \alpha)} = \frac{c(x_n - \alpha) + c\alpha + d}{(a - c\alpha)(x_n - \alpha)}$$

$$= \frac{c}{a - c\alpha} + \frac{c\alpha + d}{a - c\alpha} \cdot \frac{1}{x_n - \alpha}$$

$$= \frac{c}{a - c\alpha} + \frac{1}{x_n - \alpha} \quad (\text{利用 ②}).$$

例1 设 $a_1 = 1, a_n = 1 + \dfrac{1}{a_{n-1}}$,求 a_n.

分析与解 由方程 $1 + \dfrac{1}{x} = x$,解得两个根为

$$\alpha = \frac{1 + \sqrt{5}}{2}, \quad \beta = \frac{1 - \sqrt{5}}{2}.$$

于是,递归方程可以变为

$$\frac{a_n - \dfrac{1 + \sqrt{5}}{2}}{a_n - \dfrac{1 - \sqrt{5}}{2}} = \frac{a_{n-1} - \dfrac{1 + \sqrt{5}}{2}}{a_{n-1} - \dfrac{1 - \sqrt{5}}{2}} \cdot \frac{1 - \sqrt{5}}{1 + \sqrt{5}},$$

迭代,求得

$$a_n = \frac{(1 + \sqrt{5})^{n+1} - (1 - \sqrt{5})^{n+1}}{2(1 + \sqrt{5})^n - 2(1 - \sqrt{5})^n}.$$

例2 设 $a_1 > 0, a_{n+1} = \dfrac{3a_n + 3}{a_n + 3}$,求 $\lim\limits_{n \to \infty} a_n$.

分析与解 由方程 $\dfrac{3x + 3}{x + 3} = x$,解得两个根分别为

$$\alpha = \sqrt{3}, \quad \beta = -\sqrt{3}.$$

于是,递归方程可以变为

$$\frac{a_{n+1} - \sqrt{3}}{a_{n+1} + \sqrt{3}} = \frac{a_n - \sqrt{3}}{a_n + \sqrt{3}} \cdot (2 - \sqrt{3}),$$

所以

$$\frac{a_n-\sqrt{3}}{a_n+\sqrt{3}}=\frac{a_1-\sqrt{3}}{a_1+\sqrt{3}}\cdot(2-\sqrt{3})^{n-1},$$

解得

$$a_n=\frac{\sqrt{3}a_1+3+\sqrt{3}(a_1-\sqrt{3})(2-\sqrt{3})^{n-1}}{a_1+\sqrt{3}-(a_1-\sqrt{3})(2-\sqrt{3})^{n-1}}.$$

注意到 $0<2-\sqrt{3}<1$,所以

$$\lim_{n\to\infty}a_n=\frac{\sqrt{3}a_1+3}{a_1+\sqrt{3}}=\sqrt{3}.$$

例 3 设 $a_1=1, a_{n+1}=\dfrac{a_n-1}{a_n+3}$,求 a_n.

分析与解 由方程

$$\frac{x-1}{x+3}=x,$$

解得两个根为 $\alpha=\beta=-1$.于是,递归方程可以变为

$$\frac{1}{a_{n+1}+1}=\frac{1}{\dfrac{a_n-1}{a_n+3}+1}=\frac{a_n+3}{(a_n-1)+(a_n+3)}$$

$$=\frac{a_n+3}{2a_n+2}=\frac{1}{2}\cdot\frac{a_n+3}{a_n+1}=\frac{1}{2}+\frac{1}{a_n+1},$$

所以

$$\frac{1}{a_n+1}=\frac{1}{a_1+1}+\frac{1}{2}(n-1)=\frac{n}{2},$$

解得 $a_n=\dfrac{2-n}{n}$.

对于非线性分式递归数列

$$x_n=\frac{x_{n-1}^2+ax_{n-1}+b}{cx_{n-1}+d},$$

2 几种非常规递归形式

设 $f(x) = \dfrac{x^2 + ax + b}{cx + d}$ 的两个不同的不动点为 α, β,那么,当且仅当 $a = 0, c = 2$ 时,有

$$\frac{x_{n+1} - \alpha}{x_{n+1} - \beta} = \left(\frac{x_n - \alpha}{x_n - \beta}\right)^2.$$

证明 因为 α 为 $f(x)$ 的不动点,所以

$$\alpha = \frac{\alpha^2 + a\alpha + b}{c\alpha + d},$$

即

$$b - d\alpha = (c\alpha - a)\alpha - \alpha^2,$$

同理,有

$$b - d\beta = (c\beta - a)\beta - \beta^2.$$

于是,有

$$\begin{aligned}
\frac{x_{n+1} - \alpha}{x_{n+1} - \beta} &= \frac{\dfrac{x_n^2 + ax_n + b}{cx_n + d} - \alpha}{\dfrac{x_n^2 + ax_n + b}{cx_n + d} - \beta} \\
&= \frac{x_n^2 + ax_n + b - c\alpha x_n - d\alpha}{x_n^2 + ax_n + b - c\beta x_n - d\beta} \\
&= \frac{x_n^2 + (a - c\alpha)x_n + (b - d\alpha)}{x_n^2 + (a - c\beta)x_n + (b - d\beta)} \\
&= \frac{x_n^2 + (a - c\alpha)x_n + (c\alpha - a)\alpha - \alpha^2}{x_n^2 + (a - c\beta)x_n + (c\beta - a)\beta - \beta^2}.
\end{aligned}$$

所以

$$\frac{x_{n+1} - \alpha}{x_{n+1} - \beta} = \left(\frac{x_n - \alpha}{x_n - \beta}\right)^2$$

$$\Leftrightarrow \frac{x_n^2 + (a - c\alpha)x_n + (c\alpha - a)\alpha - \alpha^2}{x_n^2 + (a - c\beta)x_n + (c\beta - a)\beta - \beta^2}$$

$$= \left(\frac{x_n - \alpha}{x_n - \beta}\right)^2 = \frac{x_n^2 - 2\alpha x_n + \alpha^2}{x_n^2 - 2\beta x_n + \beta^2},$$

$\Leftrightarrow x_n^2 + (a - c\alpha)x_n + (c\alpha - a)\alpha - \alpha^2 = k(x_n^2 - 2x_n\alpha + \alpha^2)$,

且 $x_n^2 + (a - c\beta)x_n + (c\beta - a)\beta - \beta^2 = k(x_n^2 - 2x_n\beta + \beta^2)$.

因为上述多项式有无数个根 $x_1, x_2, x_3, \cdots$，比较系数得

$$k = 1, \quad a - c\alpha = -2\alpha, \quad a - c\beta = -2\beta.$$

此方程组有唯一的解，即

$$a = 0, \quad c = 2.$$

例 4 设 $a_1 = 7, a_{n+1} = \dfrac{a_n^2 + 6}{2a_n - 5}$，求 a_n.

分析与解 $f(x) = \dfrac{x^2 + 6}{2x - 5}$ 有两个不动点 $-1, 6$，于是，递归方程可变形为

$$\frac{a_{n+1} + 1}{a_{n+1} - 6} = \left(\frac{a_n + 1}{a_n - 6}\right)^2,$$

迭代，得

$$\frac{a_n + 1}{a_n - 6} = \left(\frac{a_{n-1} + 1}{a_{n-1} - 6}\right)^2 = \cdots = \left(\frac{a_1 + 1}{a_1 - 6}\right)^{2^{n-1}} = 8^{2^{n-1}},$$

由合分比定理，得

$$a_n = \frac{6 \times 8^{2^{n-1}} + 1}{8^{2^{n-1}} - 1}.$$

例 5 设 $a_1 = a > 2, a_{n+1} = \dfrac{a_n^2}{2a_n - 2}$，求证：

(1) $a_n > 2$，且 $\dfrac{a_{n+1}}{a_n} < 1$；

(2) 如果 $a \leqslant 3$，那么 $a_n \leqslant 2 + \dfrac{1}{2^{n-1}}$；

(3) 如果 $a > 3$，那么当 $n \geqslant \dfrac{\lg \dfrac{a}{3}}{\lg \dfrac{4}{3}}$ 时，有 $a_{n+1} < 3$.

2 几种非常规递归形式

分析与证明 $f(x) = \dfrac{x^2}{2x-2}$ 有两个不动点 $0, 2$, 于是, 递归方程可变形为

$$\frac{a_{n+1}-2}{a_{n+1}} = \left(\frac{a_n-2}{a_n}\right)^2,$$

迭代, 得

$$\frac{a_n-2}{a_n} = \left(\frac{a_{n-1}-2}{a_{n-1}}\right)^2 = \cdots = \left(\frac{a_1-2}{a_1}\right)^{2^{n-1}} = \left(\frac{a-2}{a}\right)^{2^{n-1}},$$

由合分比定理, 得

$$a_n = \frac{2}{1-\left(1-\dfrac{2}{a}\right)^{2^{n-1}}}.$$

由通项不难证明题中结论成立, 留给读者完成.

例 6 设两正数列 $\{a_n\}$、$\{b_n\}$ 满足:

(1) $a_0 = 1 \geqslant a_1, a_n(b_{n-1}+b_{n+1}) = a_{n-1}b_{n-1} + a_{n+1}b_{n+1}$, $n \in \mathbf{N}^*$;

(2) $\sum\limits_{i=0}^{n} b_i \leqslant n^{\frac{3}{2}}, n \geqslant 1.$

求 $\{a_n\}$ 的通项. (2006 年 IMO 中国国家集训队测试题)

分析与解 条件"$a_0 = 1 \geqslant a_1$"是一个"题眼", 如果放过了这个不起眼的条件, 则很难找到解题途径.

由 $a_0 = 1 \geqslant a_1$ 可知, 只有两种可能情形: 一是 $a_1 = a_0 = 1$, 二是 $a_1 < a_0 = 1$. 而对于前者, 显然有 $a_n = 1 (n \in \mathbf{N})$; 对于后者, 可用反证法导出矛盾.

实际上, 由条件(1), 有

$$a_n - a_{n+1} = \frac{b_{n-1}}{b_{n+1}}(a_{n-1} - a_n),$$

于是, 有

$$a_n - a_{n+1} = \frac{b_0 b_1}{b_n b_{n+1}}(a_0 - a_1).\quad ①$$

若 $a_1 = a_0 = 1$,则 $a_n = 1$.

若 $a_1 < a_0 = 1$,则由①累加,有

$$a_0 > a_0 - a_n = b_0 b_1 (a_0 - a_1) \sum_{k=0}^{n-1} \frac{1}{b_k b_{k+1}},$$

所以

$$\sum_{k=0}^{n} \frac{1}{b_k b_{k+1}} < \frac{a_0}{b_0 b_1 (a_0 - a_1)}.\quad ②$$

另一方面,令 $x_n = \sqrt{b_n b_{n+1}}$,则 $x_n \leqslant \frac{b_n + b_{n+1}}{2}$,于是,结合条件(2),有

$$x_1 + x_2 + \cdots + x_n \leqslant \frac{b_1 + b_2}{2} + \frac{b_2 + b_3}{2} + \cdots + \frac{b_n + b_{n+1}}{2}$$

$$< b_1 + b_2 + \cdots + b_{n+1} \leqslant (n+1)^{\frac{3}{2}} \leqslant 4 n^{\frac{3}{2}}.$$

但对任意正整数 k,有

$$\frac{k}{\frac{1}{x_{k+1}^2} + \frac{1}{x_{k+2}^2} + \cdots + \frac{1}{x_{2k}^2}} \leqslant \sqrt[k]{x_{k+1}^2 \cdots x_{2k}^2}$$

$$\leqslant \left(\frac{x_{k+1} + \cdots + x_{2k}}{k}\right)^2 < \frac{(4(2k)^{\frac{3}{2}})^2}{k^2}.$$

从而

$$\frac{1}{x_{k+1}^2} + \frac{1}{x_{k+2}^2} + \cdots + \frac{1}{x_{2k}^2} \geqslant \frac{1}{2^7},$$

所以

$$\sum_{k=0}^{2^n} \frac{1}{b_k b_{k+1}} = \sum_{k=0}^{2^n} \frac{1}{x_k^2} = \sum_{k=0}^{n-1}\left(\frac{1}{x_{2k+1}^2} + \frac{1}{x_{2k+2}^2} + \cdots + \frac{1}{x_{2k+1}^2}\right)$$

$$\geqslant \sum_{k=0}^{n-1} \frac{1}{2^7} = \frac{n}{2^7},$$

这与②式矛盾.

综上所述，$a_n = 1 (n \geqslant 0)$.

值得一提的是，以上在证明级数 $\sum\limits_{k=0}^{\infty} \dfrac{1}{b_k b_{k+1}}$ 发散时，采用了人们熟悉的"分组放缩"的技巧，它与证明 $\sum\limits_{k=1}^{\infty} \dfrac{1}{k}$ 的发散性如出一辙.因此，本题有很浓的"分析"味道.

如果分式递归方程中，其分式的分子为单项式形式，则将递归方程两边同时取倒数，可转化为常见的递归方程求解.我们看下面的例子.

例 7 设

$$a_1 = \dfrac{1}{2}, \quad a_{n+1} = \dfrac{a_n}{(1-\sqrt{2})^{n+1} a_n + \sqrt{2} + 1} \quad (n = 1, 2, 3, \cdots),$$

求 $\lim\limits_{n \to \infty} \sqrt[n]{a_n}$. (原创题)

分析与解 考虑更一般的数列

$$a_1 = \dfrac{1}{p+q}, \quad a_{n+1} = \dfrac{a_n}{p^{n+1} a_n + q},$$

则

$$\dfrac{1}{a_{n+1}} = \dfrac{p^{n+1} a_n + q}{a_n} = p^{n+1} + \dfrac{q}{a_n},$$

$$\dfrac{1}{a_{n+1}} - \dfrac{q}{a_n} = p^{n+1}, \qquad ①$$

所以 $\left\{\dfrac{1}{a_{n+1}} - \dfrac{q}{a_n}\right\}$ 是公比为 p 的等比数列.于是，有

$$\dfrac{1}{a_{n+1}} - \dfrac{q}{a_n} = p\left(\dfrac{1}{a_n} - \dfrac{q}{a_{n-1}}\right),$$

$$\dfrac{1}{a_{n+1}} - \dfrac{p}{a_n} = \dfrac{q}{a_n} - \dfrac{pq}{a_{n-1}} = q\left(\dfrac{1}{a_n} - \dfrac{p}{a_{n-1}}\right),$$

从而 $\left\{\dfrac{1}{a_{n+1}} - \dfrac{p}{a_n}\right\}$ 是公比为 q 的等比数列,则

$$\dfrac{1}{a_{n+1}} - \dfrac{p}{a_n} = \left(\dfrac{1}{a_2} - \dfrac{p}{a_1}\right)q^{n-1} = \left(p^2 + \dfrac{q}{a_1} - \dfrac{p}{a_1}\right)q^{n-1}$$

$$= [p^2 + (q - p)(p + q)]q^{n-1}$$

$$= q^2 \cdot q^{n-1} = q^{n+1}. \qquad ②$$

由①②式消去 $\dfrac{1}{a_{n+1}}$,得

$$\dfrac{1}{a_n} = \dfrac{p^{n+1} - q^{n+1}}{p - q},$$

所以

$$a_n = \dfrac{p - q}{p^{n+1} - q^{n+1}}.$$

令 $p = 1 - \sqrt{2}, q = 1 + \sqrt{2}$,得

$$a_n = \dfrac{2\sqrt{2}}{(1+\sqrt{2})^{n+1} - (1-\sqrt{2})^{n+1}}.$$

因为 $|(1-\sqrt{2})^{n+1}| < \dfrac{1}{2}$,所以

$$(1+\sqrt{2})^{n+1} - \dfrac{1}{2} < (1+\sqrt{2})^{n+1} - (1-\sqrt{2})^{n+1} < (1+\sqrt{2})^{n+1} + \dfrac{1}{2},$$

$$\dfrac{1}{2}(1+\sqrt{2})^{n+1} = (1+\sqrt{2})^{n+1} - \dfrac{1}{2}(1+\sqrt{2})^{n+1} < (1+\sqrt{2})^{n+1} - \dfrac{1}{2}$$

$$< (1+\sqrt{2})^{n+1} - (1-\sqrt{2})^{n+1} < (1+\sqrt{2})^{n+1} + \dfrac{1}{2}$$

$$< (1+\sqrt{2})^{n+1} + \dfrac{1}{2}(1+\sqrt{2})^{n+1} = \dfrac{3}{2}(1+\sqrt{2})^{n+1},$$

于是,有

$$\dfrac{1}{4\sqrt{2}}(1+\sqrt{2})^{n+1} < \dfrac{1}{a_n} < \dfrac{3}{4\sqrt{2}}(1+\sqrt{2})^{n+1},$$

$$\left(\frac{1}{4\sqrt{2}}\right)^{\frac{1}{n}} \cdot (1+\sqrt{2})^{1+\frac{1}{n}} < \frac{1}{\sqrt[n]{a_n}} < \left(\frac{3}{4\sqrt{2}}\right)^{\frac{1}{n}} \cdot (1+\sqrt{2})^{1+\frac{1}{n}},$$

所以 $\lim\limits_{n\to\infty}\dfrac{1}{\sqrt[n]{a_n}} = 1+\sqrt{2}$,故 $\lim\limits_{n\to\infty}\sqrt[n]{a_n} = \sqrt{2}-1$.

2.2 递归方程组

对于由递归方程组

$$\begin{cases} x_n = ax_{n-1} + by_{n-1}, \\ y_n = cx_{n-1} + dy_{n-1} \end{cases}$$

确定的数列 $\{x_n\}$、$\{y_n\}$,我们称方程

$$\lambda^2 - (a+d)\lambda + (ad-bc) = 0 \qquad ①$$

为该递归方程组的特征方程.

如果特征方程有两个不同的根 λ_1, λ_2,那么,$\{x_n\}$、$\{y_n\}$ 的通项公式为

$$\begin{cases} x_n = a\lambda_1^{n-1} + b\lambda_2^{n-1}, \\ y_n = c\lambda_1^{n-1} + d\lambda_2^{n-1}, \end{cases}$$

其中常数 a,b,c,d 由初值条件

$$\begin{cases} x_1 = a+b, \\ x_2 = a\lambda_1 + b\lambda_2 \end{cases} \quad \begin{cases} y_1 = c+d, \\ y_2 = c\lambda_1 + d\lambda_2 \end{cases}$$

确定.

如果特征方程有二重根 λ,那么,$\{x_n\}$、$\{y_n\}$ 的通项公式为

$$\begin{cases} x_n = (an+b)\lambda^{n-1}, \\ y_n = (cn+d)\lambda^{n-1}, \end{cases}$$

其中常数 a,b,c,d 由初值条件

$$\begin{cases} x_1 = a+b, \\ x_2 = (2a+b)\lambda \end{cases} \quad \begin{cases} y_1 = c+d, \\ y_2 = (2c+d)\lambda \end{cases}$$

确定.

实际上,递归方程组可以通过消元化为一元递归方程.由
$$x_n = ax_{n-1} + by_{n-1}, \quad y_n = cx_{n-1} + dy_{n-1}$$
得
$$x_{n-1} = ax_{n-2} + by_{n-2}, \quad y_{n-1} = cx_{n-2} + dy_{n-2}.$$
所以
$$\begin{aligned}x_n &= ax_{n-1} + by_{n-1} = ax_{n-1} + b(cx_{n-2} + dy_{n-2}) \\ &= ax_{n-1} + bcx_{n-2} + dby_{n-2} \\ &= ax_{n-1} + bcx_{n-2} + d(x_{n-1} - ax_{n-2}) \\ &= (a + d)x_{n-1} + (bc - ad)x_{n-2}.\end{aligned}$$

由对称性可知(a,d 交换,b,c 交换),y_n 也满足这一递归方程,从而上述结论成立.

有趣的是,如果我们将递归方程组改写成矩阵形式,即
$$\begin{pmatrix} x_n \\ y_n \end{pmatrix} = \begin{pmatrix} a & b \\ c & d \end{pmatrix} \begin{pmatrix} x_{n-1} \\ y_{n-1} \end{pmatrix}.$$
记
$$A = \begin{pmatrix} a & b \\ c & d \end{pmatrix},$$
则方程①可以表示为
$$|A - \lambda E| = 0,$$
其中
$$E = \begin{pmatrix} 1 & 0 \\ 0 & 1 \end{pmatrix},$$
所以 λ_1,λ_2 恰好是矩阵 A 的两个特征根.

由此可将上述结论推广:

对于由递归方程组

$$\begin{pmatrix} x_n^{(1)} \\ x_n^{(2)} \\ \vdots \\ x_n^{(m)} \end{pmatrix} = \begin{pmatrix} a_{11} & a_{12} & \cdots & a_{1n} \\ a_{21} & a_{22} & \cdots & a_{2n} \\ \vdots & \vdots & & \vdots \\ a_{m1} & a_{m2} & \cdots & a_{mn} \end{pmatrix} \begin{pmatrix} x_{n-1}^{(1)} \\ x_{n-1}^{(2)} \\ \vdots \\ x_{n-1}^{(m)} \end{pmatrix}$$

确定的数列$\{x_n^{(1)}\},\{x_n^{(2)}\},\cdots,\{x_n^{(m)}\}$,我们称方程

$$|A - \lambda E| = 0$$

为该递归方程组的特征方程.其中

$$A = \begin{pmatrix} a_{11} & a_{12} & \cdots & a_{1n} \\ a_{21} & a_{22} & \cdots & a_{2n} \\ \vdots & \vdots & & \vdots \\ a_{m1} & a_{m2} & \cdots & a_{mn} \end{pmatrix}, \quad E = \begin{pmatrix} 1 & 0 & \cdots & 0 \\ 0 & 1 & \cdots & 0 \\ \vdots & \vdots & & \vdots \\ 0 & 0 & \cdots & 1 \end{pmatrix}.$$

如果特征方程有 m 个不同的根 $\lambda_1,\lambda_2,\cdots,\lambda_m$,那么$\{x_n^{(1)}\}$的通项公式为

$$x_n^{(1)} = p_1\lambda_1 + p_2\lambda_2 + \cdots + p_m\lambda_m,$$

其中常数 $p_1,p_2,\cdots,p_m$ 由数列的初值确定.

例1 设 $x_1 = 0, y_1 = \cos\alpha$,且

$$x_n = x_{n-1} + 2y_{n-1}\sin^2\alpha, \quad y_n = y_{n-1} + 2x_{n-1}\cos^2\alpha,$$

求

$$S_n = \frac{x_1}{y_1} + \frac{x_2}{y_2} + \cdots + \frac{x_n}{y_n}.$$

分析与解 直接消元,有

$$\begin{aligned} x_n &= x_{n-1} + 2\sin^2\alpha(y_{n-2} + 2x_{n-2}\cos^2\alpha) \\ &= x_{n-1} + 2\sin^2\alpha \cdot y_{n-2} + 4x_{n-2} \cdot \sin^2\alpha\cos^2\alpha \\ &= x_{n-1} + (x_{n-1} - x_{n-2}) + x_{n-2}\sin^2 2\alpha \\ &= 2x_{n-1} - \cos^2 2\alpha \cdot x_{n-2}. \end{aligned}$$

特征方程

$$x^2 = 2x - \cos^2 2\alpha$$

的两个根分别为
$$p = 1 + \sin 2\alpha, \quad q = 1 - \sin 2\alpha.$$
令
$$x_n = A(1 + \sin 2\alpha)^{n-1} + B(1 - \sin 2\alpha)^{n-1},$$
由初始条件得
$$0 = x_1 = A + B,$$
$$\sin \alpha \sin 2\alpha = x_2 = A(1 + \sin 2\alpha) + B(1 - \sin 2\alpha),$$
解得 $A = \dfrac{1}{2}\sin \alpha, B = -\dfrac{1}{2}\sin \alpha.$ 所以
$$x_n = \dfrac{1}{2}\sin \alpha [(1 + \sin 2\alpha)^{n-1} - (1 - \sin 2\alpha)^{n-1}].$$
同样求得
$$y_n = \dfrac{1}{2}\cos \alpha [(1 + \sin 2\alpha)^{n-1} + (1 - \sin 2\alpha)^{n-1}].$$
所以
$$S_n = \dfrac{x_1}{y_1} + \dfrac{x_2}{y_2} + \cdots + \dfrac{x_n}{y_n}$$
$$= \tan \alpha \sum_{k=1}^{n} \dfrac{(1 + \sin 2\alpha)^{k-1} - (1 - \sin 2\alpha)^{k-1}}{(1 + \sin 2\alpha)^{k-1} + (1 - \sin 2\alpha)^{k-1}}.$$

例2 设 $x_1 = y_1 = 1$,对 $n \geq 2$,有
$$x_n = x_{n-1} - 3y_{n-1}, \quad y_n = x_{n-1} + 5y_{n-1}.$$
求证:数列 $\{x_n\}$、$\{y_n\}$ 除首项外,再没有公共的项.

分析与解 先由特征方程法求得
$$x_n = 3 \cdot 2^{n-1} - 2 \cdot 4^{n-1}, \quad y_n = 2 \cdot 4^{n-1} - 2^{n-1}.$$
令 $x_n = y_m$,得
$$3 \cdot 2^{n-1} - 2 \cdot 4^{n-1} = 2 \cdot 4^{m-1} - 2^{m-1}.$$
将底数相同的式子放在等式的一边,有
$$3 \cdot 2^{n-1} + 2^{m-1} = 2^{2m-1} + 2^{2n-1}. \quad ①$$

2 几种非常规递归形式

为了约分,必须讨论式子中 2 的最低次幂是多少.

(1) 若 $m > n$,则①式两边同除以 2^{n-1},得
$$3 + 2^{m-n} = 2^{2m-n} + 2n.$$
此式左边为奇数,右边为偶数,矛盾.

(2) 若 $m = n$,则①式变为 $4 = 2^{n+1}$,所以 $n = 1$.

(3) 若 $m < n$,则①式同除以 2^{m-1},得
$$3 \cdot 2^{n-m} + 1 = 2^m + 2^{2n-m}.$$
此式左边为奇数,右边为偶数,矛盾.

综上所述,命题获证.

例 3 已知数列共有 n 个项,每一项为 $0,1$ 或 2,且 0 不与 2 相邻,求这样的数列的个数.(加拿大奥林匹克数学训练题)

分析与解 设合乎条件的数列中,末项为 0 的数列有 a_n 个,末项为 1 的数列有 b_n 个,末项为 2 的数列有 c_n 个,那么 $a_1 = b_1 = c_1 = 1$,且

$$a_{n+1} = a_n + b_n, \qquad ①$$
$$b_{n+1} = a_n + b_n + c_n, \qquad ②$$
$$c_{n+1} = b_n + c_n. \qquad ③$$

①+②+③,得
$$x_{n+1} = a_{n+1} + b_{n+1} + c_{n+1} = 2(a_n + b_n + c_n) + b_n = 2x_n + x_{n-1}.$$
特征方程 $x^2 - 2x - 1 = 0$ 的两根分别为
$$x_1 = 1 + \sqrt{2}, \quad x_2 = 1 - \sqrt{2}.$$
设 $x_n = A(1+\sqrt{2})^{n-1} + B(1-\sqrt{2})^{n-1}$,由初值条件得
$$1 = x_1 = A + B, \quad 3 = x_2 = A(1+\sqrt{2}) + B(1-\sqrt{2}),$$
解得
$$A = \frac{1+\sqrt{2}}{2}, \quad B = \frac{1-\sqrt{2}}{2}.$$
所以

$$x_n = a_n + b_n + c_n = \frac{(1+\sqrt{2})^{n+1}}{2} + \frac{(1-\sqrt{2})^{n+1}}{2}.$$

例4 设 $x_1 = 5, y_1 = 4$,对 $n \geq 2$,有

$$x_n = 3x_{n-1} + y_{n-1}, \quad y_n = x_{n-1} + 3y_{n-1} - 3,$$

求 x_n.

分析与解 令 $x_n = u_n + p, y_n = v_n + q$,代入方程组,有

$$u_n = 3u_{n-1} + v_{n-1} + 2p + q,$$
$$v_n = u_{n-1} + 3v_{n-1} + 2q + p - 3.$$

令 $2p + q = 0, 2q + p - 3 = 0$,得 $p = -1, q = 2$.于是,由 $x_n = u_n - 1, y_n = v_n + 2$ 代换,可得

$$u_n = 3u_{n-1} + v_{n-1}, \quad v_n = u_{n-1} + 3v_{n-1}.$$

利用特征方程求得 $u_n = 4^n + 2^n, v_n = 4^n - 2^n$,所以

$$x_n = u_n - 1 = 4^n + 2^n - 1, \quad y_n = v_n + 2 = 4^n - 2^n + 2.$$

例5 设 $a_1 = a > 1, b_1 = 1$,对 $n \geq 1$,有

$$a_{n+1} = \frac{a_n^2}{a_n + b_n}, \quad b_{n+1} = \frac{b_n^2}{a_n + b_n},$$

求 a_n, b_n.

分析与解 注意递归方程组中两个方程的分母相同,所以想到将两个式子相加、相减或相除.其中以相除最简单,因为其分母被约去.

两式相除,得

$$\frac{a_{n+1}}{b_{n+1}} = \left(\frac{a_n}{b_n}\right)^2,$$

迭代,得

$$\frac{a_n}{b_n} = a^{2^{n-1}}.$$

两式相减,得

$$a_{n+1} - b_{n+1} = a_n - b_n = \cdots = a_1 - b_1 = a - 1.$$

以上两个式子联立,解得
$$a_n = \frac{a^{2^{n-1}}(a-1)}{a^{2^{n-1}}-1}, \quad b_n = \frac{a-1}{a^{2^{n-1}}}.$$

例 6 用 $0,1,2,3,4$ 这 5 个数组成长为 n 的词,要求该词中任何两个相邻的数码都恰好相差 1,其中 0 可排首位,问能够组成多少个不同的词?(第 28 届 IMO 预选题)

分析与解 对任何 $i=0,1,2,3,4$,称 $4-i$ 为 i 的对偶数.对任何一个合乎条件的词,将其每个数码换作其对偶数,所得的词仍是合乎条件的词.于是,首位排 i 的词的个数与首位排 $4-i$ 的词的个数相等.

设首位排 0 的词有 a_n 个,首位排 1 的词有 b_n 个,首位排 2 的词有 c_n 个,由上述结论可知,首位排 4 的词有 a_n 个,首位排 3 的词有 b_n 个.

考察长为 $n+1$ 的词 A,如果 A 的首位为 0,则它的第 2 位为 1,从而后 n 个位置有 b_n 种排法,即 $a_{n+1}=b_n$.

如果 A 的首位为 1,则它的第 2 位为 0 或 2,从而后 n 个位置有 a_n+c_n 种排法,即 $b_{n+1}=a_n+c_n$.

如果 A 的首位为 2,则它的第 2 位为 1 或 3,从而后 n 个位置有 $2b_n$ 种排法,即 $c_{n+1}=2b_n$.

从上述一些关系中消去 a_n,c_n,得
$$b_{n+1}=b_{n-1}+2b_{n-1}=3b_{n-1}.$$
又 $b_1=1, b_2=2$,解得 $b_{2k-1}=3^{k-1}, b_{2k}=2\times 3^k$.

所以合乎条件的词的个数为 $S_n=2a_n+2b_n+c_n=4b_{n-1}+6b_{n-2}(n>1)$.

当 $n=1$ 时,$S_1=5$;

当 $n=2k$ 时,$S_{2k}=4b_{2k-1}+6b_{2k-2}=8\times 3^{k-1}$;

当 $n=2k+1$ 时,$S_{2k+1}=4b_{2k}+6b_{2k-1}=14\times 3^{k-1}$.

故
$$S_n = \begin{cases} 5, & n=1, \\ 8 \times 3^{k-1}, & n=2k, \\ 14 \times 3^{k-1}, & n=2k+1. \end{cases}$$

例 7 由 $0,1,2$ 这 3 个数组成长为 n 的序列,其中 0 和 2 不相邻,但 0 可排首位,问有多少个不同的序列?(1988 年 IMO 加拿大训练题)

分析与解 设首位排 $0,1,2$ 的序列分别有 a_n, b_n, c_n 个,合乎条件的序列有 S_n 个,则 $S_n = a_n + b_n + c_n$.

考察长为 $n+1$ 的序列 A,如果 A 的首位为 0,则它的第 2 位可排 0 或 1,从而后 n 个位置有 $a_n + b_n$ 种排法,即 $a_{n+1} = a_n + b_n$.

如果 A 的首位为 1,则它的第 2 位可排 $0,1,2$,从而后 n 个位置有 S_n 种排法,即 $b_{n+1} = S_n$.

如果 A 的首位为 2,则它的第 2 位可排 1 或 2,从而后 n 个位置有 $b_n + c_n$ 种排法,即 $c_{n+1} = b_n + c_n$.

将上述一些关系式相加,得 $S_{n+1} = 2S_n + b_n = 2S_n + S_{n-1}$.

又 $S_1 = 3, S_2 = 7$,解得
$$S_n = \frac{1}{2}\left[(1+\sqrt{2})^{n+1} + (1-\sqrt{2})^{n+1}\right].$$

注 本题的解法比原解答简单得多.

例 8 数列 $\{a_n\}$ 和 $\{b_n\}$ 满足 $a_0 = 1, b_0 = 0$,且
$$\begin{cases} a_{n+1} = 7a_n + 6b_n - 3, \\ b_{n+1} = 8a_n + 7b_n - 4, \end{cases}$$
其中 $n = 0, 1, 2, \cdots$. 求证: $a_n (n = 0, 1, 2, \cdots)$ 是完全平方数.

分析与证明 目标是关于 a_n 的结论,可先由递归方程组消去 b_n. 于是,有
$$a_{n+1} = 7a_n + 6b_n - 3 = 7a_n + 6(8a_{n-1} + 7b_{n-1} - 4) - 3$$

$$= 7a_n + 48a_{n-1} + 7 \cdot 6b_{n-1} - 27$$
$$= 7a_n + 48a_{n-1} + 7 \cdot (a_n - 7a_{n-1} + 3) - 27$$
$$= 14a_n - a_{n-1} - 6.$$

因为
$$a_0 = 1 = 1^2, \quad a_1 = 4 = 2^2, \quad a_2 = 49 = 7^2,$$

设 $a_n = x_n^2$，则
$$x_0 = 1, \quad x_1 = 2, \quad x_2 = 7.$$

想象有 $x_{n+1} = ax_n + bx_{n-1}$，则由初值求得 $a = 4, b = -1$. 于是，构造数列
$$x_0 = 1, \quad x_1 = 2, \quad x_{n+1} = 4x_n - x_{n-1}.$$

下面证明
$$a_n = x_n^2, \quad \text{且} \ x_n^2 + x_{n-1}^2 + 3 - 4x_n x_{n-1} = 0 \quad (n \geqslant 1).$$

先证 $x_n^2 + x_{n-1}^2 + 3 - 4x_n x_{n-1} = 0$. 实际上，有
$$(x_n^2 + x_{n-1}^2 + 3 - 4x_n x_{n-1}) - (x_{n-1}^2 + x_{n-2}^2 + 3 - 4x_{n-1} x_{n-2})$$
$$= (x_n - x_{n-2})(x_n + x_{n-2} - 4x_{n-1}) = 0,$$

所以
$$x_n^2 + x_{n-1}^2 + 3 - 4x_n x_{n-1} = x_{n-1}^2 + x_{n-2}^2 + 3 - 4x_{n-1} x_{n-2}$$
$$= \cdots = x_1^2 + x_0^2 + 3 - 4x_1 x_0 = 0.$$

再证 $a_n = x_n^2$. 实际上，有
$$a_{n+1} - x_{n+1}^2 = 14a_n - a_{n-1} - 6 - (4x_n - x_{n-1})^2$$
$$= 14x_n^2 - x_{n-1}^2 - 6 - (4x_n - x_{n-1})^2$$
$$= -2(x_n^2 + x_{n-1}^2 + 3 - 4x_n x_{n-1}) = 0.$$

综上所述，命题获证.

另证 同上求得
$$a_{n+1} = 14a_n - a_{n-1} - 6,$$
$$a_{n+1} - \frac{1}{2} = 14\left(a_n - \frac{1}{2}\right) - \left(a_{n-1} - \frac{1}{2}\right).$$

由特征方程法,求得

$$a_n = \frac{1}{4}\big[(7-4\sqrt{3})^n + (7+4\sqrt{3})^n\big] + \frac{1}{2}$$

$$= \frac{1}{4}\big[2 + (7-4\sqrt{3})^n + (7+4\sqrt{3})^n\big]$$

$$= \frac{1}{4}\big[(2-\sqrt{3})^n + (2+\sqrt{3})^n\big]^2 = A_n^2,$$

其中

$$A_n = \frac{1}{2}\big[(2-\sqrt{3})^n + (2+\sqrt{3})^n\big],$$

由二项式定理展开或用数学归纳法可证明 A_n 为整数.

例 9 设 n,m 为正整数, $A=\{1,2,\cdots,n\}$, $B_n^m = \{(a_1,a_2,\cdots,a_m) \mid a_i \in A, i=1,2,\cdots,m\}$, 满足:

(1) $|a_i - a_{i+1}| \neq n-1, i=1,2,\cdots,m-1$;

(2) $a_1,a_2,\cdots,a_m (m \geq 3)$ 中至少有三个不同.

求 B_n^m 和 B_6^3 的元素的个数. (2003 年 IMO 中国国家集训队测试题)

分析与解 由题意,若 B_n^m 非空,则 $n,m \geq 3$.

首先考察拟对象:计算仅满足条件(1)的 $(a_1,a_2,\cdots,a_m)$ 的个数(暂不考虑条件(2)).

条件(1)表明:在 $(a_1,a_2,\cdots,a_m)$ 中, 1 与 n 不相邻. 记这样的 $(a_1,a_2,\cdots,a_m)$ 有 S_m 个, 其中 x_m 个以 1 开头, y_m 个以 2,$\cdots$,$n-1$ 开头, z_m 个以 n 开头 ($S_m = x_m + y_m + z_m$), 那么有递推方程组

$$\begin{cases} x_{m+1} = x_m + y_m, \\ y_{m+1} = (n-2)(x_m + y_m + z_m), \\ z_{m+1} = y_m + z_m. \end{cases}$$

三式相加,得

$$x_{m+1} + y_{m+1} + z_{m+1} = (n-1)(x_m + y_m + z_m)$$

$$+ (n-2)(x_{m-1} + y_{m-1} + z_{m-1}),$$
$$S_{m+1} = (n-1)S_m + (n-2)S_{m-1}. \qquad ①$$

又易知 $S_1 = n, S_2 = n^2 - 2$,而①式的特征方程是
$$t^2 - (n-1)t - (n-2) = 0,$$
其特征根为
$$t_{1,2} = \frac{n-1 \pm \sqrt{n^2 + 2n - 7}}{2},$$
故
$$S_m = A \cdot \left(\frac{n-1+\sqrt{n^2+2n-7}}{2}\right)^m$$
$$+ B \cdot \left(\frac{n-1-\sqrt{n^2+2n-7}}{2}\right)^m,$$
其中 A, B 由
$$\begin{cases} S_1 = A \cdot \left(\dfrac{n-1+\sqrt{n^2+2n-7}}{2}\right) \\ \qquad + B \cdot \left(\dfrac{n-1-\sqrt{n^2+2n-7}}{2}\right) = n, \\ S_2 = A \cdot \left(\dfrac{n-1+\sqrt{n^2+2n-7}}{2}\right)^2 \\ \qquad + B \cdot \left(\dfrac{n-1-\sqrt{n^2+2n-7}}{2}\right)^2 = n^2 - 2 \end{cases}$$

确定.解以上方程组,得
$$A = \frac{1 + \dfrac{n+1}{\sqrt{n^2+2n-7}}}{2}, \quad B = \frac{1 - \dfrac{n+1}{\sqrt{n^2+2n-7}}}{2}.$$

故
$$S_m = \frac{1 + \dfrac{n+1}{\sqrt{n^2+2n-7}}}{2} \left(\frac{n-1+\sqrt{n^2+2n-7}}{2}\right)^m$$

$$+\frac{1-\dfrac{n+1}{\sqrt{n^2+2n-7}}}{2}\left(\frac{n-1-\sqrt{n^2+2n-7}}{2}\right)^m.$$

下面去掉满足条件(1)而不满足条件(2)的对象.

若 $a_1,a_2,\cdots,a_m$ 全相同,即 $a_1=\cdots=a_m=1,2,\cdots,n$,这样的 $(a_1,a_2,\cdots,a_m)$ 有 n 个 $(n\geqslant 3)$.

若 $a_1,a_2,\cdots,a_m$ 中恰有两个不同,选出这两个有 C_n^2 种方法,但不能选 $\{1,n\}$,故有 C_n^2-1 种选法,这样的 $(a_1,a_2,\cdots,a_m)$ 有 $(C_n^2-1)(2^m-2)$ 种.

综上所述,得

$$\begin{aligned}|B_n^m|&=S_m-n-(C_n^2-1)(2^m-2)\\&=\frac{1+\dfrac{n+1}{\sqrt{n^2+2n-7}}}{2}\left(\frac{n-1+\sqrt{n^2+2n-7}}{2}\right)^m\\&+\frac{1-\dfrac{n+1}{\sqrt{n^2+2n-7}}}{2}\left(\frac{n-1-\sqrt{n^2+2n-7}}{2}\right)^m\\&-n-(C_n^2-1)(2^m-2)\quad(n,m\geqslant 3).\end{aligned}$$

特别地,当 $n=6,m=3$ 时,

$$S_3=5S_2+4S_1=5\times 34+4\times 6=194,$$

所以

$$|B_6^3|=194-6-(C_6^2-1)(2^3-2)=104.$$

2.3 多维递归

通常的数列都是一维的,其通项是关于自然数 n 的函数,可记为 $f(n)$,其 r 阶递归关系可以表示为

$$f(n)=g(f(n-1),f(n-2),\cdots,f(n-r)).$$

2 几种非常规递归形式

将通常的数列推广到 k 维,便得到 k 元数阵,其通项是关于 k 个自然数 $n_1, n_2, \cdots, n_k$ 的函数,可记为 $f(n_1, n_2, \cdots, n_k)$.

当 $r > 1$ 时,k 元数阵满足的 r 阶递归关系通常都非常复杂,而其一阶递归关系则可以表示为

$f(n_1, n_2, \cdots, n_k)$
$= g(f(n_1-1, n_2, \cdots, n_k), f(n_1, n_2-1, \cdots, n_k), \cdots, f(n_1, n_2, \cdots, n_k-1))$.

k 元数阵满足的递归关系称为 k 维递归方程.

比如,"杨辉三角"数阵满足的关系为

$$C_m^n = C_{m-1}^n + C_{m-1}^{n-1},$$

它就是一个二维递归方程.它也可以表示为

$$f(m, n) = f(m-1, n) + f(m-1, n-1).$$

k 维递归方程一般都没有统一的求解公式,通常都是先研究其特例,由此归纳发现其通式,最后用数学归纳法证明.或者证明猜想的通式与原数阵满足相同的递归方程,并具有相同的初值.

例 1 对 $m, n \in \mathbf{N}$,定义:

$$f(m, 0) = f(0, n) = 1,$$

且对 $m, n \in \mathbf{N}^*$,有

$$f(m, n) = f(m-1, n) - nf(m-1, n-1).$$

求证:对任何 $m, n \in \mathbf{N}$,有 $f(m, n) = f(n, m)$.(第 30 届 IMO 预选题)

分析与证明 先考察若干初值.

$f(1, 1) = f(0, 1) - f(0, 0) = 1 - 1 = 0,$
$f(1, 2) = f(0, 2) - 2f(0, 1) = 1 - 2 = -1,$
$f(1, 3) = f(0, 3) - 3f(0, 2) = 1 - 3 = -2,$
$f(2, 2) = f(1, 2) - 2f(1, 1) = -1,$
$f(1, 4) = f(0, 4) - 4f(0, 3) = 1 - 4 = -3,$

$$f(2,3) = f(1,3) - 3f(1,2) = -2 + 3 = 1.$$

上述一些数值杂乱无章,难以发现规律.但若将其分拆成一些与 m,n 相关的组合数的和,则其规律显而易见.可归纳出

$$f(m,n) = \sum_{j \geqslant 0} (-1)^j j! \ C_m^j C_n^j.$$

下面给出证明.

对 $m,n \in \mathbf{N}$,令

$$g(m,n) = \sum_{j \geqslant 0} (-1)^j j! \ C_m^j C_n^j,$$

其中我们规定 $s < t$ 或 $t < 0$ 时,$C_s^t = 0$.

那么,显然有

$$g(m,0) = g(0,n) = 1.$$

此外,对 $m,n \in \mathbf{N}^*$,有

$$\begin{aligned}
&g(m-1,n) - g(m,n) \\
&= \sum_{j \geqslant 0} (-1)^j j! \ C_{m-1}^j C_n^j - \sum_{j \geqslant 0} (-1)^j j! \ C_m^j C_n^j \\
&= \sum_{j \geqslant 0} (-1)^j j! \ (C_{m-1}^j - C_m^j) C_n^j \\
&= \sum_{j \geqslant 0} (-1)^j j! \ (- C_{m-1}^{j-1}) C_n^j \\
&= \sum_{j \geqslant 0} (-1)^{j+1} j! \ C_{m-1}^{j-1} C_n^j \\
&= \sum_{j \geqslant 1} (-1)^{j+1} j! \ C_{m-1}^{j-1} C_n^j \quad (\text{舍弃“0”项}) \\
&= \sum_{j \geqslant 1} (-1)^{j-1} j! \ C_{m-1}^{j-1} \left(\frac{n}{j} C_{n-1}^{j-1}\right) \\
&= n \sum_{j \geqslant 1} (-1)^{j-1} (j-1)! \ C_{m-1}^{j-1} C_{n-1}^{j-1} \\
&= n \sum_{j \geqslant 0} (-1)^j j! \ C_{m-1}^j C_{n-1}^j = ng(m-1,n-1).
\end{aligned}$$

所以,$g(m,n)$ 与 $f(m,n)$ 满足同样的递归关系,且具有相同的

初值,故对任何 $m,n \in \mathbf{N}$,有 $f(m,n) = g(m,n)$.

又由定义,显然有 $g(m,n) = g(n,m)$,故 $f(m,n) = f(n,m)$.

例 2 函数 $f(x,y)$ 定义在正整数对上,其值为有理数,满足 $f(1,1) = 1$,且对任何正整数 p,q,有
$$f(p+1,q) + f(p,q+1) = f(p,q),$$
$$qf(p+1,q) = pf(p,q+1),$$
求 $f(m,n)$.

分析与解 题给的递归关系并不规范.例如,第一个方程并不是将 $f(p,q)$ 转化为 $f(p-1,q)$ 与 $f(p,q-1)$,而是给出了 $f(p,q)$ 与 $f(p+1,q)$、$f(p,q+1)$ 之间的关系.因此,我们需要将题给的两个递归方程综合在一起,化为常见的递归形式.

实际上,由条件可得
$$\begin{aligned} pf(p,q) &= pf(p+1,q) + pf(p,q+1) \\ &= pf(p+1,q) + qf(p+1,q) \\ &= (p+q)f(p+1,q), \end{aligned}$$
于是,有
$$f(p+1,q) = \frac{p}{p+q} f(p,q),$$
即
$$f(p,q) = \frac{p-1}{p+q-1} f(p-1,q),$$
由对称性,同样可得
$$f(p,q) = \frac{q-1}{p+q-1} f(p,q-1),$$
由此可得 $f(x,y)$ 的一些初值如表 2.1 所示.

表 2.1

x\y	1	2	3	4	5	6
1	1	1/2	1/3	1/4	1/5	1/6
2	1/2	1/6	1/12	1/20	1/30	
3	1/3	1/12	1/30	1/60		
4	1/4	1/20	1/60			
5	1/5	1/30				
6	1/6					

由此结合数学归纳法可以证明

$$f(m,n) = \frac{1}{(m+n-1)C_{m+n-2}^{n-1}} = \frac{(m-1)!(n-1)!}{(m+n-1)!}.$$

例 3 在 $n \times n$ 棋盘中放 n 只棋,每个方格至多放一只棋,任何两只棋不同行、不同列,自左上角顶点至右下角顶点沿格径画一条长为 $2n$ 的折线,使 n 只棋位于折线的下方,得到棋盘的一个"棋线状态",若棋所放的位置不同或所画的折线不同,则称为不同的棋线状态,求所有不同的棋线状态的个数.

分析与解 设棋线状态的数目为 $f(n,n)$,注意到 $f(n,n)$ 到 $f(n-1,n-1)$ 必须经过 $f(n-1,n)$,而 $n-1 < n$,从而要将问题推广:考虑一般情况下的棋线状态的数目 $f(m,n)$,其中 $m \leqslant n$.

在 $m \times n$ 棋盘中放 m 只棋,每个方格至多放一只棋,任何两只棋不同行、不同列,自左上角顶点至右下角顶点沿格径画一条长为 $m+n$ 的折线,使 m 只棋位于折线的下方,得到一个"棋线状态".

设棋线状态的数目为 $f(m,n)$,则有如下一些结论:

(1) $f(1,n) = 1 + 2 + 3 + \cdots + n = \frac{1}{2}n(n+1)$.

实际上,折线左边有 i 个格时,一只棋有 i 种放法,所以有 $\sum_{i=1}^{n} i$

$= \dfrac{1}{2}n(n+1)$ 种放法.

(2) $f(0,n) = 1$.

实际上,此时的棋盘由 n 条单位线段组成,棋盘中不放棋,只能画一条线段,有唯一的画法.

(3) $f(n,n) = f(n-1,n)$.

实际上,对 $n \times n$ 棋盘,折线必须经过点 $A(n-1,n)$,否则,第 n 列全在折线的下方,不能放棋,棋盘中最多有 $n-1$ 只棋,矛盾.

现在去掉最后一行,由于每行恰有一只棋,从而恰去掉一只棋(图 2.1),剩下 $n-1$ 只棋放在 $(n-1) \times n$ 棋盘中,有 $f(n-1,n)$ 种方法.

添加第 n 行,由于前 $n-1$ 行共有 $n-1$ 只棋,只有一列没有放棋,所以第 n 只棋只能放在无棋的列中,有唯一的放法,所以
$$f(n,n) = f(n-1,n).$$

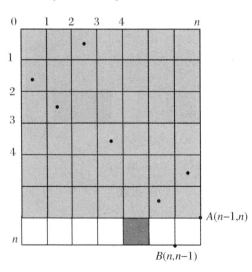

图 2.1

(4) 当 $m < n$ 时,

$$f(m,n) = f(m,n-1) + (n-m+1)f(m-1,n).$$

实际上,对 $m \times n$ 棋盘,折线可分为如下两类:

(ⅰ)过点 $A(m-1,n)$ 的折线.

此时,去掉最后一行,此行恰放一只棋,从而恰去掉一只棋,得到 $(m-1) \times n$ 的棋线状态.

反之,对 $(m-1) \times n$ 的一个棋线状态,其中只有 $m-1$ 只棋,还有 $n-(m-1) = n-m+1$ 列没有放棋(见图 2.2 中的阴影列),在最下端补上一行后,此行放一只棋可放在上述 $n-m+1$ 个列中,有 $n-m+1$ 种放法,得到 $n-m+1$ 个棋线状态,于是,这种棋线状态有 $(n-m+1)f(m-1,n)$ 个.

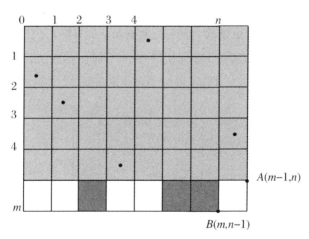

图 2.2

(ⅱ)过点 $B(m,n-1)$ 的折线.

此时,m 只棋都位于折线的下方,从而最后一列没有棋,去掉最后一列,仍有 m 只棋,得到一个 $m \times (n-1)$ 的棋线状态.

反之,对 $m \times (n-1)$ 的一个棋线状态,其中已有 m 只棋,每行都有一只棋.此时,只能在最右端补上一列空格,有唯一的方法,得到一个 $m \times n$ 的棋线状态,于是,这种棋线状态有 $f(m,n-1)$ 个.

利用上述3个关系,结合数学归纳法,可以证明

$$f(m,n) = \frac{(m+n)!}{2^m m!(n-m)!}.$$

特别地,令 $m = n$,有

$$f(n,n) = \frac{(2n)!}{2^n n!} = (2n-1)!!.$$

例4 设 $m,k(k \leqslant m)$ 都是给定的正整数,给定一个 m 元集合 M 与它的一个 k 元子集 K,对一个 $K \to M$ 的函数 f,如果存在一个元素 $x_0 \in K$,使 $f(x_0) = x_0$,或者存在一条链 $x_0, x_1, \cdots, x_j = x_0 \in K$,使 $f(x_{i-1}) = x_i (i = 1, 2, \cdots, j)$,那么就说 f 有轨道,求 $K \to M$ 的有轨道的函数 f 的个数.(第31届IMO预选题)

分析与解 设 $K \to M$ 的有轨道的函数 f 的个数为 $A(m,k)$.

(1) 若 $k = m$,则 $M \to M$ 的任何一个函数都有轨道.实际上,考察 $a, f(a), f(f(a)), \cdots, f_n(a)$,其中必有两个相等,产生轨道,于是 $A(m,m) = m^m$.

(2) 若 $k < m$,取定一个 $a \in (M \setminus K)$,考察任意一个 $K \to M$ 的有轨道的函数 f,因为 $f(a)$ 没有意义,从而 f 的轨道中不能含有 a,假定 a 在 K 中的原像的集合为 K_1(图2.3),则 f 在 $K \setminus K_1$ 上是一个 $K \setminus K_1 \to M \setminus \{a\}$ 的有轨道的函数.

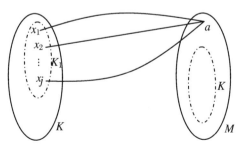

图2.3

反之,设 K_1 是 K 的任意一个子集,任取一个 $K \setminus K_1 \to M \setminus \{a\}$ 的

有轨道的函数 f',扩充定义为

$$f(x) = \begin{cases} f'(x), & x \in K \setminus K_1, \\ a, & x \in K_1, \end{cases}$$

则 f 是一个 $K \to M$ 的有轨道的函数.

又取定 K_1 有 C_k^j 种方法,所以每一个 $K \setminus K_1 \to M \setminus \{a\}$ 的有轨道的函数,对应 C_k^j 个 $K \to M$ 的有轨道的函数.

注意到 $0 \leqslant j \leqslant k$,所以

$$A(m, k) = \sum_{j=0}^{k-1} C_k^j A(m-1, k-j).$$

下面用数学归纳法证明 $A(m, k) = k \cdot m^{k-1}$.

当 $m = 1$ 时,$k = 1$,此时 $A(m, k) = A(1, 1) = 1^1 = 1 \cdot 1^{1-1}$,结论成立.

设结论对 m 成立,即对 $1 \leqslant k \leqslant m$,有 $A(m, k) = k \cdot m^{k-1}$.

考察 $m + 1$ 的情形,首先有 $A(m+1, m+1) = (m+1)^{m+1}$.

其次,当 $1 \leqslant k < m + 1$ 时,由归纳假设,有

$$\begin{aligned} A(m+1, k) &= \sum_{j=0}^{k-1} C_k^j A(m, k-j) \\ &= \sum_{j=0}^{k-1} C_k^j \cdot (k-j) m^{k-j-1} \\ &= \sum_{j=0}^{k-1} C_k^{k-j} \cdot (k-j) m^{k-j-1} \\ &= \sum_{t=0}^{k-1} t C_k^t \cdot m^{t-1} = \sum_{t=0}^{k-1} k C_{k-1}^{t-1} m^{t-1} = k(m+1)^{k-1}. \end{aligned}$$

综上所述,$K \to M$ 的有轨道的函数 f 的个数为 $k \cdot m^{k-1}$.

例 5 设 $n \geqslant 2$,将集合 $\{1, 2, \cdots, n\}$ 分成 k 个非空子集(不计顺序),其中每一个子集不含 2 个连续的正整数,这样的分法的数目记为 x;将集合 $\{1, 2, \cdots, n-1\}$ 分成 $k-1$ 个非空子集(不计顺序)的分法的数目记为 y.求证:$x = y$.

2 几种非常规递归形式

分析与证明 将 x,y 改写为 $x(n,k), y(n,k)$.

先考察 $x(n,k)$,显然有 $x(n,n)=1, x(n,k)=0$(当 $n<k$ 时), $x(n,1)=0$(当 $n \geqslant 2$ 时).

此外,当 $k=2$ 时,只能是奇数为一个集合,偶数为一个集合,所以 $x(n,2)=1$(当 $n \geqslant 2$ 时).

当 $n \geqslant k$ 时,考察将集合 $\{1,2,\cdots,n+1\}$ 分成 k 个非空子集(不计顺序),其中每一个子集不含 2 个连续的正整数的分法,有两种途径:

一是先按要求将 $\{1,2,\cdots,n\}$ 分成 k 个非空子集,再将 $n+1$ 放入不含 n 的子集,此时有 $(k-1) \cdot x(n,k)$ 种方法;

二是先按要求将 $\{1,2,\cdots,n\}$ 分成 $k-1$ 个非空子集,再将 $n+1$ 单独作为一个子集,此时有 $x(n,k-1)$ 种方法.

所以
$$x(n+1,k)=(k-1) \cdot x(n,k)+x(n,k-1).$$

再考察 $y(n,k)$,同样有 $y(n,n)=1, y(n,k)=0$(当 $n<k$ 时), $y(n,1)=0$(当 $n \geqslant 2$ 时).

此外,当 $k=2$ 时, $y(n,k)$ 是将 $\{1,2,\cdots,n-1\}$ 分成 $k-1=1$ 个非空子集的分法的数目,所以 $y(n,2)=1$(当 $n \geqslant 2$ 时).

当 $n \geqslant k$ 时,考察将集合 $\{1,2,\cdots,n\}$ 分成 $k-1$ 个非空子集(不计顺序)的分法,有两种途径:

一是先按要求将 $\{1,2,\cdots,n-1\}$ 分成 $k-1$ 个非空子集,再将 n 放入其中任何一个子集,此时有 $(k-1) \cdot y(n,k)$ 种方法;

二是先按要求将 $\{1,2,\cdots,n-1\}$ 分成 $k-2$ 个非空子集,再将 n 单独作为一个子集,此时有 $y(n,k-1)$ 种方法.

所以
$$y(n+1,k)=(k-1) \cdot y(n,k)+y(n,k-1).$$

因为 $x(n,k)$ 与 $y(n,k)$ 具有相同的递归关系和初值,所以

$$x(n,k) = y(n,k),$$

命题获证.

例 6 设 n 为正整数,求多项式 $u_n(x) = (x^2 + x + 1)^n$ 中奇系数的个数.(第 29 届 IMO 预选题)

分析与解 设 $f(n)$ 为 $u_n(x) = (x^2 + x + 1)^n$ 中奇系数的个数,而 $a_{k,n}$ 为 $u_n(x) = (x^2 + x + 1)^n$ 中 x^k 的系数(当 $k > 2n$ 及 $k < 0$ 时,规定 $a_{k,n} = 0$).

注意到 $u_{n+1}(x) = u_n(x)(x^2 + x + 1)$,所以
$$a_{k,n+1} = a_{k,n} + a_{k-1,n} + a_{k-2,n}. \qquad ①$$

对偶数 n,有 $u_n(x) = (u_{\frac{n}{2}}(x))^2$,右边展开后舍弃 $2pq$ 型的项不影响系数的奇偶性,所以在模 2 的意义下(下同),
$$a_{k,n} \equiv \begin{cases} 0, & k \text{ 为奇}, \\ a_{\frac{k}{2},\frac{n}{2}}, & k \text{ 为偶}. \end{cases} \qquad ②$$

由②式可知,$f(2n) = f(n)$.

反复利用②式,有
$$a_{k,4n+1} = a_{k,4n} + a_{k-1,4n} + a_{k-2,4n}$$
$$\equiv \begin{cases} 0 + a_{\frac{k-1}{2},2n} + 0, & k \text{ 为奇}, \\ a_{\frac{k}{4},n} + 0 + a_{\frac{k}{2}-1,2n}, & 4 \mid k, \\ a_{\frac{k}{2},2n} + 0 + a_{\frac{k-2}{4},n}, & k = 4t + 2 \end{cases}$$
$$\equiv \begin{cases} a_{\frac{k-1}{2},2n} & k \text{ 为奇}, \\ a_{\frac{k}{4},n}, & 4 \mid k, \\ a_{\frac{k-2}{4},n}, & k = 4t + 2. \end{cases}$$

所以 $f(4n + 1) = f(2n) + 2f(n) = f(n) + 2f(n) = 3f(n)$.

$$a_{k,4n+3} = a_{k,4n+2} + a_{k-1,4n+2} + a_{k-2,4n+2}$$
$$\equiv \begin{cases} a_{\frac{k-1}{2},2n+1}, & k \text{ 为奇}, \\ a_{\frac{k}{2},2n+1} + a_{\frac{k-2}{2},2n+1}, & k \text{ 为偶} \end{cases}$$

$$\equiv \begin{cases} a_{\frac{k-1}{2},2n+1}, & k\text{ 为奇}, \\ (a_{\frac{k}{2},2n} + a_{\frac{k}{2}-1,2n} + a_{\frac{k}{2}-2,2n}) \\ \quad + (a_{\frac{k-2}{2},2n} + a_{\frac{k-2}{2}-1,2n} + a_{\frac{k-2}{2}-2,2n}), & k\text{ 为偶} \end{cases}$$

$$\equiv \begin{cases} a_{\frac{k-1}{2},2n+1}, & k\text{ 为奇}, \\ a_{\frac{k}{2},2n} + a_{\frac{k-6}{2},2n}, & k\text{ 为偶} \end{cases} \equiv \begin{cases} a_{\frac{k-1}{2},2n+1}, & k\text{ 为奇}, \\ a_{\frac{k}{4},n}, & 4\mid k, \\ a_{\frac{k-6}{4},n}, & k=4t+2. \end{cases}$$

所以 $f(4n+3) = f(2n+1) + 2f(n)$.

故

$$\begin{cases} f(2n) = f(n), \\ f(4n+1) = 3f(n), \\ f(4n+3) = f(2n+1) + 2f(n), \end{cases} \quad \text{③}$$

且 $f(0) = 1$.

递归关系③式难于直接求解,但通过特例归纳,可发现 $f(n) = g(n)$,其中 $g(n)$ 定义为

$$g(0) = 1, \quad g(n) = \prod_{j=1}^{r} \frac{2^{k_j+2} - (-1)^{k_j}}{3},$$

其中 $k_j (j=1,2,\cdots,r)$、r 的意义是:n 的二进制表示式中数字 1 被数字 0 分成 r 个连续段,从左至右第 $j(j=1,2,\cdots,r)$ 段有 k_j 个 1.

下面证明 $g(n)$ 满足关系③式.

首先,显然有 $g(2n) = g(n)$,这是因为 $2n$ 的二进制表示式是在 n 的二进制表示式后面添加一个 0,各个连续段都不改变.

其次,$g(4n+1) = 3g(n)$,这是因为 $4n+1$ 的二进制表示式是在 n 的二进制表示式后面添加"01",原有各个连续段都不改变,且增加一个长 $k_{r+1} = 1$ 的段.

于是,有

$$g(4n+1) = \frac{2^{1+2} - (-1)^1}{3} \cdot g(n) = 3g(n).$$

最后，$g(4n+3) = g(2n+1) + 2g(n)$. 这是因为，$2n+1$ 是在 n 的二进制表示式后添加数字"1"，而 $4n+3$ 是在 n 的二进制表示式后添加数字"11"，所以如果 n 的二进制表示式在末尾有 $a(a \geq 0)$ 个连续的 1，则 $2n+1$ 的末尾有 $a+1$ 个连续的 1，而 $4n+3$ 的末尾有 $a+2$ 个连续的 1，且 $n, 2n+1, 4n+3$ 前面的 1 的连续段相同.

根据 g 的定义，要证明 $g(4n+3) = g(2n+1) + 2g(n)$，只需证明

$$\frac{2^{a+4} - (-1)^{a+2}}{3} = 2 \times \frac{2^{a+2} - (-1)^a}{3} + \frac{2^{a+3} - (-1)^{a+1}}{3}$$

这显然成立.

又 $g(0) = 1 = f(0)$，故 $f(n) = g(n)$.

在本节最后，我们介绍一个 n 元集合的无序 k 划分问题.

设 $n \geq 2$，将集合 $\{1, 2, \cdots, n\}$ 分成 k 个非空子集 $A_1, A_2, \cdots, A_k$（不计子集顺序），使 $A_1 \cup A_2 \cup \cdots \cup A_k = \{1, 2, \cdots, n\}$，且对任何 $1 \leq i < j \leq k$，有 $A_i \cap A_j \neq \emptyset$，则称无序子集组 $(A_1, A_2, \cdots, A_k)$ 是集合 $\{1, 2, \cdots, n\}$ 的一个无序 k 划分.

计算集合 $\{1, 2, \cdots, n\}$ 的所有不同的无序 k 划分的个数 $S(n, k)$（称为第二类 Stirling 数）是一个有一定难度的问题，我们得到了 $S(n, k)$ 的多项式显式表达式，并给出了其表达式中各项系数的一个递推关系.

先建立关于 $S(n, k)$ 的一个递推式，即

$S(n, k) = k \cdot S(n-1, k) + S(n-1, k-1) \quad (k \geq 2)$.

实际上，考察集合 $\{1, 2, \cdots, n\}$ 无序 k 划分的方法，有以下两种途径：

一是先将集合 $\{1, 2, \cdots, n-1\}$ 无序 k 划分，再将 n 放入其中任何一个子集，此时有 $k \cdot S(n-1, k)$ 种方法.

二是先将 $\{1, 2, \cdots, n-1\}$ 无序 $k-1$ 划分，再将 n 单独作为一个

子集,此时有 $S(n-1,k-1)$ 种方法.

所以 $S(n,k) = k \cdot S(n-1,k) + S(n-1,k-1)$.

对每一个确定的 k(较小的一些具体值),解上述递归关系,可以求出 $S(n,k)$,但对一般的 k,上述递归关系是不易求解的(只能通过初值归纳).

考虑 $k = 1,2,3,4,5$ 的情形.

当 $k = 1$ 时,$S(n,k)$ 是集合 $\{1,2,\cdots,n\}$ 的无序 k 划分的方法数,所以 $S(n,1) = 1$.

当 $k = 2$ 时,则
$$S(n,2) = 2S(n-1,2) + S(n-1,1) = 2S(n-1,2) + 1,$$
所以
$$S(n,2) + 1 = 2(S(n-1,2) + 1) = \cdots = 2^{n-2}(f(2,2) + 1) = 2^{n-1},$$
故
$$S(n,2) = 2^{n-1} - 1 = \frac{1}{2} \cdot 2^n - 1.$$

当 $k = 3$ 时,则
$$S(n,3) = 3S(n-1,3) + S(n-1,2) = 3S(n-1,3) + 2^{n-2} - 1,$$
设
$$S(n,3) + a \cdot 2^n + b = 3(S(n-1,3) + a \cdot 2^{n-1} + b),$$
即
$$S(n,3) = 3S(n-1,3) + 2a \cdot 2^{n-2} + 2b,$$
令 $2a = 1, 2b = -1$,得 $a = \frac{1}{2}, b = -\frac{1}{2}$,所以
$$S(n,3) + 2^{n-1} - \frac{1}{2} = 3\left(S(n-1,3) + 2^{n-2} - \frac{1}{2}\right)$$
$$= \cdots = 3^{n-3}\left(f(3,3) + 2^2 - \frac{1}{2}\right) = \frac{1}{2} \times 3^{n-1},$$
所以 $S(n,3) = \frac{1}{2} \times 3^{n-1} - 2^{n-1} + \frac{1}{2} = \frac{1}{6} \times 3^n - \frac{1}{2} \times 2^n + \frac{1}{2}$.

当 $k=4$ 时,则

$$S(n,4) = 4S(n-1,4) + S(n-1,3)$$
$$= 4S(n-1,4) + \frac{1}{2}(3^{n-2}+1) - 2^{n-2},$$

设

$$S(n,4) + a \cdot 3^n + b \cdot 2^n + c$$
$$= 4(S(n-1,4) + a \cdot 3^{n-1} + b \cdot 2^{n-1} + c),$$

即

$$S(n,4) = 4S(n-1,4) + 3a \cdot 3^{n-2} + 4b \cdot 2^{n-2} + 3c,$$

令 $3a = \frac{1}{2}, 4b = -1, 3c = \frac{1}{2}$,得 $a = \frac{1}{6}, b = -\frac{1}{4}, c = \frac{1}{6}$,所以

$$S(n,4) + \frac{1}{2} \times 3^{n-1} - 2^{n-2} + \frac{1}{6}$$
$$= 4\left(S(n-1,4) + \frac{1}{2} \times 3^{n-2} - 2^{n-3} + \frac{1}{6}\right)$$
$$= \cdots = 4^{n-4}\left(f(4,4) + \frac{1}{2} \times 3^3 - 2^2 + \frac{1}{6}\right) = \frac{2}{3} \times 4^{n-2},$$

故

$$S(n,4) = \frac{2}{3} \times 4^{n-2} - \frac{1}{2} \times 3^{n-1} + 2^{n-2} - \frac{1}{6}$$
$$= \frac{1}{24} \times 4^n - \frac{1}{6} \times 3^n + \frac{1}{4} \times 2^n - \frac{1}{6}.$$

当 $k=5$ 时,则

$$S(n,5) = 5S(n-1,5) + S(n-1,4)$$
$$= 5S(n-1,4) + \frac{2}{3} \cdot 4^{n-3} - \frac{1}{2} \cdot 3^{n-2} + 2^{n-3} - \frac{1}{6},$$

设

$$S(n,5) + a \cdot 4^n + b \cdot 3^n + c \cdot 2^n + d$$
$$= 5(S(n-1,6) + a \cdot 4^{n-1} + b \cdot 3^{n-1} + c \cdot 2^{n-1} + d),$$

即
$$S(n,5) = 5S(n-1,5) + 16a \cdot 4^{n-3} + 6b \cdot 3^{n-2} + 12c \cdot 2^{n-3} + 4d,$$
令 $16a = \frac{2}{3}, 6b = -\frac{1}{2}, 12c = 1, 4d = -\frac{1}{6}$,得 $a = \frac{1}{24}, b = -\frac{1}{12}, c = \frac{1}{12}, d = -\frac{1}{24}$,所以

$$S(n,5) + \frac{1}{6} \times 4^{n-1} - \frac{1}{4} \times 3^{n-1} + \frac{1}{3} \times 2^{n-2} - \frac{1}{24}$$
$$= 5\left(S(n-1,5) + \frac{1}{6} \times 4^{n-2} - \frac{1}{4} \times 3^{n-2} + \frac{1}{3} \times 2^{n-3} - \frac{1}{24}\right)$$
$$= \cdots$$
$$= 5^{n-5}\left(f(5,5) + \frac{1}{6} \times 4^4 - \frac{1}{4} \times 3^4 + \frac{1}{3} \times 2^3 - \frac{1}{24}\right)$$
$$= \frac{625}{24} \times 5^{n-5},$$

所以
$$S(n,5) = \frac{625}{24} \times 5^{n-5} - \frac{1}{6} \times 4^{n-1} + \frac{1}{4} \times 3^{n-1} - \frac{1}{3} \times 2^{n-2} + \frac{1}{24}$$
$$= \frac{1}{120} \times 5^n - \frac{1}{24} \times 4^n + \frac{1}{12} \times 3^n - \frac{1}{12} \times 2^n + \frac{1}{24}.$$

由此可猜想:存在正常数 $f_1^k, f_2^k, \cdots, f_k^k$,使
$$S(n,k) = f_k^k \cdot k^n - f_{k-1}^k \cdot (k-1)^n$$
$$+ f_{k-2}^k \cdot (k-2)^n + \cdots + (-1)^{k-1} f_1^k.$$

下面用数学归纳法证明.

当 $k = 1, 2, 3, 4, 5$ 时,由上面的初值可知,结论成立.

设结论对 k 成立,即存在正常数 $f_1^k, f_2^k, \cdots, f_k^k$,使
$$S(n,k) = f_k^k \cdot k^n - f_{k-1}^k \cdot (k-1)^n$$
$$+ f_{k-2}^k \cdot (k-2)^n + \cdots + (-1)^{k-1} f_1^k.$$

考察 $k+1$ 的情形,则

$$S(n,k+1) = (k+1) \cdot S(n-1,k+1) + S(n-1,k)$$
$$= (k+1) \cdot S(n-1,k+1) + f_k^k \cdot k^{n-1}$$
$$- f_{k-1}^k \cdot (k-1)^{n-1} + f_{k-2}^k \cdot (k-2)^{n-1}$$
$$+ \cdots + (-1)^{k-1} f_1^k,$$

设

$$S(n,k+1) + p_k \cdot k^n + p_{k-1} \cdot (k-1)^n$$
$$+ p_{k-2} \cdot (k-2)^n + \cdots + p_1$$
$$= (k+1) \cdot (S(n-1,k+1) + p_k \cdot k^{n-1} + p_{k-1} \cdot (k-1)^{n-1}$$
$$+ p_{k-2} \cdot (k-2)^{n-1} + \cdots + p_1),$$

即

$$S(n,k+1) = (k+1) \cdot S(n-1,k+1)$$
$$+ p_k \cdot k^{n-1} + 2p_{k-1} \cdot (k-1)^{n-1}$$
$$+ 3p_{k-2} \cdot (k-2)^{n-1} + \cdots + k \cdot p_1,$$

于是,有

$$p_k = f_k^k, \quad p_{k-1} = -\frac{1}{2} f_{k-1}^k, \quad p_{k-2} = \frac{1}{3} f_{k-2}^k, \quad \cdots,$$
$$p_1 = \frac{(-1)^{k-1}}{k} f_1^k,$$

所以

$$S(n,k+1) + p_k \cdot k^n + p_{k-1} \cdot (k-1)^n$$
$$+ p_{k-2} \cdot (k-2)^n + \cdots + p_1$$
$$= (k+1) \cdot [S(n-1,k+1) + p_k \cdot k^{n-1} + p_{k-1} \cdot (k-1)^{n-1}$$
$$+ p_{k-2} \cdot (k-2)^{n-1} + \cdots + p_1]$$
$$= \cdots$$
$$= (k+1)^{n-k-1} [f(k+1,k+1) + p_k \cdot k^{k+1} + p_{k-1} \cdot (k-1)^{k+1}$$
$$+ p_{k-2} \cdot (k-2)^{k+1} + \cdots + p_1]$$
$$= \frac{(k+1)^n}{(k+1)^{k+1}} [1 + p_k \cdot k^{k+1} + p_{k-1} \cdot (k-1)^{k+1}$$

$$+ p_{k-2} \cdot (k-2)^{k+1} + \cdots + p_1]$$
$$= f_{k+1}^{k+1} \cdot (k+1)^n,$$

其中

$$f_{k+1}^{k+1} = \frac{1}{(k+1)^{k+1}}[1 + p_k \cdot k^{k+1} + p_{k-1} \cdot (k-1)^{k+1}$$
$$+ p_{k-2} \cdot (k-2)^{k+1} + \cdots + p_1]$$
$$= \frac{1}{(k+1)^{k+1}}\Big[1 + f_k^k \cdot k^{k+1} - \frac{1}{2}f_{k-1}^k \cdot (k-1)^{k+1}$$
$$+ \frac{1}{3}f_{k-2}^k \cdot (k-2)^{k+1} + \cdots + \frac{(-1)^{k-1}}{k}f_1^k\Big],$$

所以

$$S(n, k+1)$$
$$= f_{k+1}^{k+1} \cdot (k+1)^n - [p_k \cdot k^n + p_{k-1} \cdot (k-1)^n$$
$$+ p_{k-2} \cdot (k-2)^n + \cdots + p_1]$$
$$= f_{k+1}^{k+1} \cdot (k+1)^n - p_k \cdot k^n$$
$$- p_{k-1} \cdot (k-1)^n - p_{k-2} \cdot (k-2)^n - \cdots - p_1$$
$$= f_{k+1}^{k+1} \cdot (k+1)^n - f_k^k \cdot k^n + \frac{1}{2}f_{k-1}^k \cdot (k-1)^n$$
$$- \frac{1}{3}f_{k-2}^k \cdot (k-2)^n + \cdots + \frac{(-1)^k}{k}f_1^k,$$

设

$$S(n, k+1) = f_{k+1}^{k+1} \cdot (k+1)^n - f_k^{k+1} \cdot k^n + f_{k-1}^{k+1} \cdot (k-1)^n$$
$$- f_{k-2}^{k+1} \cdot (k-2)^n + \cdots + (-1)^k f_1^{k+1},$$

则比较系数,得

$$f_{k+1}^{k+1} = f_k^k, \quad f_{k-1}^{k+1} = \frac{1}{2}f_{k-1}^k, \quad f_{k-2}^{k+1} = \frac{1}{3}f_{k-2}^k, \quad \cdots, \quad f_1^{k+1} = \frac{1}{k}f_1^k,$$

而

$$f_{k+1}^{k+1} = \frac{1}{(k+1)^{k+1}}\Big[1 + f_k^k \cdot k^{k+1} - \frac{1}{2}f_{k-1}^k \cdot (k-1)^{k+1}$$

$$+ \frac{1}{3}f^k_{k-2} \cdot (k-2)^{k+1} + \cdots + \frac{(-1)^{k-1}}{k}f^k_1\Big]$$

$$= \frac{1}{(k+1)^{k+1}}\big[1 + f^{k+1}_k \cdot k^{k+1} - f^{k+1}_{k-1} \cdot (k-1)^{k+1}$$

$$+ f^{k+1}_{k-2} \cdot (k-2)^{k+1} + \cdots + (-1)^{k-1}f^{k+1}_1\big],$$

由归纳假设可知，$f^{k+1}_k, f^{k+1}_{k-1}, f^{k+1}_{k-2}, \cdots, f^{k+1}_1$ 为正数，最后需要证明 $f^{k+1}_{k+1} > 0$.

若 $f^{k+1}_{k+1} < 0$，则由

$$S(n, k+1) = f^{k+1}_{k+1} \cdot (k+1)^n - f^{k+1}_k \cdot k^n$$
$$+ f^{k+1}_{k-1} \cdot (k-1)^n - f^{k+1}_{k-2} \cdot (k-2)^n$$
$$+ \cdots + (-1)^k \cdot f^{k+1}_1$$

有

$$\frac{f(n, k+1)}{(k+1)^n} = f^{k+1}_{k+1} - f^{k+1}_k\left(\frac{k}{k+1}\right)^n + f^{k+1}_{k-1} \cdot \left(\frac{k-1}{k+1}\right)^n$$
$$+ \cdots + (-1)^k \cdot f^{k+1}_1\left(\frac{1}{k+1}\right)^n,$$

所以

$$\lim_{n \to \infty} \frac{f(n, k+1)}{(k+1)^n} = f^{k+1}_{k+1} < 0,$$

矛盾.

若 $f^{k+1}_{k+1} = 0$，则由

$$S(n, k+1) = -f^{k+1}_k \cdot k^n + f^{k+1}_{k-1} \cdot (k-1)^n - f^{k+1}_{k-2} \cdot (k-2)^n$$
$$+ \cdots + (-1)^k \cdot f^{k+1}_1,$$

有

$$\frac{f(n, k+1)}{k^n} = -f^{k+1}_k + f^{k+1}_{k-1} \cdot \left(\frac{k-1}{k}\right)^n + \cdots + (-1)^k \cdot f^{k+1}_1\left(\frac{1}{k}\right)^n,$$

所以

$$\lim_{n \to \infty} \frac{f(n, k+1)}{k^n} = -f^{k+1}_k < 0,$$

矛盾.

所以 $f_{k+1}^{k+1} > 0$,综上所述,命题获证.

由此可见,设
$$S(n,k) = f_k^k \cdot k^n - f_{k-1}^k \cdot (k-1)^n + f_{k-2}^k \cdot (k-2)^n$$
$$+ \cdots + (-1)^{k-1} f_1^k,$$
$$S(n,k+1) = f_{k+1}^{k+1} \cdot (k+1)^n - f_k^{k+1} \cdot k^n + f_{k-1}^{k+1} \cdot (k-1)^n$$
$$- f_{k-2}^{k+1} \cdot (k-2)^n + \cdots + (-1)^k \cdot f_1^{k+1},$$

则
$$f_k^{k+1} = f_k^k, \quad f_{k-1}^{k+1} = \frac{1}{2} f_{k-1}^k, \quad f_{k-2}^{k+1} = \frac{1}{3} f_{k-2}^k, \quad \cdots, \quad f_1^{k+1} = \frac{1}{k} f_1^k,$$

且
$$f_{k+1}^{k+1} = \frac{1}{(k+1)^{k+1}} \Big[1 + f_k^k \cdot k^{k+1} - \frac{1}{2} f_{k-1}^k \cdot (k-1)^{k+1}$$
$$+ \frac{1}{3} f_{k-2}^k \cdot (k-2)^{k+1} + \cdots + \frac{(-1)^{k-1}}{k} f_1^k \Big].$$

我们称正常数 $f_1^k, f_2^k, \cdots, f_k^k$ 为 n 元集合的无序 k 划分的划分系数,对 $k = 1, 2, \cdots$,将相应的划分系数依次排成如下一个三角形:

$$1$$
$$\frac{1}{2} \quad 1$$
$$\frac{1}{6} \quad \frac{1}{2} \quad \frac{1}{2}$$
$$\frac{1}{24} \quad \frac{1}{6} \quad \frac{1}{4} \quad \frac{1}{6}$$
$$\frac{1}{120} \quad \frac{1}{24} \quad \frac{1}{12} \quad \frac{1}{12} \quad \frac{1}{24}$$

$$\cdots\cdots\cdots\cdots\cdots\cdots\cdots\cdots\cdots$$

$$f_k^k \quad f_{k-1}^k \quad f_{k-2}^k \quad \cdots \quad f_3^k \quad f_2^k \quad f_1^k$$
$$f_{k+1}^{k+1} \quad f_k^{k+1} \quad f_{k-1}^{k+1} \quad f_{k-2}^{k+1} \quad \cdots \quad f_3^{k+1} \quad f_2^{k+1} \quad f_1^{k+1}$$

我们可发现如下一些有趣的性质:

(1) 从左边往右边看,每一个斜列中,第 i 列各数除以 i 便得到第 $i+1$ 列各数($i=1,2,\cdots$).

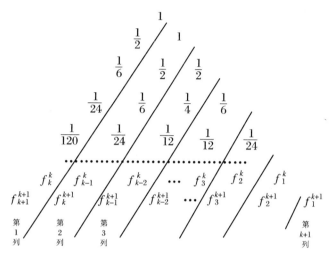

(2) 从右边往左边看,每一个斜列中,第 j 列各数除以 $j+1$ 便得到第 $j+1$ 列各数($j=1,2,\cdots$).

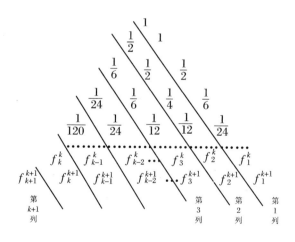

(3) 在相邻四个数构成的平行四边形中,相对顶点上的数的积相等.

2 几种非常规递归形式

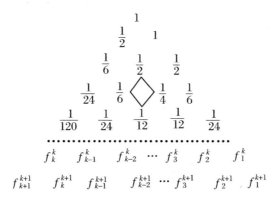

（4）每一行去掉左边第一项后，剩下的项构成左右对称的三角形，即每行中距两端等距离的两项相等．

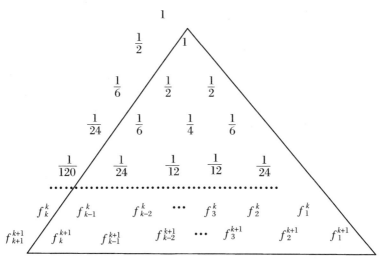

（5）对于数表中的任何一个数，假定它排在它所在的行中左起第 i 个数，右起第 j 个数，那么它乘以 $\dfrac{j}{i}$，则得到它同行中右边相邻的数．

比如，第 5 行中，有 $\dfrac{1}{120} \cdot \dfrac{1}{5} = \dfrac{1}{24}, \dfrac{1}{24} \cdot \dfrac{4}{2} = \dfrac{1}{12}, \dfrac{1}{12} \cdot \dfrac{3}{3} = \dfrac{1}{12}$,

$$\frac{1}{12} \cdot \frac{2}{4} = \frac{1}{24}.$$

显然,为证明上述性质,只需证明 $f_k^k = \frac{1}{k} f_{k-1}^{k-1}$.

由上图可知,$k=1,2,3,4,5$ 时,上式都成立,下证 $k=6$ 也成立,即 $f_6^6 = \frac{1}{6} f_5^5 = \frac{1}{6} \cdot \frac{1}{120} = \frac{1}{720}$.

实际上

$$f_6^6 = \frac{1}{6^6}\left(1 + f_5^5 \cdot 5^6 - \frac{1}{2} f_4^5 \cdot 4^6 + \frac{1}{3} f_3^5 \cdot 3^6 - \frac{1}{4} f_2^5 \cdot 2^6 + \frac{1}{5} f_1^5 \right)$$

$$= \frac{1}{6^6}\left(1 + \frac{1}{120} \times 5^6 - \frac{1}{2} \times \frac{1}{24} \times 4^6 + \frac{1}{3} \times \frac{1}{12} \times 3^6 \right.$$
$$\left. - \frac{1}{4} \times \frac{1}{12} \times 2^6 + \frac{1}{5} \times \frac{1}{24}\right)$$

$$= \frac{1}{6^6}\left(1 + \frac{1}{24} \times 5^5 - \frac{1}{12} \times 4^5 + \frac{1}{12} \times 3^5 - \frac{1}{12} \times 2^4 + \frac{1}{10} \times \frac{1}{12}\right)$$

$$= \frac{1}{6^6 \times 24}\left(24 + 5^5 - 2 \times 4^5 + 2 \times 3^5 - 2^5 + \frac{1}{5}\right)$$

$$= \frac{1}{6^6 \times 24}\left(1\,555 + \frac{1}{5}\right)$$

$$= \frac{1}{6^6 \times 24} \times \frac{7\,776}{5}$$

$$= \frac{1}{6^6 \times 24} \times \frac{6^5}{5}$$

$$= \frac{1}{720}.$$

如果

$$f_k^k = \frac{1}{k} f_{k-1}^{k-1},$$

则

$$f_k^k = \frac{1}{k}f_{k-1}^{k-1} = \frac{1}{k} \cdot \frac{1}{k}f_{k-2}^{k-2} = \cdots = \frac{1}{k!},$$

进而

$$f_{k-1}^k = f_{k-1}^{k-1} = \frac{1}{(k-1)!} = \frac{1}{k!}C_k^1,$$

$$f_{k-2}^k = \frac{1}{2}f_{k-2}^{k-1} = \frac{1}{2}f_{k-2}^{k-2} = \frac{1}{2!(k-2)!} = \frac{1}{k!}C_k^2,$$

$$f_{k-3}^k = \frac{1}{3}f_{k-3}^{k-1} = \frac{1}{3} \cdot \frac{1}{2}f_{k-3}^{k-2} = \frac{1}{3!}f_{k-3}^{k-3} = \frac{1}{3!(k-3)!} = \frac{1}{k!}C_k^3,$$

……

$$f_{k-i}^k = \frac{1}{i}f_{k-i}^{k-1} = \frac{1}{i}f_{k-1-(i-1)}^{k-1} = \frac{1}{i} \cdot \frac{1}{i-1}f_{k-i}^{k-2}$$

$$= \cdots = \frac{1}{i!(k-i)!} = \frac{1}{k!}C_k^i,$$

……

$$f_1^k = \frac{1}{(k-1)!} = \frac{1}{k!}C_k^{k-1}.$$

于是,对 $i = 0,1,2,\cdots,k-1$,有

$$f_{k-i}^k = \frac{1}{i!(k-i)!} = \frac{1}{k!}C_k^i.$$

于是,为证明上述性质,只需证明

$$f_k^k = \frac{1}{k}f_{k-1}^{k-1},$$

即

$$f_k^k = \frac{1}{k!} \qquad \qquad ①$$

下面证明等式①,当 $k = 1,2,3,4,5$ 时,结论①成立.

假定结论①对 k 成立,考察 $k+1$ 的情形,有

$$f_{k+1}^{k+1} = \frac{1}{(k+1)^{k+1}} \Big[1 + f_k^k \cdot k^{k+1} - \frac{1}{2} f_{k-1}^k \cdot (k-1)^{k+1}$$
$$+ \frac{1}{3} f_{k-2}^k \cdot (k-2)^{k+1} + \cdots + \frac{(-1)^{k-1}}{k} f_1^k \Big]$$
$$= \frac{1}{(k+1)^{k+1}} \Big[1 + \sum_{i=0}^{k-1} (-1)^i \frac{1}{i+1} f_{k-i}^k (k-i)^{k+1} \Big]$$
$$= \frac{1}{(k+1)^{k+1}} \Big[1 + \sum_{i=0}^{k-1} (-1)^i \frac{1}{i+1} \cdot \frac{1}{i!\ (k-i)!} (k-i)^{k+1} \Big]$$
$$= \frac{1}{(k+1)^{k+1}} \Big[1 + \sum_{i=0}^{k-1} (-1)^i \frac{1}{(i+1)!\ (k-i)!} (k-i)^{k+1} \Big]$$
$$= \frac{1}{(k+1)^{k+1}} \Big[1 + \sum_{i=0}^{k-1} (-1)^i \cdot \frac{1}{(k+1)!} C_{k+1}^{i+1} (k-i)^{k+1} \Big]$$
$$= \frac{1}{(k+1)!} \cdot \frac{1}{(k+1)^{k+1}} \Big[(k+1)! + \sum_{i=1}^{k} (-1)^{i-1} C_{k+1}^i (k+1-i)^{k+1} \Big].$$

要使结论①对 $k+1$ 成立,只需

$$(k+1)! + \sum_{i=1}^{k} (-1)^{i-1} C_{k+1}^i (k+1-i)^{k+1} = (k+1)^{k+1},$$

即对任何大于 1 的正整数 k,有

$$\sum_{i=0}^{k-1} (-1)^i C_k^i (k-i)^k = k!. \qquad ②$$

当 $k=2$ 时,$C_2^0 \times 2^2 - C_2^1 \times 1^2 = 2 = 2!$,②式成立.

当 $k=3$ 时,$C_3^0 \times 3^3 - C_3^1 \times 2^3 + C_3^2 = 27 - 24 + 3 = 6 = 3!$,②式成立.

当 $k=4$ 时,$C_4^0 \times 4^4 - C_4^1 \times 3^4 + C_4^2 \times 2^4 - C_4^3 = 256 - 324 + 96 - 4 = 24 = 4!$,②式成立.

当 $k=5$ 时,$C_5^0 \times 5^5 - C_5^1 \times 4^5 + C_5^2 \times 3^5 - C_5^3 \times 2^5 + C_5^4 = 3\,125 - 5\,120 + 2\,430 - 320 + 5 = 120 = 5!$,②式成立.

当 $k=6$ 时,$C_6^0 \times 6^6 - C_6^1 \times 5^6 - C_6^2 \times 4^6 + C_6^3 \times 3^6 - C_6^4 \times 2^6 + C_6^5$
$= 46\,656 - 93\,750 + 61\,440 - 14\,580 + 960 - 6 = 720 = 6!$,②式成立.

一般地,由容斥原理可知,②式是成立的,从而①式成立.

下面证明②式,设想将 k 个不同的球放入 k 个不同的盒子,使每个盒子非空,则其方法数 $S=k!$.

另一方面,设 k 个不同球放入 k 个不同盒子,允许有空盒子,其所有不同方法的集合为 I,第 $i(i=1,2,\cdots,k)$ 个盒子为空的方法的集合为 A_i,则

$S = |\overline{A_1} \cap \overline{A_2} \cap \cdots \cap \overline{A_k}| = |I| - |A_1 \cup A_2 \cup \cdots \cup A_k|$
$= k^k - |A_1 \cup A_2 \cup \cdots \cup A_k|$.

显然,当第 i 个盒子为空时,每个球有 $k-1$ 种放法,于是 $|A_i| = (k-1)^k (1 \leq i \leq k)$;当第 i、第 j 这两个盒子为空时,每个球有 $k-2$ 种放法,于是 $|A_i \cap A_j| = (k-2)^k (1 \leq i < j \leq k)$.

同理可知

$$|A_{i_1} \cap A_{i_2} \cap \cdots \cap A_{i_r}| = (k-r)^k$$
$$(1 \leq i_1 < i_2 < \cdots < i_r \leq k),$$

所以

$S = k^k - |A_1 \cup A_2 \cup \cdots \cup A_k|$
$= k^k - \sum_{1 \leq i \leq k} |A_i| + \sum_{1 \leq i < j \leq k} |A_i \cap A_j|$
$\quad - \sum_{1 \leq i < j < r \leq k} |A_i \cap A_j \cap A_r| + \cdots$
$\quad + (-1)^r \sum_{1 \leq i_1 < i_2 < \cdots < i_r \leq k} |A_{i_1} \cap A_{i_2} \cap \cdots \cap A_{i_r}|$
$\quad + \cdots + (-1)^k |A_1 \cap A_2 \cap \cdots \cap A_k|$
$= k^k - \sum_{1 \leq i \leq k} (k-1)^k + \sum_{1 \leq i < j \leq k} (k-2)^k - \sum_{1 \leq i < j < r \leq k} (k-3)^k$
$\quad + \cdots + (-1)^r \sum_{1 \leq i_1 < i_2 < \cdots < i_r \leq k} (k-r)^k + \cdots + (-1)^{k-1} 1^k$

$$= k^k - C_k^1 \cdot (k-1)^k + C_k^2 \cdot (k-2)^k - C_k^3 \cdot (k-3)^k$$
$$+ \cdots + (-1)^r C_k^r \cdot (k-r)^k + \cdots + (-1)^{k-1} 1^k$$
$$= \sum_{i=0}^{k-1} (-1)^i C_k^i (k-i)^k,$$

②式获证,从而①式成立.

由①式,得

$$S(n,k) = \frac{1}{k!} \sum_{i=0}^{k-1} (-1)^i C_k^i (k-i)^n. \qquad ③$$

非常奇妙的是,③式与②式极为相似,由此发现,由容斥原理可得到③式的一个直接而简洁的证明.

设想将 n 个不同的球放入 k 个不同的盒子,使每个盒子非空,则其方法数为 $S = S(n,k) \cdot k!$.

另一方面,设 n 个不同球放入 k 个不同盒子,允许有空盒子,其所有不同方法的集合为 I,第 $i(i=1,2,\cdots,k)$ 个盒子为空的方法的集合为 A_i,则

$$S = |\overline{A_1} \cap \overline{A_2} \cap \cdots \cap \overline{A_k}| = |I| - |A_1 \cup A_2 \cup \cdots \cup A_k|$$
$$= k^n - |A_1 \cup A_2 \cup \cdots \cup A_k|.$$

显然,当第 i 个盒子为空时,每个球有 $k-1$ 种放法,于是 $|A_i| = (k-1)^n (1 \leqslant i \leqslant k)$;当第 i、第 j 这两个盒子为空时,每个球有 $k-2$ 种放法,于是 $|A_i \cap A_j| = (k-2)^n (1 \leqslant i < j \leqslant k)$.

同理可知

$$|A_{i_1} \cap A_{i_2} \cap \cdots \cap A_{i_r}| = (k-r)^n$$
$$(1 \leqslant i_1 < i_2 < \cdots < i_r \leqslant k),$$

所以

$$S = k^n - |A_1 \cup A_2 \cup \cdots \cup A_k|$$
$$= k^n - \sum_{1 \leqslant i \leqslant k} |A_i| + \sum_{1 \leqslant i < j \leqslant k} |A_i \cap A_j|$$
$$- \sum_{1 \leqslant i < j < r \leqslant k} |A_i \cap A_j \cap A_r| + \cdots$$

$$+ (-1)^r \sum_{1 \leqslant i_1 < i_2 < \cdots < i_r \leqslant k} |A_{i_1} \cap A_{i_2} \cap \cdots \cap A_{i_r}|$$
$$+ \cdots + (-1)^k |A_1 \cap A_2 \cap \cdots \cap A_k|$$
$$= k^n - \sum_{1 \leqslant i \leqslant k} (k-1)^n + \sum_{1 \leqslant i < j \leqslant k} (k-2)^n - \sum_{1 \leqslant i < j < r \leqslant k} (k-3)^n$$
$$+ \cdots + (-1)^r \sum_{1 \leqslant i_1 < i_2 < \cdots < i_r \leqslant k} (k-r)^n + \cdots + (-1)^{k-1} 1^n$$
$$= k^n - C_k^1 \cdot (k-1)^n + C_k^2 \cdot (k-2)^n - C_k^3 \cdot (k-3)^n$$
$$+ \cdots + (-1)^r C_k^r \cdot (k-r)^n + \cdots + (-1)^{k-1} 1^n$$
$$= \sum_{i=0}^{k-1} (-1)^i C_k^i (k-i)^n.$$

所以

$$S(n,k) \cdot k! = \sum_{i=0}^{k-1} (-1)^i C_k^i (k-i)^n,$$

故

$$S(n,k) = \frac{1}{k!} \sum_{i=0}^{k-1} (-1)^i C_k^i (k-i)^n.$$

对于上述数表中的任意一个数,如果它排在它所在行的左起第 i 个数,右起第 j 个数($i,j \in \mathbf{N}^*$),则将其用 $f(i,j)$ 表示,那么数表具有的性质可以表示为

$$f(i+1,j) = \frac{f(i,j)}{i};$$
$$f(i,j+1) = \frac{f(i,j)}{j+1};$$
$$f(i,j)f(i+1,j+1) = f(i,j+1)f(i+1,j);$$
$$f(i,j) = f(j+1,i-1) \quad (i \geqslant 2);$$
$$f(i+1,j-1) = \frac{j}{i}f(i,j).$$

由此,我们还可编制如下一个问题:

设 $f(1,1) = 1$,且对所有正整数 i,j,有

$$f(i+1, j) = \frac{f(i,j)}{i}, \quad f(i, j+1) = \frac{f(i,j)}{j+1},$$

求 $f(i,j)$.

注意到 $f_{k-i}^{k} = \frac{1}{k!} C_k^i$,有 $f_j^j = \frac{1}{j!} C_j^{j-i} = \frac{1}{j!} C_j^i$.于是,上述问题的答案是

$$f(i,j) = f_j^{i+j-1} = \frac{1}{(i+j-1)!} C_{i+j-1}^j.$$

当然,直接由递推式可给出该问题的一个简单的解法.

2.4 递归不等式

如果递归关系给出的是某个项与它前面若干项的不等关系,则称这一递归关系为递归不等式.

建立递归不等式,可以估计递归数列通项的变化范围.

例 1 给定自然数 $n \geqslant 2$,对 $1,2,\cdots,n$ 的任何一个排列,都可在数列 $a_1, a_2, \cdots, a_m (m \geqslant n)$ 中划去一些项而得到,则称数列 $a_1, a_2, \cdots, a_m$ 是 n 阶的普遍数列,如 $1,2,3,1,2,1,3$ 便是 3 阶的普遍数列.

设 t_n 是 n 阶普遍数列的长度,求证: $t_n \geqslant \frac{1}{2}(n^2 + 3n - 4)$.

分析与证明 为了建立递归关系,我们需要在 n 阶普遍数列中发现 $n-1$ 阶的普遍数列.

为此,考察 n 阶普遍数列中的一个项 a,若 a 的右边不再有 a,则因为要出现以 a 结尾的排列,从而 a 的左边含有 $\{1,2,\cdots,n\} \setminus \{a\}$ 的所有排列,其长度至少为 t_{n-1},类似考察 a 的右边,可知,当数 a 恰在普遍数列中出现一次时,有 $t_n \geqslant 1 + 2t_{n-1}$,此时要求 $n \geqslant 3$,而 $n=2$ 需要另外讨论.

当 $n=2$ 时,数列中既要出现排列 $1,2$,又要出现排列 $2,1$,从而

$t_n \geq 3$,此时结论成立,其中等号可以达到,因为 1,2,1 是 2 阶普遍数列.

当 $n \geq 3$ 时,考虑每个数在数列中出现的次数,有以下两种情况:

(ⅰ)若有某个数 $a(1 \leq a \leq n)$,a 恰在普遍数列中出现一次,那么 a 的左边没有 a,a 的右边也没有 a,但普遍数列包含了以 a 排头和排尾的所有排列,从而 a 的两边都含有 $\{1,2,\cdots,n\}\setminus\{a\}$ 的所有排列,其长度都至少为 t_{n-1},所以
$$t_n \geq 1 + 2t_{n-1}. \qquad ①$$

(ⅱ)若对 $i=1,2,\cdots,n$,每个 i 都在数列中出现两次,此时,能否找到数 a,使 a 的左边没有 a,且 a 的左边有尽可能多的项?能有多少个项?

找适当的 a(优化假设):考察前 $n-1$ 个位置,它至多有 $n-1$ 个不同的数,从而必有某个数 $a(1 \leq a \leq n)$ 不在这 $n-1$ 个位置上,设 a 最先出现在第 k 项中($k \geq n$),由于普遍数列中包含有以 a 排头的所有排列,从而 a 的右边含有 $\{1,2,\cdots,n\}\setminus\{a\}$ 的所有排列,其长度至少为 t_{n-1},而 a 的左边至少有 $n-1$ 个数,又 a 至少出现两次,所以
$$t_n \geq (n-1) + 2 + t_{n-1} = t_{n-1} + n + 1. \qquad ②$$

注意到①与②的递归不等式关系不一致,但仔细思考即可发现,由①式可导出②式.

实际上,显然有 $t_n \geq n+1$,否则普遍数列只含有 n 个数时,当含有排列 $1,2,\cdots,n$ 时,n 个数构成的数列为 $1,2,\cdots,n$,此时它不含有排列 $n,n-1,\cdots,1$,矛盾.所以
$$\begin{aligned} t_n &\geq 1 + 2t_{n-1} = (1+t_{n-1}) + t_{n-1} \\ &\geq (1+t_{n-1}) + n = t_{n-1} + n + 1. \end{aligned}$$

于是,当 $n \geq 3$ 时,恒有 $t_n \geq t_{n-1} + n + 1$.

由此迭代,得 $t_n \geq \dfrac{1}{2}(n^2+3n-4)$,命题获证.

例2 由字母 a,b 组成的有限序列称为一个词,其中字母的个数称为词的长度.对于词 A,如果它不存在形如 $cccccc$ 的段(其中 c 也是一个词),则称 A 是非 6 - 周期的,用 $f(n)$ 表示长为 n 的非 6 - 周期的词的个数,证明:$f(n) > \left(\dfrac{3}{2}\right)^n$.(1999 年 IMO 白俄罗斯选拔考试题)

分析与证明 注意到

$$\left(\dfrac{3}{2}\right)^n = \dfrac{3}{2} \times \left(\dfrac{3}{2}\right)^{n-1},$$

从而由目标不等式不难想到构造递归不等式

$$f(n) > \dfrac{3}{2} f(n-1). \qquad ①$$

为叙述问题方便,称非 6 - 周期的词为好词,否则为坏词.

对 n 归纳证明不等式①.当 $n=2$ 时,因为 $f(1)=2$(长为 1 的词都是好词,共有 2 个),$f(2)=2^2=4$(长为 2 的词都是好词,每个位置有两种选择,共有 2^2 个),所以 $f(2) > \dfrac{3}{2} f(1)$,这表明当 $n=2$ 时结论①成立.

设结论①对所有小于 n 的正整数成立,考察 $n(n \geqslant 3)$ 的情形.

首先注意:长为 n 的好词只能由长为 $n-1$ 的好词后面添加一个词产生.于是,令 $S=\{w_0 s \mid w_0$ 是长为 $n-1$ 的好词,s 是长为 1 的词$\}$,则长为 n 的好词都在 S 中.

下面在 S 中去掉所有坏词.

设 p 是 S 中的一个坏词,则由于 $p=w_0 s$,而 w_0 是好的,所以只能是 p 的末 6 位为 $ssssss$,而 p 的前面没有 6 - 循环节.

由此定义 $T=\{x \mid x=cccccc, wcccccc\}$,其中 w 是长为 $n-6k$ 的好词,c 是长为 k 的词,$k=1,2,\cdots,\left[\dfrac{n}{6}\right]=m$,而 $cccccc, wcccccc$

都是长为 n 的词.

由上述讨论可知,S 中的坏词都属于 T,于是 $f(n) \geq |S| - |T|$.

显然,$|S| = 2f(n-1)$,是因为长为 $n-1$ 的好词 w_0 有 $f(n-1)$ 种选择,而长为 1 的词 s 有两种选择,所以
$$f(n) \geq |S| - |T| = 2f(n-1) - |T|.$$
于是,要证明不等式①,只需证明
$$|T| < \frac{1}{2}f(n-1). \qquad ②$$

我们来估计 $|T|$.

当 $6 \nmid n$ 时,对每一个小于 $\frac{n}{6}$ 的正整数 $k\left(k=1,2,\cdots,\left[\frac{n}{6}\right]\right)$,形如 $wcccccc$ 的词有 $2^k f(n-6k)$ 个,这是因为 c 有 2^k 种可能,而长为 $n-6k$ 的好词 w 有 $f(n-6k)$ 个.

如果 $6 \mid n$,则 T 中还有 $2^{\frac{n}{6}}$ 个形如 $cccccc$ 的词.

于是,有
$$|T| = \sum_{k=1}^{m} 2^k f(n-6k) \quad (\text{如果 } 6 \nmid n)$$
或
$$|T| = 2^m + \sum_{k=1}^{m-1} 2^k f(n-6k) \quad (\text{如果 } 6 \mid n),$$
其中 $m = \left[\frac{n}{6}\right]$.

(实际上,定义 $f(0) = 1$,则可统一为 $|T| = \sum_{k=1}^{m} 2^k f(n-6k)$,其中 $m = \left[\frac{n}{6}\right]$.)

由归纳假设,对任何 $j \geq 2$,有
$$f(n-1) > \frac{3}{2}f(n-2) > \left(\frac{3}{2}\right)^2 f(n-3)$$

$$> \cdots > \left(\frac{3}{2}\right)^{j-1} f(n-j),$$

即

$$f(n-j) < \left(\frac{2}{3}\right)^{j-1} f(n-1).$$

于是,有

$$\sum_{k=1}^{m} 2^k f(n-6k) < \sum_{k=1}^{m} 2^k \times \left(\frac{2}{3}\right)^{6k-1} f(n-1)$$

$$= \frac{3}{2} f(n-1) \sum_{k=1}^{m} 2^k \times \left(\frac{2}{3}\right)^{6k}$$

$$= \frac{3}{2} f(n-1) \sum_{k=1}^{m} \left[2 \times \left(\frac{2}{3}\right)^6\right]^k$$

$$= \frac{3}{2} f(n-1) \sum_{k=1}^{m} \left(\frac{128}{729}\right)^k$$

$$< \frac{3}{2} f(n-1) \sum_{k=1}^{\infty} \left(\frac{128}{729}\right)^k$$

$$= \frac{3}{2} f(n-1) \cdot \frac{\frac{128}{729}}{1 - \frac{128}{729}} = \frac{192}{601} f(n-1).$$

这样,当 $6 \nmid n$ 时,有

$$|T| = \sum_{k=1}^{m} 2^k f(n-6k) < \frac{192}{601} f(n-1) < \frac{1}{2} f(n-1);$$

当 $6 \mid n$ 时,有

$$|T| = 2^{\frac{n}{6}} + \sum_{k=1}^{m} 2^k f(n-6k) < 2^{\frac{n}{6}} + \frac{192}{601} f(n-1)$$

$$< 2^{\frac{n}{6}} + \frac{1}{3} f(n-1).$$

要证明不等式②,只需证明

$$2^{\frac{n}{6}} \leqslant \frac{1}{6}f(n-1). \qquad ③$$

若 $n=6$,则 $f(5)=2^5=32$,从而 $2\leqslant\frac{1}{6}f(5)$,不等式③成立.

若 $n\geqslant 12$,则因为

$$f(n-1) > \left(\frac{3}{2}\right)^{n-2}f(1) = 2\times\left(\frac{3}{2}\right)^{n-2} = \frac{4}{3}\times\left(\frac{3}{2}\right)^{n-1},$$

所以

$$\frac{1}{6}f(n-1) > \frac{2}{9}\times\left(\frac{3}{2}\right)^{n-1} > \frac{1}{8}\times(\sqrt{2})^{n-1}$$

$$= 2^{\frac{n-7}{2}} > 2^{\frac{n}{6}} \quad (\text{利用 } 6n-42 > 2n).$$

综上所述,命题获证.

例3 设 n 为正整数,$X=\{1,2,3,\cdots,n\}$,A 是 X 的子集,且对任何 $x<y<z$,$x,y,z\in A$,都存在一个三角形三边的长分别为 x,y,z,求 $|A|$ 的最大值.(原创题)

分析与解 设 A 合乎条件,令 $A=\{a_1,a_2,\cdots,a_t\}$,其中 $1\leqslant a_1<a_2<\cdots<a_t\leqslant n$.我们要找到常数 c,使 $|A|\leqslant c$,即 $t\leqslant c$.(估计下标 t.)

常用的方法是利用间距迭代法估计下标.例如,建立递归不等式

$$a_i \geqslant f(a_{i-1}),$$

则

$$a_n \geqslant f(a_{n-1}) \geqslant f^{(2)}(a_{n-2}) \geqslant \cdots \geqslant f^{(n-1)}(a_1),$$

解关于 n 的不等式可得到 n 的估计.

对于本题,由 $a_1,a_2,\cdots,a_t$ 是正整数,且 $a_1<a_2<\cdots<a_t$,有平凡不等式

$$a_{i+1} \geqslant a_i + 1,$$

迭代,得

$$a_t \geqslant a_{t-1}+1 \geqslant a_{t-2}+2 \geqslant \cdots \geqslant a_2+(t-2) \geqslant a_1+(t-1).$$

由此可得
$$t \leqslant a_t - a_1 + 1. \qquad ①$$
现在还只用到集合中元素互异的条件,没有用到元素构成三角形的条件.

因为"对任何 $1 \leqslant i < j < k \leqslant t, a_i, a_j, a_k$ 构成三角形",所以
$$a_i + a_j > a_k \quad (1 \leqslant i < j < k \leqslant t).$$
这等价于(等价变换,简化条件)
$$a_1 + a_2 > a_t. \qquad ②$$
综合①②,我们有 $t < a_2 + 1$,即 $t \leqslant a_2$.

下面只需估计 a_2,复制前面的迭代过程(至 a_2 为止),有
$$a_t \geqslant a_{t-1} + 1 \geqslant a_{t-2} + 2 \geqslant \cdots \geqslant a_2 + (t-2),$$
得 $a_2 \leqslant a_t - t + 2$.代入上式,得
$$t \leqslant a_t - t + 2 \quad (\text{回归放缩}),$$
所以
$$2t \leqslant a_t + 2.$$
再注意到平凡不等式 $a_t \leqslant n$,我们有
$$t \leqslant \frac{a_t + 2}{2} \leqslant \frac{n+2}{2}.$$
但 $t \in \mathbf{Z}$,所以
$$t \leqslant \left[\frac{n+2}{2}\right].$$

其次,若 $n = 2k$,则令 $A = \{k, k+1, k+2, \cdots, 2k\}$,此时
$$|A| = k + 1 = \frac{n}{2} + 1 = \frac{n+2}{2} = \left[\frac{n+2}{2}\right].$$
若 $n = 2k+1$,则令 $A = \{k+1, k+2, \cdots, 2k+1\}$,此时
$$|A| = k + 1 = \frac{n-1}{2} + 1 = \frac{n+1}{2} = \left[\frac{n+2}{2}\right].$$

(可合并为取最大的若干个元素构成集合:$A = \left\{\left[\frac{n+1}{2}\right], \left[\frac{n+1}{2}\right] + 1,\right.$

$\left[\frac{n+1}{2}\right]+2,\cdots,n\right\}$.)

故 $|A|$ 的最大值为 $\left[\frac{n+2}{2}\right]$.

例4 用 $S(A)$ 表示集合 A 中所有元素之和,设 $X=\{a_1,a_2,\cdots,a_{11}\}$,其中 $a_1<a_2<\cdots<a_{11}$ 为正整数.

(1) 若对任何正整数 $n\leqslant 2\,005$,存在 X 的子集 A,使 $S(A)=n$. 求满足此要求的 X 中元素 a_{10} 的最大值与最小值.

(2) 设 p 是给定的正整数($p\leqslant 2\,005$),若对任何正整数 $n\leqslant p$,存在 X 的子集 A,使 $S(A)=n$. 求满足此要求的 X 中元素 a_{10} 的最大值与最小值.

分析与解 (1) 先求 a_{10} 的最大值.

考察条件:对任何正整数 $n\leqslant 2\,005$,存在 X 的子集 A,使 $S(A)=n$(简称 n 可用 X 的子集"表出"). 如何利用此条件是解题的关键.

从初值试验:因为存在子集 A,使 $S(A)=1$,所以 $a_1=S_1=1$.

再考察 a_2,显然 $a_2\leqslant 2$. 否则,$a_2\geqslant 3$,有
$$a_i\geqslant 3 \quad (i=2,3,\cdots,11),$$
于是 2 无法用子集表出,矛盾.

再考察 a_3,显然 $a_3\leqslant a_1+a_2+1$. 否则,$a_3\geqslant a_1+a_2+2$,有
$$a_i\geqslant a_1+a_2+2 \quad (i=3,4,\cdots,11),$$
于是 a_1+a_2+1 无法用子集表出,矛盾.

一般地(条件的本质),有递归不等式
$$a_k\leqslant S_{k-1}+1, \qquad ①$$
其中 $k=2,3,\cdots$,且 k 使 $S_{k-1}+1\leqslant 2\,005$.

否则,存在 $a_j\geqslant S_{k-1}+2(j=k,k+1,\cdots,11)$,那么,对于子集 P,当 P 含 $a_k,a_{k+1},\cdots,a_{11}$ 中某一个数 a_j 时,有
$$S(P)\geqslant a_j\geqslant S_{k-1}+2;$$

当 P 不含 $a_k, a_{k+1}, \cdots, a_{11}$ 中任何一个数时,有
$$S(P) \leqslant S(\{a_1, a_2, \cdots, a_{k-1}\}) = S_{k-1}.$$
所以 $S_{k-1}+1$ 无法用子集表出,但 $S_{k-1}+1 \leqslant 2\,005$,矛盾.

由①式利用数学归纳法,有
$a_2 \leqslant 2$,
$a_3 \leqslant a_1 + a_2 + 1 \leqslant 1 + 2 + 1 = 4$,
$a_4 \leqslant a_1 + a_2 + a_3 + 1 \leqslant 1 + 2 + 4 + 1 = 8 = 2^3$,

$\cdots\cdots$

$a_{10} \leqslant a_1 + a_2 + \cdots + a_9 + 1 \leqslant 2^0 + 2^1 + 2^2 + \cdots + 2^8 + 1$
$\quad = 2^9 = 512$,

其中 $a_{10} \leqslant S_9 + 1$ 成立,是因为归纳假设,有
$S_9 + 1 \leqslant a_1 + a_2 + \cdots + a_9 + 1 \leqslant 2^0 + 2^1 + 2^2 + \cdots + 2^8 + 1$
$\quad = 2^9 = 512 < 2\,005.$

从等号成立的条件入手构造,当 $a_{10} = 512$ 时,$a_j = 2^{j-1}$($j = 1, 2, \cdots, 10$).

再注意到 $2\,005$ 可用子集表出,所以 $S_{11} = S(X) \geqslant 2\,005$.于是,有
$a_{11} = S_{11} - S_{10} \geqslant 2\,005 - (2^0 + 2^1 + 2^2 + \cdots + 2^9)$
$\quad = 2\,005 - 1\,023 = 972.$

取 $a_{11} = 972$,得到构造
$$X = \{1, 2, 4, 8, 16, 32, 64, 128, 256, 512, 972\}.$$

容易证明 X 合乎条件.

(ⅰ)对于 $1 \leqslant n \leqslant 1\,023$,将 n 表成二进制数,可知 n 可用 $\{1, 2, \cdots, 512\}$ 的子集表出.

(ⅱ)对于 $1\,024 \leqslant n \leqslant 1\,023 + 972 = 2\,005$,有 $521 \leqslant n - 972 \leqslant 511$.

由(ⅰ)可知,$n - 972$ 可用 $\{1, 2, \cdots, 512\}$ 的子集"表出",从而 n 可用 $\{1, 2, \cdots, 512, 972\}$ 的子集"表出".

2 几种非常规递归形式

结合（i）可知，当 $1 \leqslant n \leqslant 2\,005$ 时，n 可用 $\{1,2,\cdots,512,972\}$ 的子集"表出"．

所以 a_{10} 的最大值为 512．

下面求 a_{10} 的最小值．

注意到递归不等式①，可将项的估计转化为"和"的估计，这可通过 $a_{10} = S_{10} - S_9$ 来实现．于是，只需估计（子目标）
$$S_{10} \geqslant ?, \quad S_9 \leqslant ?,$$
其中 $S_k = a_1 + a_2 + \cdots + a_k (k=1,2,\cdots,11)$．

我们来估计 S_k．由①式想到建立递归不等式 $S_k \leqslant f(S_{k-1})$．

实际上，由①式有
$$S_k = S_{k-1} + a_k \leqslant 2S_{k-1} + 1, \qquad ②$$
其中 $k = 2,3,\cdots$，且 k 使 $S_{k-1} + 1 \leqslant 2\,005$．

由②迭代，得
$$S_k + 1 \leqslant 2(S_{k-1}+1) \leqslant 2^2(S_{k-2}+1) \leqslant \cdots \leqslant 2^{k-1}(S_1+1) = 2^k,$$
即
$$S_k \leqslant 2^k - 1. \qquad ③$$

那么，③式究竟对哪些 k 成立？即哪些 k 使 $S_{k-1} + 1 \leqslant 2\,005$？

假定使 $S_{k-1} + 1 \leqslant 2\,005$ 成立的最大整数 k 为 $m(m \leqslant 11)$，即 $S_{m-1} < 2\,005 \leqslant S_m$，那么在③式中令 $k = m$，得 $S_m \leqslant 2^m - 1$．所以
$$2^m - 1 \geqslant S_m \geqslant 2\,005, \quad m \geqslant 11 \quad (\text{因为 } 2^{10} = 1\,024).$$
但 $m \leqslant 11$，所以 $m = 11$．这表明②③式对 $k = 2,3,\cdots,11$ 成立．

考察目标：$a_{10} = S_{10} - S_9 \geqslant ?$．将其转化为 $S_{10} \geqslant ?$，$S_9 \leqslant ?$．

其中 $S_9 \leqslant ?$ 可由③式实现：在③式中令 $k = 9$，有 $S_9 \leqslant 2^9 - 1 = 511$．

如何实现 $S_{10} \geqslant ?$？注意到 $S_{11} \geqslant 2\,005$，再由②式（S_k 与 S_{k-1} 的不等关系），有

$$S_{10} \geq \frac{1}{2}(S_{11} - 1).$$

又 S_{10} 为正整数,所以

$$S_{10} \geq \left[\frac{1}{2} S_{11}\right] \geq \left[\frac{2\,005}{2}\right] = 1\,002.$$

所以,$a_{10} = S_{10} - S_9 \geq 1\,002 - 511 = 491$.

最后构造,考察等号成立的条件,当 $a_{10} = 491$ 时,$S_9 = 511$,$S_{10} = 1\,002$.且由①式成立等号,得 $a_k = S_{k-1} + 1(k = 2,\cdots,9)$.于是,有 $a_1 = 1, a_2 = 2, a_3 = 4, \cdots$,即 $a_k = 2^{k-1}(k = 1,2,\cdots,9)$,$a_{10} = 491$.

结合 $S_{10} = 1\,002$,$S_{11} \geq 2\,005$,可取 $a_{11} = 1\,003$,得到构造

$$X = \{1, 2, 4, 8, 16, 32, 64, 128, 256, 491, 1\,003\}.$$

下面我们证明 X 合乎条件.

(ⅰ) 对于 $1 \leq n \leq 511$,将 n 表成二进制数,可知 n 可用 $\{1,2,\cdots,256\}$ 的子集"表出".

(ⅱ) 对于 $512 \leq n \leq 511 + 491 = 1\,002$,有 $21 \leq n - 491 \leq 511$,由 (ⅰ) 可知,$n - 491$ 可用 $\{1,2,\cdots,256\}$ 的子集"表出",从而 n 可用 $\{1,2,\cdots,256,491\}$ 的子集"表出".结合 (ⅰ) 可知,当 $1 \leq n \leq 1\,002$ 时,n 可用 $\{1,2,\cdots,256,491\}$ 的子集"表出".

(ⅲ) 对于 $n = 1\,003$,有 $n = S(\{1\,003\})$.

(ⅳ) 对于 $1\,004 \leq n \leq 1\,002 + 1\,003 = 2\,005$,有 $1 \leq n - 1\,003 \leq 1\,002$,由 (ⅱ) 可知,$n - 1\,003$ 可用 $\{1,2,\cdots,256,491\}$ 的子集"表出",从而 n 可用 $\{1,2,\cdots,256,491,1\,003\}$ 的子集"表出".结合 (ⅱ) 可知,当 $1 \leq n \leq 2\,005$ 时,n 可用 $\{1,2,\cdots,256,491,1\,003\}$ 的子集"表出".

综上所述,集合 X 合乎条件.

故 a_{10} 的最小值为 248.

注 对于本题中的(2),我们没有求出结果,希望读者进一步讨论.

2 几种非常规递归形式

例5 设 f 是定义在非负整数集 $\mathbf{N}$ 上的函数,满足:
$$f(0) = f(1) = 2,$$
$$f(n+2) = f(n+1) + \left[\frac{1}{2}f(n)\right] \quad (n \in \mathbf{N}).$$

求证:$[(\sqrt{3}-1)(f(n)+1)] = f(n-1) (n \in \mathbf{N}^*)$.(美国数学月刊 1990 年 3 月号问题 3374)

分析与证明 首先,由数学归纳法易知,对 $n \in \mathbf{N}^*$,有 $f(n) \in \mathbf{N}^*$.

其次,为实现目标,找一个充分条件,证明对一切正整数 n,有递归不等式
$$f(n-1) \leqslant (\sqrt{3}-1)(1+f(n)) < f(n-1) + 1. \quad \text{①}$$

对 n 归纳.当 $n=1$ 时,$f(0)=2, f(1)=2$,由
$$2 \leqslant (\sqrt{3}-1)(1+2) < 2+1,$$
知结论①成立.

设 $n=k$ 时结论①成立,则当 $n=k+1$ 时,有
$$f(k+1) = f(k) + \left[\frac{1}{2}f(k-1)\right].$$

但 $f(k-1)$ 为正整数,所以
$$\frac{1}{2}f(k-1) - \frac{1}{2} \leqslant \left[\frac{1}{2}f(k-1)\right] \leqslant \frac{1}{2}f(k-1). \quad \text{②}$$

而由归纳假设,有
$$\frac{1}{2}f(k-1) \leqslant \frac{1}{2}[(\sqrt{3}-1)(1+f(k))] < \frac{1}{2}[f(k-1)+1],$$
$$\frac{1}{2}[(\sqrt{3}-1)(1+f(k))-1]$$
$$< \frac{1}{2}f(k-1) \leqslant \frac{1}{2}[(\sqrt{3}-1)(1+f(k))],$$

所以

$$\frac{1}{2}[(\sqrt{3}-1)(1+f(k))-1] - \frac{1}{2}$$

$$< \frac{1}{2}f(k-1) - \frac{1}{2} \leqslant \frac{1}{2}[(\sqrt{3}-1)(1+f(k))] - \frac{1}{2},$$

结合②式,有

$$\frac{1}{2}[(\sqrt{3}-1)(1+f(k))-1] - \frac{1}{2}$$

$$< \frac{1}{2}f(k-1) - \frac{1}{2} \leqslant \left[\frac{1}{2}f(k-1)\right]$$

$$\leqslant \frac{1}{2}f(k-1) \leqslant \frac{1}{2}[(\sqrt{3}-1)(1+f(k))],$$

于是,有

$$\frac{\sqrt{3}-1}{2}[1+f(k)] - 1 < \left[\frac{1}{2}f(k-1)\right] \leqslant \frac{\sqrt{3}-1}{2}[1+f(k)],$$

上式各边同时加上 $f(k)$,有

$$\frac{\sqrt{3}-1}{2}[1+f(k)] - 1 + f(k)$$

$$< f(k+1) \leqslant \frac{\sqrt{3}-1}{2}[1+f(k)] + f(k),$$

$$\frac{\sqrt{3}-1}{2} - 1 + \frac{\sqrt{3}+1}{2}f(k) < f(k+1) \leqslant \frac{\sqrt{3}+1}{2}f(k) + \frac{\sqrt{3}-1}{2},$$

$$\frac{\sqrt{3}-1}{2} + \frac{\sqrt{3}+1}{2}f(k) < f(k+1) + 1 \leqslant \frac{\sqrt{3}+1}{2}f(k) + \frac{\sqrt{3}+1}{2},$$

$$\frac{\sqrt{3}+1}{2}f(k) < f(k+1) + 1 \leqslant \frac{\sqrt{3}+1}{2}f(k) + \frac{\sqrt{3}+1}{2},$$

上式各边同时乘以$(\sqrt{3}-1)$,有

$$f(k) < (\sqrt{3}-1)[f(k+1)+1] \leqslant f(k) + 1,$$

所以,当 $n = k+1$ 时①式成立,①式获证.

再注意到 $f(k-1)$ 为正整数,所以

2 几种非常规递归形式

$$[(\sqrt{3}-1)(f(k)+1)] = f(k-1),$$

故

$$[(\sqrt{3}-1)(f(n)+1)] = f(n-1)(对任何 n \in \mathbf{N}^*).$$

例 6 如果一个多项式的系数都是自然数,则称之为自然多项式.对正整数 n,用 $A(n)$ 表示满足 $P(2)=n$ 的不同自然多项式 $P(x)$ 的个数.证明:$\lim\limits_{n\to\infty}\dfrac{\log_2 A(n)}{(\log_2 n)^2}=\dfrac{1}{2}$.(原创题)

分析与证明 首先建立递归方程.容易证明:对任何正整数 m,有

$$A(2m+1) = A(2m) = A(2m-1) + A(m). \qquad ①$$

实际上,对任何一个满足 $P(2)=2m+1$ 的自然多项式 $P(x)$,因为 $P(2)$ 为奇数,所以 $P(x)$ 的常数项为奇数.

令 $Q(x) = P(x) - 1$,则 $Q(x)$ 是自然多项式,且 $Q(2) = P(2) - 1 = 2m$.

反之,对任何一个满足 $Q(2)=2m$ 的自然多项式 $Q(x)$,令

$$P(x) = Q(x) + 1,$$

则 $P(x)$ 是自然多项式,且

$$P(2) = Q(2) + 1 = 2m + 1.$$

所以

$$A(2m+1) = A(2m).$$

对任何一个满足 $P(2)=2m$ 的自然多项式 $P(x)$,若 $P(0) \neq 0$,令

$$Q(x) = P(x) - 1,$$

则 $Q(x)$ 是自然多项式,且

$$Q(2) = P(2) - 1 = 2m - 1.$$

这样的多项式 $P(x)$ 有 $A(2m-1)$ 个.

若 $P(0) = 0$,令

$$P(x) = xQ(x),$$

则 $Q(x)$ 是自然多项式,且
$$2m = P(2) = 2Q(2),$$
所以 $Q(2)=m$,这样的多项式 $P(x)$ 有 $A(m)$ 个.所以
$$A(2m) = A(2m-1) + A(m).$$
所以①式成立.

其次证明:对任何正整数 n,有
$$\frac{1}{2}n^2 - n\log_2 n - \frac{3}{2}n < \log_2 A(2^n) \leqslant \frac{1}{2}n^2 - \frac{1}{2}n + 1. \quad ②$$
实际上,由①式可知,$A(k)$ 不减.且对 $k \geqslant 2$,有
$$\begin{aligned}
A(2k) &= A(2k-1) + A(k) \\
&= A(2k-2) + A(k) \\
&= A(2k-3) + A(k-1) + A(k) \\
&= A(2k-4) + A(k-1) + A(k) \\
&= \cdots \\
&= A(2\times 1) + A(2) + \cdots + A(k-1) + A(k) \\
&\leqslant kA(k),
\end{aligned}$$
特别地,令 $k = 2^{n-1}$,有递归不等式
$$A(2^n) \leqslant 2^{n-1} A(2^{n-1}),$$
所以
$$\begin{aligned}
A(2^n) &\leqslant 2^{n-1} A(2^{n-1}) \leqslant 2^{n-1} \cdot 2^{n-2} A(2^{n-2}) \\
&\leqslant \cdots \leqslant 2^{n-1} \cdot 2^{n-2} \cdots 2^1 \cdot A(2) = 2^{1+\frac{1}{2}n(n-1)}.
\end{aligned}$$
②式右边获证.

取整数 k,使
$$n - \log_2 n - 2 < k \leqslant n - \log_2 n - 1,$$
则
$$k \cdot 2^{k+1} \leqslant (n - \log_2 n - 1) \cdot 2^{n-\log_2 n} < n \cdot 2^{n-\log_2 n} = 2^n.$$
取自然数组 $(a_1, a_2, \cdots, a_k)$,使

2 几种非常规递归形式

$$0 \leqslant a_1 < 2^k, \quad 0 \leqslant a_2 < 2^{k-1}, \quad \cdots, \quad 0 \leqslant a_k < 2^1,$$

这样的数组 $(a_1, a_2, \cdots, a_k)$ 有

$$2^k \cdot 2^{k-1} \cdot \cdots \cdot 2^1 = 2^{\frac{1}{2}k(k+1)}$$

个. 对每个这样的数组, 再取 $a_0 = 2^n - S$, 其中

$$S = \sum_{j=1}^{k} 2^j \cdot a_j.$$

令

$$P(x) = \sum_{j=0}^{k} a_j x^j,$$

则

$$P(2) = S + a_0 = S + (2^n - S) = 2^n,$$

且因

$$S = \sum_{j=1}^{k} 2^j \cdot a_j \leqslant \sum_{j=1}^{k} 2^j \cdot 2^{k-j+1} = \sum_{j=1}^{k} 2^{k+1} = k \cdot 2^{k+1} < 2^n,$$

有 $a_0 \geqslant 0$, 从而 $P(x)$ 是自然多项式, 所以

$$A(2^n) \geqslant 2^{\frac{1}{2}k(k+1)} \geqslant 2^{\frac{1}{2}(n - \log_2 n - 2)(n - \log_2 n - 1)}$$

$$= 2^{\left(\frac{1}{2}n^2 - n\log_2 n - \frac{3}{2}n\right) + (\log_2 n)^2 + 3\log_2 n + 2} > 2^{\frac{1}{2}n^2 - n\log_2 n - \frac{3}{2}n},$$

所以②式左边获证.

由②式, 有

$$\frac{1}{2} - \frac{\log_2 n}{n} - \frac{3}{2n} < \frac{\log_2 A(2^n)}{n^2} \leqslant \frac{1}{2} - \frac{1}{2n}n + \frac{1}{n^2},$$

令 $n \to \infty$, 得

$$\lim_{n \to \infty} \frac{\log_2 A(2^n)}{n^2} = \frac{1}{2}.$$

对任意正整数 n, 设 $2^m \leqslant n < 2^{m+1}$, 则

$$m \leqslant \log_2 n < m + 1,$$

$$\frac{1}{(m+1)^2} \leqslant \frac{1}{(\log_2 n)^2} \leqslant \frac{1}{m^2}.$$

又由 $A(n)$ 不减可知
$$A(2^m) \leqslant A(n) < A(2^{m+1}),$$
$$\frac{\log_2 A(2^m)}{(m+1)^2} \leqslant \frac{\log_2 A(n)}{(\log_2 n)^2} \leqslant \frac{\log_2 A(2^{m+1})}{m^2},$$
所以
$$\frac{\log_2 A(2^m)}{m^2} \cdot \frac{m^2}{(m+1)^2} \leqslant \frac{\log_2 A(n)}{(\log_2 n)^2} \leqslant \frac{\log_2 A(2^{m+1})}{(m+1)^2} \cdot \frac{(m+1)^2}{m^2},$$
令 $n \to \infty, m \to \infty$，得
$$\lim_{n \to \infty} \frac{\log_2 A(n)}{(\log_2 n)^2} = \frac{1}{2}.$$

例 7 设 $a_0, a_1, a_2, a_3, \cdots$ 为任意无穷正实数数列，求证：$1 + a_n > a_{n-1} \sqrt[n]{2}$ 对无穷多个正整数 n 成立.

分析与证明 用反证法，假设不等式 $1 + a_n > a_{n-1}\sqrt[n]{2}$ 只对有限多个正整数成立，则存在正整数 m，对任意的正整数 $n \geqslant m$，上述不等式均不成立，即
$$1 + a_n \leqslant a_{n-1} \sqrt[n]{2} \quad (n \geqslant m).$$
于是，有
$$1 + a_m \leqslant a_{m-1} \sqrt[m]{2}, \qquad ①$$
而 $n \geqslant m+1$ 时，则
$$2^{-\left(\frac{1}{m+1} + \frac{1}{m+2} + \cdots + \frac{1}{n}\right)}(1 + a_n) \leqslant 2^{-\left(\frac{1}{m+1} + \frac{1}{m+2} + \cdots + \frac{1}{n}\right)} a_{n-1} \sqrt[n]{2}$$
$$= 2^{-\left(\frac{1}{m+1} + \frac{1}{m+2} + \cdots + \frac{1}{n-1}\right)} a_{n-1}. \qquad ②$$
取 $k \geqslant m+1$，在②式中令 $n = m+1, m+2, \cdots, k$，得
$$2^{-\frac{1}{m+1}}(1 + a_{m+1}) \leqslant 2^0 a_m,$$
$$2^{-\left(\frac{1}{m+1} + \frac{1}{m+2}\right)}(1 + a_{m+2}) \leqslant 2^{-\frac{1}{m+1}} a_{m+1},$$
$$2^{-\left(\frac{1}{m+1} + \frac{1}{m+2} + \frac{1}{m+3}\right)}(1 + a_{m+3}) \leqslant 2^{-\left(\frac{1}{m+1} + \frac{1}{m+2}\right)} a_{m+2},$$
$$\cdots\cdots$$

2 几种非常规递归形式

$$2^{-(\frac{1}{m+1}+\frac{1}{m+2}+\cdots+\frac{1}{k})}(1+a_k) \leqslant 2^{-(\frac{1}{m+1}+\frac{1}{m+2}+\cdots+\frac{1}{k-1})}a_{k-1},$$

将①式与以上所有等式相加,得

$$a_{m-1}\sqrt[m]{2} \geqslant (1+2^{-\frac{1}{m+1}}+2^{-(\frac{1}{m+1}+\frac{1}{m+2})}+\cdots$$
$$+2^{-(\frac{1}{m+1}+\frac{1}{m+2}+\cdots+\frac{1}{k})})+2^{-(\frac{1}{m+1}+\frac{1}{m+2}+\cdots+\frac{1}{k})}a_k$$
$$> 1+2^{-\frac{1}{m+1}}+2^{-(\frac{1}{m+1}+\frac{1}{m+2})}+\cdots+2^{-(\frac{1}{m+1}+\frac{1}{m+2}+\cdots+\frac{1}{k})}.$$

令 $k \to +\infty$,则 $a_{m-1}\sqrt[m]{2} \geqslant +\infty$,与 m 是固定的常数矛盾.

另证(原证明) 用反证法,假设不等式 $1+a_n > a_{n-1}\sqrt[n]{2}$ 只对有限多个正整数成立.

设这些正整数中最大的一个为 M,则对任意的正整数 $n > M$,上述不等式均不成立,即

$$1+a_n \leqslant a_{n-1}\sqrt[n]{2} \quad (n > M),$$

也即

$$a_n \leqslant a_{n-1}\sqrt[n]{2}-1 \quad (n > M). \qquad ①$$

由贝努利不等式,有

$$\sqrt[n]{2} = (1+1)^{\frac{1}{n}} \leqslant 1+\frac{1}{n} = \frac{n+1}{n} \quad (正整数\ n \geqslant 2). \qquad ②$$

结合①②式可得

$$a_n \leqslant \frac{n+1}{n}a_{n-1}-1 \quad (n > M). \qquad ③$$

下面证明:对 $n \in \mathbf{N}$,有

$$a_{M+n} \leqslant (M+n+1)\left(\frac{a_M}{M+1}-\frac{1}{M+2}-\cdots-\frac{1}{M+n+1}\right). \qquad ④$$

当 $n=0$ 时,④式左边为 a_M,右边也为 a_M,故④式成立.

设 $n=k(k \in \mathbf{N})$ 时,④式成立,即

$$a_{M+k} \leqslant (M+k+1)\left(\frac{a_M}{M+1}-\frac{1}{M+2}-\cdots-\frac{1}{M+k+1}\right). \qquad ⑤$$

在③中取 $n = M+k+1$,并利用⑤式,可得

a_{M+k+1}

$$\leqslant \frac{M+k+2}{M+k+1} a_{M+k} - 1$$

$$\leqslant \frac{M+k+2}{M+k+1}(M+k+1)\left(\frac{a_M}{M+1} - \frac{1}{M+2} - \cdots - \frac{1}{M+k+1}\right) - 1$$

$$= (M+k+2)\left(\frac{a_M}{M+1} - \frac{1}{M+2} - \cdots - \frac{1}{M+k+1}\right) - 1$$

$$= (M+k+2)\left(\frac{a_M}{M+1} - \frac{1}{M+2} - \cdots - \frac{1}{M+k+2}\right).$$

④式在 $n = k+1$ 时也成立,故④式得证.

因为

$$\lim_{n \to \infty}\left(1 + \frac{1}{2} + \cdots + \frac{1}{n}\right) = +\infty,$$

所以

$$\lim_{n \to \infty}\left[\left(1 + \frac{1}{2} + \cdots + \frac{1}{n}\right) - \left(1 + \frac{1}{2} + \cdots + \frac{1}{M+1}\right)\right] = +\infty,$$

即

$$\lim_{n \to \infty}\left(\frac{1}{M+2} + \frac{1}{M+3} + \cdots + \frac{1}{n}\right) = +\infty,$$

所以存在正整数 N_0,满足

$$\frac{1}{M+2} + \frac{1}{M+3} + \cdots + \frac{1}{N_0} > \frac{a_M}{M+1}. \qquad ⑥$$

在④式中取 $n = N_0 - M - 1$,得

$$a_{N_0-1} = N_0\left(\frac{a_M}{M+1} - \frac{1}{M+2} - \cdots - \frac{1}{N_0}\right). \qquad ⑦$$

结合⑥⑦式知 $a_{N_0-1} < 0$,这与 $a_{N_0-1} > 0$ 矛盾,故命题得证.

习 题 2

1. 设 $a_1 = 2, a_{n+1} = \dfrac{3a_n + 1}{a_n + 3}$,求 a_n.

2 几种非常规递归形式

2. 设 $a_1 = a_2 = 1, a_{n+1} = \dfrac{a_n a_{n-1}}{a_n + a_{n-1}}$,求 a_n.

3. 设 $a_1 = 2, a_{n+1} = \dfrac{1}{2 - a_n}$,求 a_n.

4. 设 $a_1 = 1, a_n = \dfrac{2S_n^2}{2S_n - 1}(n > 1)$,求数列 $\{a_n\}$ 的前 n 项之和 S_n.

5. 设 $f(x) = \dfrac{2x}{x+1}$,数列 $\{x_n\}$ 满足
$$x_1 = 2, \quad x_{n+1} = f(x_n),$$
求 x_n.

6. 设 $f(x) = \dfrac{x}{bx + c}(b, c$ 为常数$)$.若 $f(2) = \dfrac{1}{2}$,且 $f(x) - \dfrac{x}{2} = 0$ 只有唯一实数根,

(1) 求 $f(x)$ 的解析式;

(2) 令 $a_1 = 1, a_n = f(a_{n-1})$,求数列 $\{a_n\}$ 的通项公式.

7. 已知
$$\begin{cases} x_1 > 0, & x_1 \neq 1, \\ x_{n+1} = \dfrac{x_n(x_n^2 + 3)}{3x_n^2 + 1}, & n \geqslant 1, \end{cases}$$
求数列的通项 x_n.

8. 设 $x_1 = 2, y_1 = -4, x_n = x_{n-1} - y_{n-1}, y_n = x_{n-1} + 3y_{n-1}$,求 x_n, y_n.

9. 设 $x_1 = \dfrac{1}{2}, y_1 = 1, x_n = \dfrac{1}{4}x_{n-1} + \dfrac{3}{4}y_{n-1}, y_n = \dfrac{3}{4}x_{n-1} + \dfrac{1}{4}y_{n-1}$,求 $S = x_1 y_1 + x_2 y_2 + \cdots + x_n y_n$.

10. 设 $a_1 = 1, a_2 = \dfrac{5}{2}, a_{n+1} = \dfrac{a_n + b_n}{2}, b_{n+1} = \dfrac{2a_n b_n}{a_n + b_n}$,求 a_n.

11. 设容器 A 中有 12% 的食盐水 300 克,容器 B 中有 6% 的食盐水 300 克,在 A、B 中各取出溶液 100 克,然后交换倒入 B、A 容器中,这样进行了 n 次以后,A、B 中分别变为 $a_n\%$、$b_n\%$ 的食盐水,求 a_n, b_n.

12. 设 $x_0 = 0, x_1 = 1$,且 $x_{n+1} = 4x_n - x_{n-1}$;$y_0 = 1, y_1 = 2$,且 $y_{n+1} = 4y_n - y_{n-1}(n=1,2,3,\cdots)$.求证:对一切整数 $n \geqslant 0$,有 $y_n^2 = 3x_n^2 + 1$.(1988 年加拿大数学奥林匹克试题)

13. 如果对任何 $m, n \in \mathbf{N}^*$,有
$$f(m,1) = f(1,n) = 1,$$
$$f(m+1, n+1) = f(m, n+1) + f(m+1, n) + f(m, n),$$
求 $S(n) = \sum_{a+b=n} f(a, b)$.

14. 对 $i = 0, 1, 2$,记 $S(i, n) = \sum_{k \equiv i \pmod 3} C_n^k$,设 n 是给定的正整数,求 $S(0, n)$、$S(1, n)$、$S(2, n)$ 之间的等量关系,并求出 $S(0, 1\,000)$、$S(1, 1\,000)$、$S(2, n)$.

15. 有 10 个赌徒聚赌,每人的赌本相同.每次由其中一人掷 5 粒骰子,且由他根据其掷得的点数向其他 9 人付钱.若掷得 5 粒骰子点数之和为 n,则他向每人所付的钱数分别是收钱人当时的赌本的 $\dfrac{1}{n}$,收到的钱和原来的赌本一起作为下一轮的赌本.

已知这 10 个人依次掷一次骰子后,各人的赌本又变得相同,又最后一次所掷骰子的点数之和为 12,试确定每次所掷骰子的点数之和.(1980 年卢森堡等 5 国数学竞赛试题)

16. 关于非负整数 $n, k(n \geqslant k)$ 的函数 $c(n, k)$ 定义如下:对任意 $n \geqslant 0, c(n, 0) = c(n, n) = 1$;对 $n \geqslant k \geqslant 1, c(n+1, k) = 2^k c(n, k) + c(n, k-1)$.试证:对 $n \geqslant k \geqslant 0$,均有 $c(n, k) = c(n, n-k)$.(波兰数学奥林匹克试题)

17. 设 a,b 是正奇数,序列 f_n 定义如下:$f_1=a,f_2=b$,对 $n\geq 3$, f_n 是 $f_{n-1}+f_{n-2}$ 的最大奇约数.证明:当 n 充分大时 f_n 为常数,并确定此常数之值(用关于 a,b 的函数表示).(1993 年美国数学奥林匹克试题)

18. 对任何自然数 t,拉母赛数 r_t(对 r_t 阶完全图的边 t-染色,必出现同色三角形)存在,且 $r_t\leq [t!\times e]+1$.

19. 平面上给定 n 个点,其中无 3 点共线,以这些点为顶点的凸四边形的个数的最小值记为 $f(n)$,求证:当 $n\geq 5$ 时,$f(n)\geq C_{n-3}^2+f(n-2)$.(原创题)

20. 对于整数 $n\geq 4$,求出最小的整数 $f(n)$,使得对于任何正整数 m,集合 $\{m,m+1,m+2,\cdots,m+n-1\}$ 的任一个 $f(n)$ 元子集中,均有至少 3 个两两互素的元素.(2004 年全国高中数学联赛试题)

21. 设 $X_n=\{(a_1,a_2,\cdots,a_n)\mid a_i=0$ 或 $1,i=1,2,\cdots,n\}$,对 X_n 中的元素 $A=(a_1,a_2,\cdots,a_n)$ 和 $B=(b_1,b_2,\cdots,b_n)$,定义 A,B 的距离为 $|A-B|=\sum_{i=1}^{n}|a_i-b_i|$.

若 T_n 是 X_n 的子集,且 T_n 中的任何两个元素距离不小于 $k(k\geq 3)$,记 $f(n,k)=|T_n|_{\max}$,求证:$f(n,k)\leq 2^{n-k}$.(原创题)

22. 在一本家庭相册中有 10 张照片,每张照片上有 3 个人,某男士在中间,左边是他的儿子,右边是他的兄弟.已知中间的 10 位男士是不同的人,试问:这些照片上至少有多少个不同的人?(第 19 届全俄数学奥林匹克试题)

23. 给定整数 $n(\geq 3)$,记 $f(n)$ 为集合 $X=\{1,2,\cdots,2^n-1\}$ 的满足如下两个条件的子集 A 的元素个数的最小值:(ⅰ) $1\in A,2^n-1\in A$;(ⅱ) A 中的元素(除 1 外)均为 A 中的另两个(可以相同)元素的和.

(1) 求 $f(3)$ 的值.

(2) 求证:$f(100) \leqslant 108$.

(2012年上海市高中数学竞赛试题)

习题 2 解答

1. $a_n = \dfrac{1 + \dfrac{1}{3}\left(\dfrac{1}{2}\right)^{n-1}}{1 - \dfrac{1}{3}\left(\dfrac{1}{2}\right)^{n-1}} = \dfrac{3 \cdot 2^{n-1} + 1}{3 \cdot 2^{n-1} - 1}$.

2. 递归方程两边取倒数,求得 $a_n = \dfrac{\sqrt{5} \cdot 2^n}{(1+\sqrt{5})^n - (1-\sqrt{5})^n}$.

3. 由方程 $\dfrac{1}{2-x} = x$,解得两个根为 $\alpha = \beta = 1$.于是,递归方程可以变为

$$\dfrac{1}{a_{n+1} - 1} = \dfrac{1}{\dfrac{1}{2-a_n} - 1} = \dfrac{2 - a_n}{1 - (2 - a_n)} = \dfrac{2 - a_n}{a_n - 1} = -1 + \dfrac{1}{a_n - 1},$$

所以 $\dfrac{1}{a_n - 1} = \dfrac{1}{a_1 - 1} - (n-1) = 2 - n$,解得 $a_n = \dfrac{3-n}{2-n}$.

4. 将 $a_n = S_n - S_{n-1}$ ($n \geqslant 2$) 代入 $a_n = \dfrac{2S_n^2}{2S_n - 1}$,得 $S_{n-1} = -\dfrac{S_n}{2S_n - 1}$,取倒数得 $\dfrac{1}{S_n} - \dfrac{1}{S_{n-1}} = 2$(因为 $S_1 = 1 \neq 0$,归纳知,对一切正整数 n,$S_n \neq 0$),解得 $S_n = \dfrac{1}{2n-1}$.

5. 因为 $x_{n+1} = \dfrac{2x_n}{x_n + 1}$,所以 $\dfrac{1}{x_{n+1}} = \dfrac{x_n + 1}{2x_n} = \dfrac{1}{2} + \dfrac{1}{2} \cdot \dfrac{1}{x_n}$,则 $\dfrac{1}{x_{n+1}} - 1 = \dfrac{1}{2} \cdot \left(\dfrac{1}{x_n} - 1\right)$.于是 $\left\{\dfrac{1}{x_n} - 1\right\}$ 是公比是 $\dfrac{1}{2}$ 的等比数列,所以 $\dfrac{1}{x_n} - 1 = \left(\dfrac{1}{x_1} - 1\right) \cdot \left(\dfrac{1}{2}\right)^{n-1} = -\dfrac{1}{2} \cdot \left(\dfrac{1}{2}\right)^{n-1} = -\left(\dfrac{1}{2}\right)^n$,则 $\dfrac{1}{x_n} = 1 - $

$\left(\frac{1}{2}\right)^n$,故 $x_n = \dfrac{1}{1-\left(\frac{1}{2}\right)^n} = \dfrac{2^n}{2^n-1}$.

6. (1) 由 $\dfrac{1}{2} = f(2) = \dfrac{2}{2b+c}$,得 $c = 4-2b$,所以 $f(x) - \dfrac{x}{2} = \dfrac{x(2-c-bx)}{2bx+2c}$.令 $f(x) - \dfrac{x}{2} = 0$,得 $x(2-c-bx) = 0$.当 $b \neq 0$ 时,得方程的实数根 $x = 0$ 和 $x = \dfrac{2-c}{b}$.于是 $c=2, b=1$.当 $b=0$ 时,$c=4$,方程有唯一实根 $x = 0$.

所以,$f(x) = \dfrac{x}{x+2}$ 或 $f(x) = \dfrac{x}{4}$.

(2) 当 $f(x) = \dfrac{x}{x+2}$ 时,$a_n = \dfrac{a_{n-1}}{a_{n-1}+2}$.令 $b_n = \dfrac{1}{a_n}$,则 $b_n = 2b_{n-1}+1$,于是 $b_n+1 = 2(b_{n-1}+1)$,解得 $b_n = 2^n-1$,所以 $a_n = \dfrac{1}{2^n-1}$.

当 $f(x) = \dfrac{x}{4}$ 时,$a_n = \dfrac{a_{n-1}}{4}$.此时 $\{a_n\}$ 是等比数列,$a_n = 4^{n-1}$.

故 $a_n = \dfrac{1}{2^n-1}$ 或 $a_n = 4^{n-1}$.

7. 引进变换 $F(x) = \dfrac{1-x}{1+x}$,有 $F(F(x)) = x$,由

$$x_n = \dfrac{x_{n-1}(x_{n-1}^2+3)}{3x_{n-1}^2+1} = \dfrac{(x_{n-1}+1)^3+(x_{n-1}-1)^3}{(x_{n-1}+1)^3-(x_{n-1}-1)^3}$$

$$= \dfrac{1-\left(\dfrac{1-x_{n-1}}{1+x_{n-1}}\right)^3}{1+\left(\dfrac{1-x_{n-1}}{1+x_{n-1}}\right)^3} = \dfrac{1-F^3(x_{n-1})}{1+F^3(x_{n-1})} = F(F^3(x_{n-1}))$$

得

$$F(x_n) = F(F(F^3(x_{n-1}))) = F^3(x_{n-1})$$

$$= F^{3^2}(x_{n-2}) = \cdots = F^{3^{n-1}}(x_1)$$

于是,有

$$x_n = F(F(x_n)) = F(F^{3^{n-1}}(x_1))$$

$$= \frac{1 - \left(\frac{1-x_1}{1+x_1}\right)^{3^{n-1}}}{1 + \left(\frac{1-x_1}{1+x_1}\right)^{3^{n-1}}} = \frac{(1+x_1)^{3^{n-1}} - (1-x_1)^{3^{n-1}}}{(1+x_1)^{3^{n-1}} + (1-x_1)^{3^{n-1}}}.$$

8. 利用特征方程,求得

$$x_n = (1+n) \cdot 2^{n-1}, \quad y_n = -(3+n) \cdot 2^{n-1}.$$

9. 先求特征根,然后得

$$x_n = \frac{3}{4} - \left(-\frac{1}{2}\right)^{n+1}, \quad y_n = \frac{3}{4} + \left(-\frac{1}{2}\right)^{n+1},$$

最后得

$$S = \frac{9n}{16} + \frac{1}{3 \cdot 4^{n+1}} - \frac{1}{12}.$$

10. 首先,$\frac{5}{2} = a_2 = \frac{a_1 + b_1}{2} = \frac{1 + b_1}{2}$,所以 $b_1 = 4$.

两递推式相乘得 $a_{n+1}b_{n+1} = a_n b_n = \cdots = a_1 b_1 = 1 \cdot 4 = 4$,所以 $b_n = \frac{4}{a_n}$. 于是

$$a_{n+1} = \frac{a_n + b_n}{2} = \frac{a_n + \frac{4}{a_n}}{2} = \frac{a_n^2 + 4}{2a_n},$$

变形得

$$\frac{a_{n+1} + 2}{a_{n+1} - 2} = \left(\frac{a_n + 2}{a_n - 2}\right)^2,$$

所以

$$\frac{a_n + 2}{a_n - 2} = \left(\frac{a_{n-1} + 2}{a_{n-1} - 2}\right)^2 = 3^{2^{n-1}} \quad (n > 1),$$

由合分比定理,得

$$\frac{2a_n}{4} = \frac{3^{2^{n-1}}+1}{3^{2^{n-1}}-1} \quad (n>1),$$

故

$$a_n = \frac{2 \cdot (3^{2^{n-1}}+1)}{3^{2^{n-1}}-1} \quad (n>1) \quad 且 \quad a_1 = 1.$$

11. 在容器 A、B 中各取出 100 克食盐水后,A 中的食盐含量在剩余的 200 克溶液中有 $200 \times 0.12 = 24$ 克,由 B 注入 100 克溶液中有 $100 \times 0.06 = 6$ 克,因而交换一次后,A 中共有食盐 30 克,即 $a_1\% = \frac{30}{300} \times 100\% = 10\%$,所以,$a_1 = 10$.

同样求得 $b_1 = 8$.

设交换 $n-1$ 次以后,A 中变为 $a_{n-1}\%$ 的食盐水,B 中变为 $b_{n-1}\%$ 的食盐水.在容器 A、B 中各取出 100 克食盐水后,A 中的食盐含量在剩余的 200 克溶液中有 $200 \times a_{n-1}\% = 2a_{n-1}$(克),由 B 注入 100 克溶液中有 $100 \times b_{n-1}\% = b_{n-1}$(克),因而交换第 n 次以后,A 中共有食盐 $2a_{n-1} + b_{n-1}$(克),其浓度为 $\frac{2a_{n-1}+b_{n-1}}{300} = a_n\%$,所以 $3a_n = 2a_{n-1} + b_{n-1}$,同样有 $3b_n = 2b_{n-1} + a_{n-1}$.两式相加得 $3(a_n + b_n) = 3(a_{n-1} + b_{n-1})$,所以 $a_n + b_n = a_{n-1} + b_{n-1} = \cdots = a_1 + b_1 = 18$.所以,$b_n = 18 - a_n$,$3a_n = 2a_{n-1} + (18 - a_{n-1})$,$a_n = \frac{1}{3}a_{n-1} + 6$.

所以,$a_n - 9 = \frac{1}{3}(a_{n-1} - 9) = (a_1 - 9)\left(\frac{1}{3}\right)^{n-1} = \frac{1}{3^{n-1}}$.所以,$a_n = 9 + \frac{1}{3^{n-1}}$,$b_n = 18 - a_n = 9 - \frac{1}{3^{n-1}}$.

12. 想象用数学归纳法证明,设结论对 $n-1, n$ 成立,考虑 $n+1$ 的情形.利用归纳假设,有

$$y_{n+1}^2 = (4y_n - y_{n-1})^2 = 16y_n^2 - 8y_n y_{n-1} + y_{n-1}^2$$

$$= 16 + 48x_n^2 - 8y_n y_{n-1} + 3x_{n-1}^2 + 1,$$
$$3x_{n+1}^2 + 1 = 3(4x_n - x_{n-1})^2 + 1 = 48x_n^2 - 24x_n x_{n-1} + 3x_{n-1}^2 + 1.$$

要证 $y_{n+1}^2 = 3x_{n+1}^2 + 1$，必须有 $16 - 8y_n y_{n-1} = -24x_n x_{n-1}$，即 $y_n y_{n-1} = 2 + 3x_n x_{n-1}$.

于是，我们加强命题，用数学归纳法同时证明：(1) $y_n^2 = 3x_n^2 + 1$；(2) $y_n y_{n-1} = 2 + 3x_n x_{n-1}$.

当 $n = 1$ 时，显然(1)、(2)两式都成立.

假设(1)、(2)两式对 $n-1, n$ 都成立，则对 $n+1$，有
$$y_{n+1} = (4y_n - y_{n-1})^2 = 16y_n^2 - 8y_n y_{n-1} + y_{n-1}^2$$
$$= 48x_n^2 + 16 - 8(2 + 3x_n x_{n-1}) + 3x_{n-1}^2 + 1$$
$$= 3(4x_n - x_{n-1})^2 + 1 = 3x_{n+1}^2 + 1,$$
$$y_{n+1} y_n = (4y_n - y_{n-1})y_n = 4y_n^2 - y_n y_{n-1}$$
$$= 4(3x_n^2 + 1) - (3x_n x_{n-1} + 2) = 3x_n(4x_n - x_{n-1}) + 2$$
$$= 3x_{n+1} x_n + 2.$$

因此，对任何正整数 n，(1)、(2)两式都成立.

13. 我们先证明：对 $n \geq 2$，有 $S(n+2) = 2S(n+1) + S(n)$.

实际上，有
$$S(n+2) = \sum_{j=1}^{n+1} f(n+2-j, j)$$
$$= f(n+1, 1) + \sum_{j=2}^{n} [f(n+1-j, j)$$
$$+ f(n+2-j, j-1) + f(n+1-j, j-1)]$$
$$+ f(1, n+1)$$
$$= \left[1 + \sum_{j=2}^{n} f(n+1-j, j)\right] + \left[1 + \sum_{j=2}^{n} f(n+2-j, j-1)\right]$$
$$+ \sum_{j=2}^{n} f(n+1-j, j-1)$$

$$= \Big[1 + \sum_{j=2}^{n} f(n+1-j, j)\Big] + \Big[1 + \sum_{k=1}^{n-1} f(n+1-k, k)\Big]$$
$$+ \sum_{k=1}^{n-1} f(n-k, k)$$
$$= S(n+1) + S(n+1) + S(n) = 2S(n+1) + S(n).$$

注意到 $S(2) = 1, S(3) = 2$,由递推关系得

$$S(n) = \frac{\sqrt{2}}{4}\big[(1+\sqrt{2})^{n-1} - (1-\sqrt{2})^{n-1}\big].$$

14. 由 $C_n^k = C_{n-1}^k + C_{n-1}^{k-1}$,可得
$$S(i,n) = S(i, n-1) + S(i-1, n-1).$$

实际上,有
$$S(i,n) = C_n^i + C_n^{i+3} + \cdots,$$
$$S(i, n-1) = C_{n-1}^i + C_{n-1}^{i+3} + \cdots,$$
$$S(i-1, n-1) = C_{n-1}^{i-1} + C_{n-1}^{i+2} + \cdots,$$

利用组合数性质,可知结论成立.

由 $n = 1, 2, \cdots, 7$ 的情况归纳可得

当 $n \equiv 0 \pmod 6$ 时,$S(0,n) = S(1,n) + 1 = S(2,n) + 1$;

当 $n \equiv 1 \pmod 6$ 时,$S(0,n) = S(1,n) = S(2,n) + 1$;

当 $n \equiv 2 \pmod 6$ 时,$S(0,n) = S(1,n) - 1 = S(2,n)$;

当 $n \equiv 3 \pmod 6$ 时,$S(0,n) = S(1,n) - 1 = S(2,n) - 1$;

当 $n \equiv 4 \pmod 6$ 时,$S(0,n) = S(1,n) = S(2,n) - 1$;

当 $n \equiv 5 \pmod 6$ 时,$S(0,n) = S(1,n) + 1 = S(2,n)$.

下面用数学归纳法给予证明.

设 $n = 6k, 6k+1, \cdots, 6k+5$ 时结论成立,考察 $n = 6k+6, 6k+7, \cdots, 6k+11$ 的情形.

先看 $n = 6k+6$ 的情形,有
$$S(0, 6k+6) = S(0, 6k+5) + S(-1, 6k+5)$$

$$= S(0, 6k+5) + S(2, 6k+5),$$
$$S(1, 6k+6) = S(1, 6k+5) + S(0, 6k+5),$$
$$S(2, 6k+6) = S(2, 6k+5) + S(1, 6k+5).$$

由归纳假设,有 $S(2, 6k+5) = S(1, 6k+5) + 1$,所以 $S(0, 6k+6) = S(1, 6k+6) + 1$.

由归纳假设,有 $S(0, 6k+5) = S(2, 6k+5)$,所以 $S(1, 6k+6) = S(2, 6k+6)$.

所以 $S(0, 6k+6) = S(1, 6k+6) + 1 = S(2, 6k+6) + 1$.

同样可证其他情形.

注意到 $S(0, n) + S(1, n) + S(2, n) = \sum_{k=0}^{n} C_n^k = 2^n$,截留多余部分,剩余者平均分配,即可求得 $S(i, n)$.

比如,对 $n = 1\,000$,有 $n = 1\,000 \equiv 4 \pmod{6}$,所以 $S(0, 1\,000) = S(1, 1\,000) = S(2, 1\,000) - 1$.

因为 $S(0, 1\,000) + S(1, 1\,000) + S(2, 1\,000) = 2^{1\,000}$,其中只有 $S(2, 1\,000)$ 多 1,于是将 $2^{1\,000} - 1$ 平均分配即可得 $S(0, 1\,000) = S(1, 1\,000) = S(2, 1\,000) - 1 = \dfrac{2^{1\,000} - 1}{3}$.

15. 设开始时各人的赌本为 1,则任何时刻各人的赌本之和为 10.

设第 i 次掷骰子的人为 $x_i (1 \leqslant i \leqslant 10)$,经过第 j 次付钱后 x_i 的赌本为 $x_i^{(j)} (j = 1, 2, \cdots, 10)$,则 $x_1^{(0)} = x_2^{(0)} = \cdots = x_{10}^{(0)} = 1$.

设 x_i 所掷的点数之和为 n_i,令 $a_i = \dfrac{1}{n_i}$,那么:

当 $j \neq i$ 时,$x_i^{(j)} = x_i^{(j-1)} + a_i x_i^{(j-1)} = (1 + a_i) x_i^{(j-1)}$.

当 $j = i$ 时,因为 x_i 付出的钱为 $a_i \cdot \sum_{k \neq i} x_k^{(i-1)} = a_i (10 - x_i^{(i-1)})$,所以 $x_i^{(j)} = x_i^{(j-1)} - a_i (10 - x_i^{(i-1)}) = (1 + a_i) x_i^{(j-1)} - 10 a_i$.

所以

$$x_i^{(j)} = (1+a_i)x_i^{(j-1)} - \begin{cases} 0, & j \neq i, \\ 10a_i, & j = i. \end{cases} \qquad ①$$

固定 $i(1 \leqslant i \leqslant 10)$，在①式中令 $j=1,2,\cdots,i-1$，得 $x_i^{(i-1)} = (1+a_1)(1+a_2)\cdots(1+a_{i-1})$.

再令 $j=1,2,\cdots,i-1,i$，得 $x_i^{(i)} = (1+a_1)(1+a_2)\cdots(1+a_{i-1}) - 10a_i$.

又令 $j=i,i+1,\cdots,10$，得

$$\begin{aligned} x_i^{(10)} &= (1+a_{i+1})(1+a_{i+2})\cdots(1+a_{10})x_i^{(i)} \\ &= (1+a_{i+1})(1+a_{i+2})\cdots \\ &\quad (1+a_{10})[(1+a_1)(1+a_2)\cdots(1+a_{i-1}) - 10a_i] \\ &= (1+a_1)(1+a_2)\cdots(1+a_{10}) \\ &\quad - 10a_i(1+a_{i+1})(1+a_{i+2})\cdots(1+a_{10}). \qquad ② \end{aligned}$$

依题意，$x_1^{(0)} = x_2^{(0)} = \cdots = x_{10}^{(0)}$，所以，由②式得

$$\begin{aligned} &10a_1(1+a_2)(1+a_3)\cdots(1+a_{10}) \\ &= 10a_2(1+a_3)(1+a_4)\cdots(1+a_{10}) \\ &= 10a_3(1+a_4)(1+a_5)\cdots(1+a_{10}) \\ &= \cdots = 10a_9(1+a_{10}) = 10a_{10}. \end{aligned}$$

所以，对 $1 \leqslant i \leqslant 9$，有 $a_i(1+a_{i+1}) = a_{i+1}$，所以 $\dfrac{1}{a_i} - \dfrac{1}{a_{i+1}} = 1$，即 $n_i - n_{i+1} = 1$.

又 $n_{10} = 12$，故各次掷得的点数之和依次为 $21,20,19,\cdots,12$.

16. 构造函数 $f: \mathbf{N} \cup \{0\} \to \mathbf{N}$，使 $f(0) = 1, f(m) = (2-1)(2^2-1)\cdots(2^m-1)$，其中 $m \geqslant 1$.

对 $n \geqslant k \geqslant 0$，定义 $g(n,k) = \dfrac{f(n)}{f(k)f(n-k)}$.

由 $g(n,k)$ 的定义可知，$g(n,0) = g(n,n) = 1$；并且，当 $n \geqslant k \geqslant 1$

时,有

$$2^k g(n,k) + g(n, k-1)$$
$$= 2^k \frac{f(n)}{f(k)f(n-k)} + \frac{f(n)}{f(k-1)f(n+1-k)}$$
$$= f(n)\frac{2^k(2^{n+1-k}-1) + 2^k - 1}{f(k)f(n+1-k)} = \frac{(2^{n+1}-1)f(n)}{f(k)f(n+1-k)}$$
$$= \frac{f(n+1)}{f(k)f(n+1-k)} = g(n+1, k).$$

这表明,$g(n,k)$ 与 $c(n,k)$ 具有相同的初始值和递推关系式.

而由题中的条件及递推式可知,对任意 $n \geq k \geq 0, c(n,k)$ 唯一确定,所以 $c(n,k) = g(n,k)$.

利用 $g(n,k)$ 的定义,易知 $g(n,k) = g(n, n-k)$,故命题获证.

17. 当 $n \geq 3$ 时,因为 f_{n-1}, f_{n-2} 都是奇数,所以 $f_{n-1} + f_{n-2}$ 是偶数,从而它的最大的奇约数 $f_n \leq \frac{f_{n-1} + f_{n-2}}{2}$,所以 $f_n \leq \max\{f_{n-1}, f_{n-2}\}$,当且仅当 $f_{n-1} = f_{n-2}$ 时等号成立.

对 $k \geq 1$,令 $C_k = \max\{f_{2k}, f_{2k-1}\}$,则 $f_{2k+1} \leq \max\{f_{2k}, f_{2k-1}\} = C_k$,且 $f_{2k+2} \leq \max\{f_{2k+1}, f_{2k}\} \leq \max\{C_{k+1}, C_k\} = C_k$.于是,$C_{k+1} \leq C_k$,当且仅当 $f_{2k} = f_{2k-1}$ 时等号成立.

所以 $\{C_n\}$ 是不增的正整数序列,它最终是一个常数,从而 $\{f_n\}$ 最终是一个常数.

当 n 充分大时,设 $f_n = C$(常数),则 $(a,b) = (a, b, f_3) = (a+b, b, f_3) = (b, f_3) = \cdots = (f_{n-1}, f_n) = f_{n+1} = C$.

18. 我们先证明递归不等式:$r_t \leq t(r_{t-1} - 1) + 2$,对自然数 t 归纳.

当 $t = 1, 2$ 时,由常见的结果有 $r_1 = 3, r_2 = 6$(即 r_1, r_2 存在),且 $r_2 = 6 \leq 2(3-1) + 2 = 2(r_1 - 1) + 2$,结论成立.

设结论对自然数 t 成立,即 r_t 存在,且 $r_t \leq t(r_{t-1} - 1) + 2$.

考虑 $t+1$ 染色的情形,取 $n=(t+1)(r_t-1)+2$,对 K_n 进行 $t+1$ 染色,我们证明必有同色三角形.

任取 K_n 的一个顶点 A,它引出 $n-1$ 条边,将其归入 $t+1$ 色,必有 $\left[\dfrac{(t+1)(r_t-1)+2}{t+1}\right]+1=r_t$ 条边同色,不妨设 $AA_1, AA_2, \cdots, AA_{r_t}$ 同为 1 色.

考察 $A_1, A_2, \cdots, A_{r_t}$ 间连的边,它们构成了 K_{r_t},如果其中有一条边为 1 色,则此边与 A 构成了 1 色的三角形.

如果 K_{r_t} 中不含 1 色的边,则它最多染了 t 种染色,由归纳假设,其中必有同色三角形,所以 r_{t+1} 存在,且 $r_{t+1} \leqslant n = (t+1)(r_t-1)+2$.

反复利用上述不等式,迭代得

$$r_t \leqslant 2 + t + t(t-1) + \cdots + \dfrac{t!}{2!} + \dfrac{t!}{1!} + t!$$

$$= 1 + t!\left(\dfrac{1}{t!} + \dfrac{1}{(t-1)!} + \dfrac{1}{(t-2)!} + \cdots + \dfrac{1}{2!} + \dfrac{1}{1!} + \dfrac{1}{0!}\right)$$

$$\leqslant 1 + t! \times e,$$

由此得 $r_t \leqslant [t! \times e] + 1$.

递归不等式 $r_t \leqslant t(r_{t-1}-1)+2$ 当然是很粗糙的,不过直接迭代有 $r_1=3, r_2=6, r_3=17$,得

$$r_4 \leqslant 4(r_3-1)+2 = 4(17-1)+2 = 66,$$
$$r_5 \leqslant 5(r_4-1)+2 \leqslant 5(66-1)+2 = 327,$$
$$r_6 \leqslant 6(r_5-1)+2 \leqslant 6(327-1)+2 = 1\,958.$$

由 r_6 的这个估计,可以得到 1978 年 IMO 的一个试题:

一个国际社团来自 6 个不同的国家,共有 1 978 人,用 1, 2, 3, $\cdots$, 1 978 将各成员编号,求证:至少有一个成员的编号与他的两个同胞的编号之和相等,或是另一个同胞的编号的两倍.

19. 目标中 C_{n-3}^2 的意义告诉我们,要在 $n-3$ 个点中取 2 点组,

于是要在 M 中考察某 3 个点外的 $n-3$ 个点,令 $P=\{A_1,A_2,A_3\}$.

(1) 我们先证明:含有 P 中两个点的凸四边形至少有 C_{n-3}^2 个.采用两种证法.

证法 1 在 $Q=M\backslash P$ 中每取 2 个点,它们与 P 中 3 个点构成一个 5 点组,其中必有 4 个点构成凸四边形,得到 C_{n-3}^2 个四边形.但这些四边形中有可能相同,这是因为两个不同的 2 点组可能有一个公共点,这个公共点与 A_1,A_2,A_3 构成的凸四边形被计算两次.

为了使这些四边形互不相同,我们希望每个找到的四边形都含有 $M\backslash P$ 中每个 2 点组中的 2 个点(这样,当 2 点组不同时,对应的四边形不同).这就要适当选取最初的集合 P 中的三个点 A_1,A_2,A_3,使 $M\backslash P$ 中的每个 2 点组都可扩充为一个凸四边形.如何选取?取边界极端——n 个点的凸包即可.

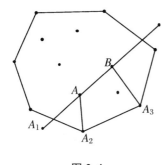

图 2.4

设 n 个点的集合为 M,考察 M 的凸包,设凸包的连续 3 个顶点为 A_1,A_2,A_3,令 $P=\{A_1,A_2,A_3\}$,其余 $n-3$ 个点的集合记作 $M\backslash P$.此时,对 $M\backslash P$ 中的任何两个点 A,B,作直线 AB,则 A_1,A_2,A_3 中必有两个点在直线的同一侧,直线 AB 与点集的凸包围成一个凸多边形(图 2.4).因为 A,B 与 A_1,A_2,A_3 中的两点在凸多边形的边界上,构成凸四边形.由此得到 C_{n-3}^2 个互异的四边形.

证法 2 任意 3 点都构成一个三角形,得到有限个三角形.

取一个面积最大的三角形,设为 $\triangle ABC$,作外围三角形 $\triangle A_1B_1C_1$,使 $\triangle ABC$ 是 $\triangle A_1B_1C_1$ 的中位线三角形,则其他的 $n-3$ 个点都在 $\triangle A_1B_1C_1$ 的内部或边界上(注意 A_1,B_1,C_1 不一定是已知点).考察非 A,B,C 的任意两点 P,Q,作直线 PQ,则 A,B,C 中必有两点在

直线 PQ 的同侧,设为 A,B(图 2.5).那么,直线 PQ 必与线段 AB_1,BA_1 相交,设交点为 M,N,于是 $MABN$ 是凸四边形,所以 $PQAB$ 是一个凸四边形(注意此处 $\triangle ABC$ 面积最大是必要的,否则 P,Q 可能在 $\triangle A_1 B_1 C_1$ 外,此时虽然 A,B 在直线 PQ 的同侧,但 AB 的延长线可能分割线段 PQ,从而不是凸四点组).

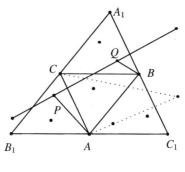

图 2.5

(2) 其次,我们证明:含 P 中至多一个点的凸四边形至少有 $f(n-2)$ 个.实际上,去掉点 A_1,A_2,还剩下 $n-2$ 个点,这 $n-2$ 个点所形成的凸 4 点组至少有 $f(n-2)$ 个,其中每个四边形至多恰含有 P 中的一个点 A_3,与前 C_{n-3}^2 个四边形都互异,证毕.

综上所述,命题获证.

20. 如果一个集合含有 3 个两两互素的数,则称之为好的.

依题意,$f(n)$ 具有这样的性质:任何连续 n 个正整数的任一个 $f(n)$ 元子集都是好的.

当 $n \geqslant 4$ 时,对任何正整数 m,考察集合 $M = \{m, m+1, m+2, \cdots, m+n-1\}$.

若 m 为奇数,则 $m, m+1, m+2$ 两两互质;

若 m 为偶数,则 $m+1, m+2, m+3$ 两两互质.

于是,任何连续 n 个正整数的 n 元子集(即本身)都是好的,所以 $f(n)$ 存在,且 $f(n) \leqslant n$.

设 $T_n = \{t \mid t \leqslant n+1, 且 2 \mid t 或 3 \mid t\}$,则 T_n 为 $\{2, 3, \cdots, n+1\}$ 的子集,但 T_n 不是好的.这是因为,对 T_n 中任何 3 个数,将其归入"2 的倍数"和"3 的倍数"这两个类,由抽屉原理,必有两个数属于同一类,这两个数不互质.所以,$f(n) \geqslant |T_n| + 1$.

由容斥原理得

$$|T_n| = \left[\frac{n+1}{2}\right] + \left[\frac{n+1}{3}\right] - \left[\frac{n+1}{6}\right],$$

所以

$$f(n) \geq \left[\frac{n+1}{2}\right] + \left[\frac{n+1}{3}\right] - \left[\frac{n+1}{6}\right] + 1.$$

由此可知

$$f(4) \geq 4, \quad f(5) \geq 5, \quad f(6) \geq 5,$$
$$f(7) \geq 6, \quad f(8) \geq 7, \quad f(9) \geq 8.$$

此外,考虑连续 $n+1$ 个数的集合 $M = \{m, m+1, m+2, \cdots, m+n\}$,并设它的任一个 $f(n+1)$ 元子集都是好的.

注意到 $M = \{m, m+1, m+2, \cdots, m+n-1\} \bigcup \{m+n\} = M' \bigcup \{m+n\}$,对 M 的任一个 $f(n)+1$ 元子集 A,它至多有一个元素为 $m+n$,从而集合 A 至少有 $f(n)$ 个元素属于集合 $\{m, m+1, m+2, \cdots, m+n-1\}$.由 $f(n)$ 的意义知,这 $f(n)$ 个元素中必定有 3 个元素两两互质,从而该 $f(n)+1$ 元子集 A 是好的.所以,$f(n+1) \leq f(n) + 1$.

下面证明 $f(6) = 5$.

设 $x_1, x_2, x_3, x_4, x_5 \in \{m, m+1, m+2, \cdots, m+5\}$,则 $x_i (1 \leq i \leq 5)$ 中至多有 3 个为偶数,从而至少有 2 个为奇数.

若 $x_i (1 \leq i \leq 5)$ 中有 3 个奇数,则它们两两互质.

若 $x_i (1 \leq i \leq 5)$ 中有 2 个奇数、3 个偶数,则不妨设 x_1, x_2 为奇数,x_3, x_4, x_5 为偶数.当 $3 \leq i < j \leq 5$ 时,$|x_i - x_j| \leq (m+5) - m = 5$,但 $x_i - x_j$ 为偶数,所以 $|x_i - x_j| = 2$ 或 4,于是 $x_i \not\equiv x_j \pmod{3}$,$x_i \not\equiv x_j \pmod{5}$,从而 x_3, x_4, x_5 至多 1 个为 3 的倍数,也至多 1 个为 5 的倍数,于是至少 1 个既不是 3 的倍数又不是 5 的倍数,设这个数为 x_3.

考察 3 个数 x_1, x_2, x_3,因为 $1 \leqslant i < j \leqslant 3$ 时,$|x_i - x_j| \leqslant (m+5) - m = 5$,所以 x_i, x_j 的公因数不大于 5,但 x_3 既不是 3 的倍数又不是 5 的倍数,所以 $(x_1, x_3) = (x_2, x_3) = 1$.又 $x_1 - x_2$ 为偶数,所以 $|x_1 - x_2| = 2$ 或 4,所以 $(x_1, x_2) = 1$,即 x_1, x_2, x_3 两两互质,所以 $f(6) = 5$.

由 $f(7) \geqslant 6, f(7) \leqslant f(6) + 1 = 5 + 1 = 6$,有 $f(7) = 6$.

类似地,$f(8) = 7, f(9) = 8$.

这表明,当 $4 \leqslant n \leqslant 9$ 时,有

$$f(n) = \left[\frac{n+1}{2}\right] + \left[\frac{n+1}{3}\right] - \left[\frac{n+1}{6}\right] + 1 \qquad ①$$

下面用数学归纳法证明①式对所有大于 3 的正整数成立.

假设 $n \leqslant k (k \geqslant 9)$ 时①式成立,当 $n = k + 1$ 时,因为 $\{m, m+1, m+2, \cdots, m+k\} = \{m, m+1, m+2, \cdots, m+k-6\} \cup \{m+k-5, m+k-4, \cdots, m+k\}$,对于 $\{m, m+1, m+2, \cdots, m+k\}$ 的任何一个 $f(k-5) + f(6) - 1$ 元子集,由抽屉原理知,要么 $\{m, m+1, m+2, \cdots, m+k-6\}$ 中含有该子集的 $f(k-5)$ 个元素,而 $|\{m, m+1, m+2, \cdots, m+k-6\}| = k - 5 \geqslant 4$,这 $f(k-5)$ 个元素中必定有 3 个元素两两互质,从而该子集是好的;要么 $\{m+k-5, m+k-4, \cdots, m+k\}$ 中含有该子集的 $f(6)$ 个元素,而 $|\{m+k-5, m+k-4, \cdots, m+k\}| = 6 \geqslant 4$,这 $f(6)$ 个元素中必定有 3 个元素两两互质,从而该子集是好的.

所以 $f(k+1) \leqslant f(k-5) + f(6) - 1$,由归纳假设有

$$f(k+1) \leqslant \left(\left[\frac{k-5+1}{2}\right] + \left[\frac{k-5+1}{3}\right] - \left[\frac{k-5+1}{6}\right] + 1\right)$$
$$+ \left(\left[\frac{6+1}{2}\right] + \left[\frac{6+1}{3}\right] - \left[\frac{6+1}{6}\right] + 1\right) - 1$$
$$= \left(\left[\frac{k}{2}\right] - 2 + \left[\frac{k-1}{3}\right] - 1 - \left[\frac{k-4}{6}\right] + 1\right)$$

$$+ (3 + 2 - 1 + 1) - 1$$
$$= \left(\left[\frac{k}{2}\right] + 1 + \left[\frac{k-1}{3}\right] + 1 - \left[\frac{k-4}{6}\right] - 1\right) + 1$$
$$= \left[\frac{k+2}{2}\right] + \left[\frac{k+2}{3}\right] - \left[\frac{k+2}{6}\right] + 1,$$

①式成立.

故对所有大于 3 的正整数 n,有 $f(n) = \left[\frac{n+1}{2}\right] + \left[\frac{n+1}{3}\right] - \left[\frac{n+1}{6}\right] + 1$.

又可分段写出结果:

$$f(n) = \begin{cases} 4k + 1, & n = 6k, k \in \mathbf{N}^*, \\ 4k + 2, & n = 6k + 1, k \in \mathbf{N}^*, \\ 4k + 3, & n = 6k + 2, k \in \mathbf{N}^*, \\ 4k + 4, & n = 6k + 3, k \in \mathbf{N}^*, \\ 4k + 4, & n = 6k + 4, k \in \mathbf{N}^*, \\ 4k + 5, & n = 6k + 5, k \in \mathbf{N}^*. \end{cases}$$

21. 首先证明递归不等式:$f(n, k) \leqslant 2f(n-1, k)$.

对任何一个 T_n,令 $T_n = T_n^{(0)} \bigcup T_n^{(1)}$,其中 $T_n^{(i)}$ 是 T_n 中以 i 开头的元素构成的集合.

对 $T_n^{(i)}$ 中每一个元素,去掉第一分量之后,得到 X_{n-1} 中的一个元素,且任何两个元素之距 $|A_{n-1} - B_{n-1}| = |A_n - B_n|$,于是 $|T_n^{(i)}| \leqslant |T_{n-1}|_{\max}$.

所以
$$|T_n| = |T_n^{(0)}| + |T_n^{(1)}| \leqslant 2|T_{n-1}|_{\max} = 2f(n-1, k). \quad ①$$

下面证明:对 $k \geqslant 3$,有
$$f(k+1, k) \leqslant 2. \quad ②$$

否则,存在合乎条件的 T_{k+1},使 $|T_{k+1}| \geqslant 3$.

取 $A,B,C \in T_{k+1}$,其中不妨设 $A = (0,0,\cdots,0)$,用 $g(M)$ 表示集合 M 中分量 0 的个数,则由 $|A-B| \geq k$ 有 $g(B) \leq 1, g(C) \leq 1$,所以 $g(B)+g(C) \leq 2$,所以 $|B-C| \leq 2 < k$,矛盾,故②式成立.

所以,反复利用①式得
$$f(n,k) \leq 2f(n-1,k) \leq \cdots \leq 2^{n-k-1}f(k+1,k) \leq 2^{n-k}.$$

22. 为方便起见,称每张照片上中间的那位男士为主角,把照片上所有不同的人按下面的方法排成若干行:第 0 行由那些在任何照片上都找不到他父亲的人组成;第 $k+1$ 行($k=0,1,\cdots$)由那些在照片上有他的父亲且其父亲排在第 k 行的人组成.

以 r_k 表示第 k 行的主角数,t_k 表示第 k 行中非主角的人的个数,l_k 为第 k 行的人的父亲的总数.

由于每一个主角都可在照片上找到他的兄弟,于是有
$$l_k \leq \frac{1}{2}r_k + t_k \quad (k=1,2,\cdots),$$
又由于每一个主角在照片上都有他的儿子,则
$$r_k \leq l_{k+1} \quad (k=0,1,2,\cdots).$$
再注意到 $1 \leq \frac{1}{2}r_0 + t_0$,将这些不等式相加,得
$$(r_0+r_1+r_2+\cdots)+1$$
$$\leq \frac{1}{2}(r_0+r_1+r_2+\cdots)+t_0+t_1+t_2+\cdots,$$
即
$$1+\frac{1}{2}(r_0+r_1+r_2+\cdots) \leq t_0+t_1+t_2+\cdots,$$
即
$$(r_0+r_1+r_2+\cdots)+(t_0+t_1+t_2+\cdots)$$
$$\geq 1+\frac{3}{2}(r_0+r_1+r_2+\cdots)$$

$$= 1 + \frac{1}{2} \cdot 30 = 16.$$

这就是说,10张照片上不少于16个不同的人.

由下面的构图(图2.6)可知,恰有16个不同的人是可能的,其中 $1,2,\cdots,10$ 是主角,水平连线是兄弟,从上到下父与子相连,而10张照片分别为 $(3,1,2),(5,2,1),(7,3,4),(9,4,3),(11,5,6),(12,6,5),(13,7,8),(14,8,7),(15,9,10),(16,10,9)$.

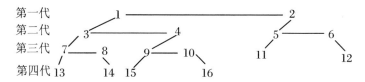

图 2.6

23. (1) 当 $n=3$ 时,$X=\{1,2,\cdots,7\}$,设集合 $A\subseteq\{1,2,\cdots,2^3-1\}$,且 A 满足条件(ⅰ),则 $1\in A,7\in A$.

由于 $\{1,m,7\}(m=2,3,\cdots,6)$ 不满足条件(ⅱ),所以 $|A|>3$.

又 $\{1,2,3,7\},\{1,2,4,7\},\{1,2,5,7\},\{1,2,6,7\},\{1,3,4,7\},\{1,3,5,7\},\{1,3,6,7\},\{1,4,5,7\},\{1,4,6,7\},\{1,5,6,7\}$ 都不满足条件(ⅱ),所以 $|A|>4$.

又集合 $\{1,2,4,6,7\}$ 满足条件(ⅰ)和(ⅱ),所以 $f(3)=5$.

(2) 首先证明:对任何正整数 $n\geqslant 3$,有

$$f(n+1)\leqslant f(n)+2. \qquad ①$$

事实上,设 $A\subseteq\{1,2,\cdots,2^n-1\}$,满足条件(ⅰ)和(ⅱ),且 A 的元素个数为 $f(n)$.

令 $B=A\cup\{2^{n+1}-2,2^{n+1}-1\}$,由于 $2^{n+1}-2>2^n-1$,故 $|B|=f(n)+2$.

又 $2^{n+1}-2=2(2^n-1),2^{n+1}-1=1+(2^{n+1}-2)$,所以集合 $B\subseteq\{1,2,\cdots,2^{n+1}-1\}$,且 B 满足条件(ⅰ)和(ⅱ),从而 $f(n+1)\leqslant$

$|B| = f(n) + 2.$

其次证明:对任何正整数 $n \geq 3$,有
$$f(2n) \leq f(n) + n + 1. \qquad ②$$

事实上,设 $A \subseteq \{1,2,\cdots,2^n-1\}$,满足条件(ⅰ)和(ⅱ),且 A 的元素个数为 $f(n)$.

令 $B = A \cup \{2(2^n-1), 2^2(2^n-1), \cdots, 2^n(2^n-1), 2^{2n}-1\}$,由于 $2(2^n-1) < 2^2(2^n-1) < \cdots < 2^n(2^n-1) < 2^{2n}-1$,所以 $B \subseteq \{1,2,\cdots,2^{2n}-1\}$,且 $|B| = f(n) + n + 1$.

而 $2^{k+1}(2^n-1) = 2^k(2^n-1) + 2^k(2^n-1)$ ($k=0,1,\cdots,n-1$),$2^{2n}-1 = 2^n(2^n-1) + (2^n-1)$,从而 B 满足条件(ⅰ)和(ⅱ),于是 $f(2n) \leq |B| = f(n) + n + 1.$

由①②式得
$$f(2n+1) \leq f(n) + n + 3. \qquad ③$$

反复利用②③式可得
$$f(100) \leq f(50) + 50 + 1 \leq f(25) + 25 + 1 + 51$$
$$\leq f(12) + 12 + 3 + 77 \leq f(6) + 6 + 1 + 92$$
$$\leq f(3) + 3 + 1 + 99 = 108.$$

3 递归数列项的性质研究

给定初值和递归关系,探求递归数列具有的性质,是递归数列中一类常见的问题,本章介绍这类问题的常用方法.

3.1 通 项 法

所谓通项法,就是借助递归数列的通项完成解题,一般是先求通项,然后给出相应的结论与证明.

例1 已知数列$\{a_0, a_1, a_2, \cdots\}$的项都是整数,且满足:

(1) $a_{n+1} = 3a_n - 3a_{n-1} + a_{n-2}, n = 2, 3, \cdots$;

(2) $2a_1 = a_0 + a_2 - 2$;

(3) 对任何$m \in \mathbf{N}$,在数列$\{a_0, a_1, a_2, \cdots\}$中必有相继的$m$项$a_k, a_{k+1}, \cdots, a_{k+m-1}$都是完全平方数.

求证:数列$\{a_0, a_1, a_2, \cdots\}$中的所有项都是完全平方数.(1992年全国中学生数学冬令营试题)

分析与证明 递归关系是常规的3阶常系数线性递归,可用特征根法先求通项.

其特征根容易求得,因为特征方程
$$x^3 = 3x^2 - 3x + 1$$

可由完全立方公式变成
$$(x-1)^3 = 1,$$
其三个根均为1,所以
$$\begin{aligned}a_n &= (an^2 + bn + c) \cdot 1^n \\ &= an^2 + bn + c \quad (a,b,c \text{ 为待定实数}).\end{aligned}$$

由初值,得
$$a_0 = c, \quad a_1 = a + b + c, \quad a_2 = 4a + 2b + c,$$
但 $2a_1 = a_0 + a_2 - 2$,所以
$$2(a + b + c) = c + (4a + 2b + c) - 2,$$
解得 $a = 1$,所以 $a_0 = c, a_1 = 1 + b + c$,则
$$c = a_0, \quad b = a_1 - a_0 - 1.$$
所以
$$a_n = n^2 + bn + c = \left(n + \frac{b}{2}\right)^2 + c - \frac{b^2}{4},$$
其中 $b = a_1 - a_0 - 1, c = a_0$ 为整数.

下面证明:b 为偶数,且 $c = \frac{b^2}{4}$,从而 $a_n = \left(n + \frac{b}{2}\right)^2$ 为完全平方数.

我们注意到这样的事实:对于给定的整数 b,若 $n + \frac{b-1}{2} < \sqrt{a_n} < n + \frac{b+1}{2}$,且 $\sqrt{a_n}$ 为整数,则 b 为偶数,且 $\sqrt{a_n} = n + \frac{b}{2}$.

实际上,若 b 为奇数,则 $n + \frac{b-1}{2}, n + \frac{b+1}{2}$ 是两个连续的整数,它们之间没有整数,矛盾.所以,b 为偶数,又 $n + \frac{b-1}{2} < \sqrt{a_n} < n + \frac{b+1}{2}$,且 $\sqrt{a_n}$ 为整数,则 $\sqrt{a_n} = n + \frac{b}{2}$.

于是,令

$$n + \frac{b-1}{2} < \sqrt{a_n} < n + \frac{b+1}{2},$$

得

$$\left(n + \frac{b-1}{2}\right)^2 < a_n < \left(n + \frac{b+1}{2}\right)^2,$$

即

$$\left(n + \frac{b-1}{2}\right)^2 < \left(n + \frac{b}{2}\right)^2 + c - \frac{b^2}{4} < \left(n + \frac{b+1}{2}\right)^2,$$

解得

$$n > \frac{(b-1)^2}{4} - c \quad \text{且} \quad n > c - \frac{(b+1)^2}{4}.$$

取 $n_0 = 1 + \max\left\{\frac{(b-1)^2}{4} - c, c - \frac{(b+1)^2}{4}\right\}$,则当 $n \geqslant n_0$ 时,有

$$n + \frac{b-1}{2} < \sqrt{a_n} < n + \frac{b+1}{2}.$$

由题设条件,对正整数 $n_0 + 1$,在数列 $\{a_0, a_1, a_2, \cdots\}$ 中必有相继的 $n_0 + 1$ 项 $a_k, a_{k+1}, \cdots, a_{k+n_0}$ 都是完全平方数.

于是,必存在正整数 $n \geqslant n_0$,使 a_n 是完全平方数,即 $\sqrt{a_n}$ 为整数.

由上面的讨论可知,b 为偶数,且 $\sqrt{a_n} = n + \frac{b}{2}$,所以 $a_n = \left(n + \frac{b}{2}\right)^2$ 为完全平方数.

例2 设 $r \in \mathbf{N}, a_1 = 1, a_{n+1} = \dfrac{na_n + 2(n+1)^{2r}}{n+2}(n \in \mathbf{N})$. 求证: $a_n \in \mathbf{N}(n \in \mathbf{N})$,并确定哪些 a_n 为偶数.

分析与证明 因为 $a_{n+1} = \dfrac{na_n + 2(n+1)^{2r}}{n+2}$,所以

$$(n+2)a_{n+1} = na_n + 2(n+1)^{2r},$$

3 递归数列项的性质研究

$$(n+2)(n+1)a_{n+1} = (n+1)na_n + 2(n+1)^{2r+1},$$

令 $x_n = (n+1)na_n$，则

$$x_{n+1} = x_n + 2(n+1)^{2r+1},$$

迭代，得

$$x_n = 2\sum_{i=1}^{n} i^{2r+1},$$

$$(n+1)na_n = 2\sum_{i=1}^{n} i^{2r+1},$$

所以

$$a_n = \frac{2}{n(n+1)}\sum_{i=1}^{n} i^{2r+1} \qquad ①$$

由 $a+b \mid a^k+b^k$（k 为奇数），有

$$n+1 \mid i^{2r+1} + (n+1-i)^{2r+1},$$

又

$$2\sum_{i=1}^{n} i^{2r+1} = \sum_{i=1}^{n} i^{2r+1} + \sum_{i=1}^{n} (n+1-i)^{2r+1},$$

所以 $n+1 \Big| 2\sum_{i=1}^{n} i^{2r+1}$.

类似可知，$n \Big| 2\sum_{i=1}^{n} i^{2r+1}$.

但 $(n,n+1)=1$，所以 $n(n+1) \Big| 2\sum_{i=1}^{n} i^{2r+1}$，故 $a_n \in \mathbf{N}$ ($n \in \mathbf{N}$).

于是，由 ① 式可知

$$a_n \text{ 为偶数} \Leftrightarrow n(n+1) \Big| \sum_{i=1}^{n} i^{2r+1}. \qquad ②$$

(1) 若 n 为奇数，则由 $n \Big| 2\sum_{i=1}^{n} i^{2r+1}$，$(n,2)=1$，有 $n \Big| \sum_{i=1}^{n} i^{2r+1}$.

而 $(n,n+1)=1$，所以由 ② 式知

$$a_n \text{ 为偶数} \Leftrightarrow n+1 \Big| \sum_{i=1}^{n} i^{2r+1}. \qquad ③$$

因为 $n+1 \mid i^{2r+1}+(n+1-i)^{2r+1}$,所以

$$n+1 \Big| \sum_{i=1}^{\frac{n-1}{2}} i^{2r+1}+\sum_{i=1}^{\frac{n-1}{2}}(n+1-i)^{2r+1},$$

$$n+1 \Big| \sum_{i=1}^{\frac{n-1}{2}} i^{2r+1}+\sum_{i=\frac{n+3}{2}}^{n} i^{2r+1},$$

于是,由③式知

$$a_n \text{ 为偶数} \Leftrightarrow n+1 \Big| \left(\frac{n+1}{2}\right)^{2r+1}.$$

注意到

$$\frac{\left(\frac{n+1}{2}\right)^{2r+1}}{n+1}=\frac{(n+1)^{2r}}{2^{2r+1}}=\frac{1}{2}\left(\frac{n+1}{2}\right)^{2r},$$

所以

$$a_n \text{ 为偶数} \Leftrightarrow \frac{1}{2}\left(\frac{n+1}{2}\right)^{2r} \text{ 为整数} \Leftrightarrow \frac{n+1}{2} \text{ 为偶数} \Leftrightarrow 4 \mid n+1.$$

所以,当 n 为奇数时,则

$$a_n \text{ 为偶数} \Leftrightarrow 4 \mid n+1.$$

(2)若 n 为偶数,由类似的讨论可得

$$a_n \text{ 为偶数} \Leftrightarrow n \Big| \left(\frac{n}{2}\right)^{2r+1} \Leftrightarrow 4 \mid n.$$

综上所述,当且仅当 $n \equiv 0,3 \pmod{4}$ 时,a_n 为偶数.

例 3 设 $a_1=1, a_2=4, a_{n+1}=2a_n-a_{n-1}+\frac{1}{n}(a_n-a_{n-1}+1)$,对给定的正整数 p,令 $d_n=(a_n+p, a_{n+1}+p)$,求证 $\{d_n\}$ 是周期数列,并求出 d_n 的所有可能取值.(原创题)

分析与解 先求 a_n.

由题设条件,得

$$na_{n+1}=(2n+1)a_n-(n+1)a_{n-1}+1,$$

3 递归数列项的性质研究

我们期望寻找 f,使上述递归关系转化为 $f(n) = f(n-1)$ 的形式.

注意到左边含有 na_{n+1},从而右边应含有 $(n-1)a_n$,多余部分移动到左边,得

$$na_{n+1} - (n+2)a_n = (n-1)a_n - (n+1)a_{n-1} + 1,$$

至此,只需将两边的"常数项"分别变成 $f(n), f(n-1)$ 的形式.

引入待定函数 $an + b$,期望有

$$na_{n+1} - (n+2)a_n + (an + b)$$
$$= (n-1)a_n - (n+1)a_{n-1} + (an - a + b),$$

比较两式,有 $-a = 1$,而 b 可任意取值.为简单起见,取 $b = 0$,则有

$$na_{n+1} - (n+2)a_n - n = (n-1)a_n - (n+1)a_{n-1} - (n-1),$$

迭代,得

$$na_{n+1} - (n+2)a_n - n = a_2 - 3a_1 - 1 = 4 - 3 - 1 = 0,$$

所以

$$na_{n+1} = (n+2)a_n + n, \quad a_{n+1} = \frac{n+2}{n}a_n + 1.$$

再引入待定函数 $cn + d$,期望有

$$a_{n+1} + (cn + d) = \frac{n+2}{n}(a_n + cn - c + d).$$

比较两式,有

$$\frac{n+2}{n}(cn - c + d) - (cn + d) = 1,$$

去分母,得

$$(c-1)n + 2(d-c) = 0.$$

于是 $c = d = 1$,有

$$a_{n+1} + (n+1) = \frac{n+2}{n}(a_n + n),$$

即
$$\frac{a_{n+1}+n+1}{a_n+n}=\frac{n+2}{n}.$$

由此迭代,得

$$\frac{a_n+n}{a_1+1}=\frac{n+1}{n-1}\cdot\frac{n}{n-2}\cdot\frac{n-1}{n-3}\cdot\cdots\cdot\frac{4}{2}\cdot\frac{3}{1}=\frac{1}{2}n(n+1),$$

所以 $a_n+n=\frac{1}{2}n(n+1)\cdot(a_1+1)=n(n+1)$,故 $a_n=n^2$.

至此,问题变为:

对给定的正整数 p,令 $d_n=(a_n+p,a_{n+1}+p)$,其中 $a_n=n^2$.试证:$\{d_n\}$ 是周期数列,并求出 d_n 的所有可能取值.

从特例开始.

当 $p=1$ 时,a_n+1 与 d_n 的对应取值如表 3.1 所示.

表 3.1

a_n+1	2, 5, 10, 17, 26, 37, 50, 65, 82, 101, 122, 145, 170, …
$d_n=(a_n+1,a_{n+1}+1)$	1, 5, 1, 1, 1, 1, 5, 1, 1, 1, 1, 5, 1, …

由此不难发现,数列 $\{d_n\}$ 是以 $T_1=5$ 为周期的数列.

当 $p=2$ 时,$a_n=2+n^2$,类似列表 3.2.

表 3.2

a_n+1	3, 6, 11, 18, 27, 38, 51, 66, 83, 102, 123, 146, 171, …
$d_n=(a_n+2,a_{n+1}+2)$	3, 1, 1, 9, 1, 1, 3, 1, 1, 3, 1, 1, 9, …

不难发现,数列 $\{d_n\}$ 是以 $T_2=9$ 为周期的数列.

同样可知,当 $p=3$ 时,数列 $\{d_n\}$ 是以 $T_3=13$ 为周期的数列.

归纳通式:$p=1,T_1=5$;$p=2,T_2=9$;$p=3,T_3=13$.

由此不难发现一般规律:对任何正整数 p,数列 $\{d_n\}$ 是以 $T_p=4p+1$ 为周期的数列.

3 递归数列项的性质研究

此外,为了求出 d_n 的所有可能值,可利用辗转相除法"计算"最大公约数,由此发现如下的引理.

引理 设 $a_n = p + n^2, n = 1, 2, 3, \cdots$,对每个正整数 n,记 a_n 与 a_{n+1} 的最大公约数为 d_n,则
$$d_n = (4p+1, 2n+1).$$
实际上,注意到 $(4, 2n+1) = 1$,有
$$\begin{aligned} d_n &= (p+n^2, p+(n+1)^2) = (p+n^2, 2n+1) \\ &= (4p+4n^2, 2n+1) \quad (\text{第一个分量乘以 4 以便部分分解}) \\ &= (4p+1, 2n+1), \end{aligned}$$
引理获证.

现在借助上述引理,证明 d_n 的周期性:$d_{n+4p+1} = d_n$.实际上,有
$$d_{n+4p+1} = (4p+1, 2(n+4p+1)+1) = (4p+1, 2n+1) = d_n.$$
故 $4p+1$ 是数列的周期.

注 即使没有发现 $T = 4p+1$,也可通过上述引理,采用找充分条件的方法找到 T.

实际上,因为 $d_n = (4p+1, 2n+1)$,若 T 为周期,则 $d_{n+T} = d_n$,即
$$(4p+1, 2(n+T)+1) = (4p+1, 2n+1).$$
上述等式成立的一个充分条件为:$2T$ 是 $4p+1$ 的倍数,取 $T = 4p+1$ 即可.此时,有
$$\begin{aligned} d_{n+T} &= (4p+1, 2(n+T)+1) \\ &= (4p+1, 2n+1+2(4p+1)) \\ &= (4p+1, 2n+1) = d_n. \end{aligned}$$

(2) 下面求 d_n 的所有可能取值.

因为 $d_n = (4p+1, 2n+1)$,所以 $d_n \mid 4p+1$,即 d_n 是 $4p+1$ 的正因数.

一个自然的想法是:d_n 能否取到 $4p+1$ 的所有正因数呢? 也就

是说,对任何 $2r+1 \mid 4p+1(r \in \mathbf{N})$,是否存在正整数 t,使得 $d_t = 2r+1$?

结论是肯定的,设 $4p+1$ 的正因数为 $2r+1$,则 $2r+1 \mid 4p+1$. 于是:

当 $r>0$ 时,取 $t=r$,有 $d_r=(4p+1,2r+1)=2r+1$,所以 $2r+1 \in \{d_n\}$.

当 $r=0$ 时,观察发现,取 $t=2p+1$,有
$$d_{2p+1}=(4p+1,4p+3)=(4p+1,2)=1=2r+1,$$
所以 $2r+1 \in \{d_n\}$.

故 d_n 的一切取值为 $4p+1$ 的所有正因数.

例 4 设数列 $\{a_n\}$ 的定义如下:$a_1=0, a_2=2, a_3=3, a_{n+3}=a_n+a_{n+1}(n=1,2,3,\cdots)$. 求证:对任何质数 p,有 $p \mid a_p$.

分析与证明 递归关系是常规的 3 阶常系数线性递归,可用特征根法先求通项.

其特征根并不容易求得,解题一时陷入困境.再注意到解题目标,我们无须求出特征根的确切数值,只需将其用字母表示,得出通项的基本结构形式(我们称之为"形式通项"),然后借助这一表现形式完成结论的证明.

设特征方程 $x^3-x-1=0$ 的三个根分别为 α, β, γ,则存在常数 A, B, C,使
$$a_n = A\alpha^{n-1} + B\beta^{n-1} + C\gamma^{n-1}.$$
将初值条件代入,得
$$A+B+C=0, \quad A\alpha+B\beta+C\gamma=2, \quad A\alpha^2+B\beta^2+C\gamma^2=3.$$

又由韦达定理,有
$$\alpha+\beta+\gamma=0, \quad \alpha\beta+\gamma\alpha+\beta\gamma=1, \quad \alpha\beta\gamma=-1.$$

所以,由关于 A, B, C 的方程组解得
$$A=\alpha, \quad B=\beta, \quad C=\gamma,$$

故 $a_n = \alpha^n + \beta^n + \gamma^n$.

由递归关系及数学归纳法,易知 a_n 为整数.

(1) 当 $p=2$ 时,$2 \mid p_2$,结论成立.

(2) 当 $p=3$ 时,$3 \mid p_3$,结论成立.

(3) 当 $p \geqslant 5$ 时,p 为奇数,则
$$a_p = \alpha^p + \beta^p + \gamma^p = (-\beta-\gamma)^p + (-\alpha-\gamma)^p + (-\alpha-\beta)^p$$
$$= (-1)^p[(\alpha+\beta)^p + (\beta+\gamma)^p + (\alpha+\gamma)^p]$$
$$= -[(\alpha+\beta)^p + (\beta+\gamma)^p + (\alpha+\gamma)^p].$$

所以
$$2a_p = -[2(\alpha+\beta)^p + 2(\beta+\gamma)^p + 2(\alpha+\gamma)^p]$$
$$= -\sum_{k=0}^{p} C_p^k (\alpha^k \beta^{p-k} + \alpha^{p-k}\beta^k + \beta^k \gamma^{p-k} + \beta^{p-k}\gamma^k + \gamma^k \alpha^{p-k} + \gamma^{p-k}\alpha^k)$$
$$= -\sum_{k=0}^{p} C_p^k [(\alpha^k + \beta^k + \gamma^k)(\alpha^{p-k} + \beta^{p-k} + \gamma^{p-k}) - (\alpha^k + \beta^k + \gamma^k)]$$
$$= -\sum_{k=0}^{p} C_p^k (a_k a_{p-k} - a_p) = -\left[4a_p + \sum_{k=1}^{p-1} C_p^k (a_k a_{p-k} - a_p)\right].$$

解上述关于 a_p 的回归方程,得
$$6a_p = \sum_{k=1}^{p-1} C_p^k (a_k a_{p-k} - a_p).$$

因为 p 为质数,所以 $p \mid C_p^k$,故 $p \mid 6a_p$.

但 $p \geqslant 5$,$(p,6)=1$,所以 $p \mid a_p$.

直接利用递归关系法

在大多数情况下,求递归数列的通项是比较困难的.所谓直接利用递归关系法,就是避免递归数列的通项,仅仅利用递归关系完成某种结论的证明.

例1 数列 $\{a_n\}$ 满足 $a_1 = a > 2$,对任何正整数 n,$a_{n+1} =$

$\frac{a_n^2}{2(a_n-1)}$. 证明:对一切正整数 n,有 $a_n > 2$.

分析与证明 当 $n=1$ 时,结论显然成立.则

设 $n=k$ 时结论成立,即 $a_k > 2$,那么,当 $n=k+1$ 时,则

$$a_{k+1} = \frac{a_k^2}{2(a_k-1)} = \frac{1}{2} \cdot \frac{a_k^2}{a_k-1}$$
$$= \frac{1}{2} \cdot \frac{a_k^2-1+1}{a_k-1} = \frac{1}{2} \cdot \left[(a_k+1) + \frac{1}{a_k-1}\right]$$
$$= \frac{1}{2} \cdot \left[(a_k-1) + \frac{1}{a_k-1} + 2\right].$$

因为 $a_k > 2$,所以 $a_k - 1 > 0$,由平均值不等式,有

$$(a_k-1) + \frac{1}{a_k-1} \geq 2,$$

但若 $a_k - 1 = \frac{1}{a_k-1}$,则 $a_k - 1 = 1$,即 $a_k = 2$,与 $a_k > 2$ 矛盾.于是,上述不等式等号不成立,即有

$$(a_k-1) + \frac{1}{a_k-1} > 2,$$

所以

$$a_{k+1} = \frac{1}{2} \cdot \left[(a_k-1) + \frac{1}{a_k-1} + 2\right] > \frac{1}{2}(2+2) = 2.$$

综上所述,命题获证.

例 2 数列 $\{a_n\}$ 满足:$a_1 = \sqrt{3}$,$a_2 = 3$,且对任何正整数 n,有 $a_{n+2} = a_n + a_{n+1}$.试证:存在正整数 a,对一切正整数 n,有

$$\left(\frac{a+3}{a}\right)^n < a_n < \left(\frac{a+4}{a}\right)^n.$$

分析与证明 当 $n=1,2$ 时,要使

$$\left(\frac{a+3}{a}\right)^n < a_n < \left(\frac{a+4}{a}\right)^n,$$

则有
$$\frac{a+3}{a} < \sqrt{3} < \frac{a+4}{a}, \quad \left(\frac{a+3}{a}\right)^2 < 3 < \left(\frac{a+4}{a}\right)^2.$$
所以
$$(a+3)^2 < 3a^2 < (a+4)^2,$$
则
$$2a^2 - 6a - 9 > 0, \quad 2a^2 - 8a - 16 < 0,$$
解得 $4 < a < 6$,于是 $a = 5$.

下面用数学归纳法证明:对一切正整数 n,有 $\left(\frac{8}{5}\right)^n < a_n < \left(\frac{9}{5}\right)^n$.

对 n 归纳.当 $n = 1, 2$ 时,因为
$$\frac{8}{5} < \sqrt{3} < \frac{9}{5}, \quad \left(\frac{8}{5}\right)^2 < 3 < \left(\frac{9}{5}\right)^2,$$
所以结论成立.

设 $n = k-1, k$ 时结论成立,即
$$\left(\frac{8}{5}\right)^{k-1} < a_{k-1} < \left(\frac{9}{5}\right)^{k-1}, \quad \left(\frac{8}{5}\right)^k < a_k < \left(\frac{9}{5}\right)^k.$$
那么,以上两个不等式相加,得
$$\left(\frac{8}{5}\right)^{k-1} + \left(\frac{8}{5}\right)^k < a_{k-1} + a_k < \left(\frac{9}{5}\right)^{k-1} + \left(\frac{9}{5}\right)^k.$$

下面证明:
$$\left(\frac{8}{5}\right)^{k-1} + \left(\frac{8}{5}\right)^k > \left(\frac{8}{5}\right)^{k+1}, \quad \left(\frac{9}{5}\right)^{k-1} + \left(\frac{9}{5}\right)^k < \left(\frac{9}{5}\right)^{k+1}.$$
去分母,它们分别等价于
$$8^{k-1} \cdot 5^2 + 8^k \cdot 5 > 8^{k+1}, \quad 9^{k-1} \cdot 5^2 + 9^k \cdot 5 < 9^{k+1},$$
即
$$5^2 + 8 \cdot 5 > 8^2, \quad 5^2 + 9 \cdot 5 < 9^2,$$

这显然成立.所以

$$a_{k-1} + a_k < \left(\frac{9}{5}\right)^{k-1} + \left(\frac{9}{5}\right)^k < \left(\frac{9}{5}\right)^{k+1},$$

$$a_{k-1} + a_k > \left(\frac{8}{5}\right)^{k-1} + \left(\frac{8}{5}\right)^k > \left(\frac{8}{5}\right)^{k+1}.$$

所以,当 $n = k+1$ 时结论成立.

综上所述,命题获证.

例3 设 $a_0 = 0, a_1 = 1, a_n = 2a_{n-1} + a_{n-2}$,求证:$2^k \mid n$ 的充分必要条件是 $2^k \mid a_n$.(第29届 IMO 备选题)

分析与证明 先理解题意.取 $n = 12$ 来思考,此时有

$$2^0 \mid n, \quad 2^1 \mid n, \quad 2^2 \mid n, \quad 2^3 \nmid n,$$

从而题目的结论是

$$2^0 \mid a_n, \quad 2^1 \mid a_n, \quad 2^2 \mid a_n, \quad 2^3 \nmid a_n.$$

实际上,若 $2^3 \mid a_n$,则由必要性得 $2^3 \mid n$,矛盾.

由此可见,问题的实质是说,当 $2^r \| n$ 时,$2^r \| a_n$.

也就是说,2 在 n 中的指数与 2 在 a_n 中的指数是相同的,记 $\tau_2(x)$ 为 2 在 x 中的指数,则要证明 $\tau_2(n) = \tau_2(a_n)$.

假定 $\tau_2(n) = r$,下面证明

$$\tau_2(a_n) = r, \quad 即 \ 2^r \| a_n. \qquad ①$$

采用归纳法,注意当 n 变化时,r 有可能发生变化,也可能不发生变化,从而应对 2 在 n 中的指数 r 归纳(它实际上是对自然数一批一批地归纳,因为 $\tau_2(n) = r$ 时,相应的自然数有无数个).

当 $r = 0$ 时,$\tau_2(n) = 0$,即 n 为奇数(这样的 n 有无数个),要证 $2^0 \| a_n$,即证 a_n 为奇数.

这是一个子命题,再对所有奇数 n 归纳,当 $n = 1$ 时,$a_1 = 1$ 为奇数,结论成立,设 $n = 2k - 1$ 时 a_{2k-1} 为奇数,则当 $n = 2k + 1$ 时,$a_{2k+1} = 2a_{2k} + a_{2k-1}$ 为奇数,知结论成立.

于是,当 $r=0$ 时,命题①成立.

设命题①对自然数 r 成立,即 $\tau_2(n)=r$ 时,有 $\tau_2(a_n)=r(r\geqslant 0)$.

考虑 $r+1$ 的情形,此时,$\tau_2(n)=r+1$,不妨设 $n=2^{r+1}(2k+1)$,为了利用归纳假设,将 n 改写为
$$n=2^{r+1}(2k+1)=2\cdot 2^r(2k+1)=2n',$$
其中 $n'=2^r(2k+1)$.

目标为 $\tau_2(a_n)=r+1$,即 $\tau_2(a_{2n'})=r+1$.

条件为(利用归纳假设) $\tau_2(a_{n'})=r$(因为 $\tau_2(n')=r$).

于是,我们要研究 $a_{2n'}$ 与 $a_{n'}$ 的关系,这可先探求数列的通项公式 $a_n=?$.

易知
$$a_n=\frac{(1+\sqrt{2})^n}{2\sqrt{2}}-\frac{(1-\sqrt{2})^n}{2\sqrt{2}}.$$

此式过于复杂,为了简化,我们利用如下一个对偶结论.由二项式定理可知,若
$$(1+\sqrt{2})^n=A_n+B_n\sqrt{2},$$
其中 $A_n,B_n\in \mathbf{N}$,则
$$(1-\sqrt{2})^n=A_n-B_n\sqrt{2}.$$

两式相减,得
$$(1+\sqrt{2})^n-(1-\sqrt{2})^n=2\sqrt{2}B_n,$$
所以 $a_n=B_n$.

这表明 a_n 是 $(1+\sqrt{2})^n$ 的展开式中 $\sqrt{2}$ 的"系数".

由此可见,$a_{n'}$ 是 $(1+\sqrt{2})^{n'}$ 的展开式中 $\sqrt{2}$ 的"系数" $B_{n'}$,$a_{2n'}$ 是 $(1+\sqrt{2})^{2n'}$ 的展开式中 $\sqrt{2}$ 的"系数" $B_{2n'}$.

为求 $a_{n'}$ 与 $a_{2n'}$ 的关系,只需考察 $B_{n'}$ 与 $B_{2n'}$ 之间的关系.因为
$$(1+\sqrt{2})^{n'}=A_{n'}+B_{n'}\sqrt{2},\quad (1+\sqrt{2})^{2n'}=A_{2n'}+B_{2n'}\sqrt{2},$$

所以

$$A_{2n'} + B_{2n'}\sqrt{2} = (1+\sqrt{2})^{2n'} = [(1+\sqrt{2})^{n'}]^2 = (A_{n'} + B_{n'}\sqrt{2})^2$$
$$= A_{n'}^2 + 2B_{n'}^2 + 2A_{n'}B_{n'}\sqrt{2},$$

比较系数得 $B_{2n'} = 2A_{n'}B_{n'}$.

至此,要证 $2^{r+1} \| a_n = a_{2n'} = B_{2n'}$,只需证 $A_{n'}$ 为奇数. 实际上, 有

$$(1+\sqrt{2})^n(1-\sqrt{2})^n = (A_n + B_n\sqrt{2})(A_n - B_n\sqrt{2})$$
$$= A_n^2 - 2B_n^2,$$

$$(-1)^n = A_n^2 - 2B_n^2,$$

所以 A_n 为奇数.

综上所述,命题获证.

3.3 寻找新递归新数列法

在有些情况下,仅利用已有递归关系则难以使问题获解,此时,可考虑能否建立新的递归关系,综合利用这些递归关系完成某种结论的证明.或者构造一个新的数列,通过发现新数列的某种性质,使问题获解.

如何建立新的递归关系,通常有以下一些方法:一是直接由原递归关系变形,得出新的递归关系;二是由数列的初值特征,发现新的递归关系;三是猜想数列具有某种新的递归关系,引入待定参数,使递归关系相对确定,然后由初值确定其参数,最后证明题中数列满足所得的递归关系.

例1 数列 $\{a_n\}$ 满足:

$$a_0 = 1, \quad a_{n+1} = \frac{7a_n + \sqrt{45a_n^2 - 36}}{2} \quad (n \in \mathbf{N}).$$

试证:

(1) 对任意 $n \in \mathbf{N}, a_n$ 为正整数;

（2）对任意 $n \in \mathbf{N}, a_n a_{n+1} - 1$ 为平方数.

(2005 年全国高中数学联赛试题)

分析与证明 本题最初的解答很繁,我们通过构造新的递归关系得到一个非常简单的证法.

（1）因为

$$a_{n+1} = \frac{7a_n + \sqrt{45a_n^2 - 36}}{2},$$

所以

$$2a_{n+1} - 7a_n = \sqrt{45a_n^2 - 36},$$

平方得

$$4a_{n+1}^2 + 49a_n^2 - 14a_{n+1}a_n = 45a_n^2 - 36,$$
$$a_{n+1}^2 + a_n^2 - 7a_{n+1}a_n + 9 = 0. \qquad ①$$

递推一次得

$$a_n^2 + a_{n-1}^2 - 7a_{n-1}a_n + 9 = 0.$$

两式相减得

$$(a_{n+1} - 7a_n + a_{n-1})(a_{n+1} - a_{n-1}) = 0.$$

又

$$a_{n+1} = \frac{7a_n + \sqrt{45a_n^2 - 36}}{2} \geqslant \frac{7a_n}{2} > a_n,$$

所以

$$a_{n+1} = 7a_n - a_{n-1}. \qquad ②$$

因为 $a_0 = 1, a_1 = 5$,所以由数学归纳法得,对任意 $n \in \mathbf{N}, a_n$ 为正整数.

（2）由①式,得

$$7a_{n+1}a_n = a_{n+1}^2 + a_n^2 + 9,$$

所以

$$9a_{n+1}a_n = a_{n+1}^2 + a_n^2 + 2a_{n+1}a_n + 9 = (a_{n+1} + a_n)^2 + 9,$$

$$a_{n+1}a_n - 1 = \left(\frac{a_n + a_{n+1}}{3}\right)^2.$$

下面只需证明 $3 \mid a_{n+1} + a_n$.

实际上,由②式,有

$$a_{n+1} + a_n = 8a_n - a_{n-1} = 9a_n - (a_n + a_{n-1}),$$

利用数学归纳法,显然有 $3 \mid a_{n+1} + a_n$,命题获证.

例 2 设 $a_1 = 1, a_2 = 1, a_n = \dfrac{a_{n-1}^2 + 2}{a_{n-2}}$,求证:对一切自然数 n,a_n 为自然数.

分析与证明 由数学归纳法易知,$a_n > 0$.

设想:如果存在整数 p, q,使 $a_n = pa_{n-1} + qa_{n-2}$,则由数学归纳法可知,$a_n$ 为整数.下面设法找到合乎上述条件的整数 p, q.

因为 $a_3 = \dfrac{1+2}{1} = 3, a_4 = \dfrac{9+2}{1} = 11$.若 p, q 合乎条件,则有

$$3 = a_3 = pa_2 + qa_1 = p + q,$$
$$11 = a_4 = pa_3 + qa_2 = 3p + q,$$

解得 $p = 4, q = -1$,由此可猜想

$$a_n = 4a_{n-1} - a_{n-2}. \qquad ①$$

设①式对不大于 n 的自然数成立,考察 $n+1$ 的情形.

因为 $a_{n+1} = \dfrac{a_n^2 + 2}{a_{n-1}}$,递推一次有

$$a_n = \frac{a_{n-1}^2 + 2}{a_{n-2}} \quad (\text{可变形为 } 2 = a_n a_{n-2} - a_{n-1}^2),$$

所以

$$a_{n+1} = \frac{a_n^2 + 2}{a_{n-1}} = \frac{a_n^2 + a_n a_{n-2} - a_{n-1}^2}{a_{n-1}}$$
$$= \frac{a_n(a_n + a_{n-2}) - a_{n-1}^2}{a_{n-1}}$$

3 递归数列项的性质研究

$$= \frac{a_n(4a_{n-1}) - a_{n-1}^2}{a_{n-1}} = 4a_n - a_{n-1}.$$

由新的递归关系,利用数学归纳法可知,对一切自然数 n, a_n 为自然数.

注 新的递归关系也可以按下面的方法得出.

因为
$$a_n a_{n-2} = a_{n-1}^2 + 2, \quad a_{n+1} a_{n-1} = a_n^2 + 2,$$
两式相减得
$$a_{n+1} a_{n-1} - a_n a_{n-2} = a_n^2 - a_{n-1}^2,$$
观察等式右边的平方项,虽然"平方差"可以分解,但无法作进一步变形,从而应将"平方项"与其他项合并,发现可提取公因式.于是,有
$$a_{n-1}(a_{n+1} + a_{n-1}) = a_n(a_n + a_{n-2}).$$

我们的目标是期望构造 $f(n)$ 与 $f(n-1)$ 的关系,观察上式的结构,发现其中左边的 "$a_{n+1} + a_{n-1}$" 与右边的 "$a_n + a_{n-2}$" 是 $f(n)$ 与 $f(n-1)$ 的关系,而左边的 a_{n-1} 与右边的 a_n 是 $f(n-1)$ 与 $f(n)$ 的关系,需要"换边"重新搭配.

于是,有
$$\frac{a_{n+1} + a_{n-1}}{a_n} = \frac{a_n + a_{n-2}}{a_{n-1}}.$$
迭代,得
$$\frac{a_{n+1} + a_{n-1}}{a_n} = \frac{a_3 + a_1}{a_2} = 4,$$
由此得到新的递归关系.

例3 数列 $\{a_n\}$ 满足 $a_0 = 1, a_1 = 4, a_{n+1} = 14a_n - a_{n-1} - 6 (n \in \mathbf{N})$,求证:对一切 $n \in \mathbf{N}$, a_n 都是完全平方数.(原创题)

分析与证明 首先, $a_0 = 1 = 1^2, a_1 = 4 = 2^2, a_2 = 49 = 7^2$,所以 $n = 0, 1, 2$ 时结论成立.

假定对所有自然数 n,有 $a_n = x_n^2$,我们只需证明 x_n 为整数.为

此,我们希望建立 x_n 的递归关系.

由上可知,$x_0 = 1, x_1 = 2, x_2 = 7$.

假定有 $x_{n+1} = ax_n + bx_{n-1}$,其中 a, b 为待定参数,由初值求得 $a = 4, b = -1$.

于是,构造新数列 $\{x_n\}$,其中

$$x_0 = 1, \quad x_1 = 2, \quad x_{n+1} = 4x_n - x_{n-1}.$$

下面证明:

$$a_n = x_n^2 \quad \text{且} \quad x_n^2 + x_{n-1}^2 + 3 - 4x_n x_{n-1} = 0 \quad (n \geqslant 1).$$

先证 $x_n^2 + x_{n-1}^2 + 3 - 4x_n x_{n-1} = 0$.

实际上,因为 $x_{n+1} = 4x_n - x_{n-1}$,所以

$(x_n^2 + x_{n-1}^2 + 3 - 4x_n x_{n-1}) - (x_{n-1}^2 + x_{n-2}^2 + 3 - 4x_{n-1} x_{n-2})$

$= (x_n - x_{n-2})(x_n + x_{n-2} - 4x_{n-1}) = 0,$

则

$$x_n^2 + x_{n-1}^2 + 3 - 4x_n x_{n-1} = x_{n-1}^2 + x_{n-2}^2 + 3 - 4x_{n-1} x_{n-2}$$
$$= \cdots = x_1^2 + x_0^2 + 3 - 4x_1 x_0 = 0.$$

再证 $a_n = x_n^2$.

对 n 归纳.当 $n = 0, 1, 2$ 时,由上面的讨论可知,结论成立.

设结论对自然数 n 成立,则对自然数 $n+1$,有

$a_{n+1} - x_{n+1}^2$

$= 14a_n - a_{n-1} - 6 - (4x_n - x_{n-1})^2$

$= 14 x_n^2 - x_{n-1}^2 - 6 - (4x_n - x_{n-1})^2$

$= -2(x_n^2 + x_{n-1}^2 + 3 - 4x_n x_{n-1})$ (由此看出要加强命题)

$= 0.$

所以结论成立.

显然,由数学归纳法可知,对一切自然数 n,有 $x_n \in \mathbf{Z}$,故对一切 $n \in \mathbf{N}$,a_n 都是完全平方数.

例 4 设 $a_1 = 2, a_2 = 7$,对任何 $n > 1$,a_n 为整数且满足下述不

3 递归数列项的性质研究

等式:

$$-\frac{1}{2} < a_{n+1} - \frac{a_n^2}{a_{n-1}} \leqslant \frac{1}{2}.$$

求证:对一切自然数 $n>1$,a_n 为奇数.

分析与证明 易知,$a_3 = 25$,$a_4 = 89$.

设想:如果存在整数 p,q,使 $a_n = pa_{n-1} + qa_{n-2}$,则由数学归纳法不难证明命题成立.

由初值可知

$$25 = a_3 = 7p + 2q, \quad 89 = a_4 = 25p + 7q,$$

解得 $p=3$,$q=2$.

因此,我们猜想:$a_n = 3a_{n-1} + 2a_{n-2}$.

显然,若此递归关系成立,则原结论成立.

设新递归关系对不大于 n 的自然数成立,即对 $k = 3,4,\cdots,n$,有

$$a_k = 3a_{k-1} + 2a_{k-2}. \qquad ①$$

此外,由 $\{a_n\}$ 的定义,有

$$\left| a_n - \frac{a_{n-1}^2}{a_{n-2}} \right| \leqslant \frac{1}{2},$$

去分母,得

$$| a_n a_{n-2} - a_{n-1}^2 | \leqslant \frac{1}{2} | a_{n-2} |. \qquad ②$$

考察 $n+1$ 的情形,要证 $a_{n+1} = 3a_n + 2a_{n-1}$.

因为 $3a_n + 2a_{n-1}$ 为整数,所以要证 $a_{n+1} = 3a_n + 2a_{n-1}$,只需证明

$$-\frac{1}{2} < 3a_n + 2a_{n-1} - \frac{a_n^2}{a_{n-1}} \leqslant \frac{1}{2}.$$

这是因为如果 $-\frac{1}{2} < A - \frac{a_n^2}{a_{n-1}} \leqslant \frac{1}{2}$,$-\frac{1}{2} < B - \frac{a_n^2}{a_{n-1}} \leqslant \frac{1}{2}$,且 $A,B \in$

Z,则 $A = B$.

上式成立的一个充分条件是

$$\left| 3a_n + 2a_{n-1} - \frac{a_n^2}{a_{n-1}} \right| < \frac{1}{2},$$

去分母,即

$$| 3a_n a_{n-1} + 2a_{n-1}^2 - a_n^2 | < \frac{1}{2} | a_{n-1} |.$$

现在要由条件①②推出目标,应尽可能在目标中凑出归纳假设①中的结构,这样目标又变为

$$| a_n(3a_{n-1} - a_n) + 2a_{n-1}^2 | < \frac{1}{2} | a_{n-1} |.$$

将归纳假设 $3a_{n-1} - a_n = -2a_{n-2}$ 代入,目标又变为

$$| a_n(-2a_{n-2}) + 2a_{n-1}^2 | < \frac{1}{2} | a_{n-1} |,$$

$$| a_{n-1}^2 - a_n a_{n-2} | < \frac{1}{4} | a_{n-1} |.$$

利用数列定义有

$$| a_n a_{n-2} - a_{n-1}^2 | \leqslant \frac{1}{2} | a_{n-2} |,$$

所以只需证明

$$| a_{n-2} | < \frac{1}{2} | a_{n-1} |,$$

于是加强命题,证明

$$a_n = 3a_{n-1} + 2a_{n-2} \quad \text{且} \quad | a_n | > 2 | a_{n-1} |.$$

为了由 $a_n = 3a_{n-1} + 2a_{n-2}$ 容易证明 $|a_n| > 2|a_{n-1}|$,再将其加强为证明

$$a_n = 3a_{n-1} + 2a_{n-2}, \quad a_n > 2a_{n-1} > 0, \quad a_n \in \mathbf{Z}.$$

下面利用数学归纳法证之.

当 $n = 1, 2, 3$ 时,结论成立.

3 递归数列项的性质研究

设结论对不大于 n 的自然数成立,即

$$a_n = 3a_{n-1} + 2a_{n-2}, \quad a_{n-1} > 2a_{n-2} > 0.$$

又由 $\{a_n\}$ 的定义可知

$$\left| a_n - \frac{a_{n-1}^2}{a_{n-2}} \right| \leqslant \frac{1}{2},$$

所以

$$| a_n a_{n-2} - a_{n-1}^2 | \leqslant \frac{1}{2} | a_{n-2} |.$$

故

$$\begin{aligned} \left| 3a_n + 2a_{n-1} - \frac{a_n^2}{a_{n-1}} \right| &= \left| \frac{3a_n a_{n-1} + 2a_{n-1}^2 - a_n^2}{a_{n-1}} \right| \\ &= \left| \frac{a_n(3a_{n-1} - a_n) + 2a_{n-1}^2}{a_{n-1}} \right| \\ &= 2 \left| \frac{a_{n-1}^2 - a_n a_{n-2}}{a_{n-1}} \right| = 2 \frac{| a_{n-1}^2 - a_n a_{n-2} |}{| a_{n-1} |} \\ &\leqslant \frac{| a_{n-2} |}{| a_{n-1} |} = \frac{a_{n-2}}{a_{n-1}} < \frac{1}{2}, \end{aligned}$$

所以

$$-\frac{1}{2} < 3a_n + 2a_{n-1} - \frac{a_n^2}{a_{n-1}} < \frac{1}{2} \leqslant \frac{1}{2}.$$

但 $-\frac{1}{2} < a_{n+1} - \frac{a_n^2}{a_{n-1}} \leqslant \frac{1}{2}$,而满足 $-\frac{1}{2} < A - \frac{a_n^2}{a_{n-1}} \leqslant \frac{1}{2}$ 的整数 A 是唯一的,所以 $a_{n+1} = 3a_n + 2a_{n-1}$.

又 a_n, a_{n-1} 为正整数,所以 a_{n+1} 为正整数,且 $a_{n+1} = 3a_n + 2a_{n-1} > 2a_n$,命题获证.

另证 构造一个新的数列 $\{b_n\}$,验证它满足题设的递归关系.其中 $b_1 = 2 = a_1, b_2 = 7 = a_2$,而 $n > 2$ 时,$b_n = 3b_{n-1} + 2b_{n-2}$.

我们期望

$$\left|b_{n+1}-\frac{b_n^2}{b_{n-1}}\right|<\frac{1}{2},$$

通分得

$$\left|\frac{b_{n+1}b_{n-1}-b_n^2}{b_{n-1}}\right|<\frac{1}{2}.$$

要研究 $b_{n+1}b_{n-1}-b_n^2$ 的特征,不难发现 $\{b_{n+1}b_{n-1}-b_n^2\}$ 是等比数列,得

$$b_{n+1}b_{n-1}-b_n^2=(-2)^{n-2},$$

从而只需 $\dfrac{2^{n-2}}{b_{n-1}}<\dfrac{1}{2}$,即 $b_n>2^n$.

易知,$\{b_n\}$ 具有如下性质:

(1) 当 $n>1$ 时,$b_n>2^n$.

实际上,可对 n 归纳.首先,

$$b_2=7>2^2,\quad b_3=25>2^3.$$

设 $b_k>2^k$,$b_{k+1}>2^{k+1}$,则

$$b_{k+2}=3b_{k+1}+2b_k>3\cdot 2^{k+1}+2\cdot 2^k=4\cdot 2^{k+1}>2^{k+2}.$$

(2) 当 $n>1$ 时,$b_{n+1}b_{n-1}-b_n^2=(-2)^{n-2}$.

实际上,有

$$\begin{aligned}b_{n+2}b_n-b_{n+1}^2&=b_n(3b_{n+1}+2b_n)-b_{n+1}^2\\&=b_{n+1}(3b_n-b_{n+1})+2b_n^2\\&=b_{n+1}(-2b_{n-1})+2b_n^2\\&=-2(b_{n+1}b_{n-1}-b_n^2),\end{aligned}$$

所以 $\{b_{n+1}b_{n-1}-b_n^2\}$ 是等比数列,得

$$b_{n+1}b_{n-1}-b_n^2=(-2)^{n-2}.$$

由性质(1)和(2)得

$$\left|b_{n+1}-\frac{b_n^2}{b_{n-1}}\right|=\left|\frac{b_{n+1}b_{n-1}-b_n^2}{b_{n-1}}\right|=\frac{2^{n-2}}{b_{n-1}}<\frac{2^{n-2}}{2^{n-1}}=\frac{1}{2},$$

所以 b_n 满足与 a_n 同样的递归关系与初值,从而对一切正整数 n,有

$b_n = a_n$.

例 5 设 $a_1 = a_2 = a_3 = 1, a_n = \dfrac{1 + a_{n-1}a_{n-2}}{a_{n-3}}$. 求证:

(1) 对一切自然数 n, a_n 为自然数;

(2) $2 \mid a_n$ 等价于 $4 \mid n$.

分析与证明 本题实际上要证明:当 $n = 4r(r \in \mathbf{N})$ 时, $2 \mid a_n$;当 $n = 4r+1, 4r+2, 4r+3$ 时, $2 \nmid a_n$.

因此,可利用 k 到 $k+4$ 的"大跨度"数学归纳法.

首先由数学归纳法易知, $a_n > 0$.

我们设法将 a_n 用数列中的若干个项线性表出,由递归关系去分母得

$$a_{n+1}a_{n-2} = 1 + a_n a_{n-1}, \quad a_n a_{n-3} = 1 + a_{n-1}a_{n-2}.$$

两式相减,去掉常数 1,得

$$a_{n+1}a_{n-2} - a_n a_{n-3} = a_n a_{n-1} - a_{n-1}a_{n-2},$$
$$a_{n-2}(a_{n+1} + a_{n-1}) = a_n(a_{n-1} + a_{n-3}).$$

由数学归纳法可知, $a_n > 0$. 于是,有

$$\dfrac{a_{n+1} + a_{n-1}}{a_n} = \dfrac{a_{n-1} + a_{n-3}}{a_{n-2}}.$$

令

$$b_n = \dfrac{a_{n+1} + a_{n-1}}{a_n} \quad (n \geq 2),$$

则

$$b_n = b_{n-2} \quad (n \geq 3).$$

因为

$$b_2 = \dfrac{a_3 + a_1}{a_2} = 2, \quad b_3 = \dfrac{a_4 + a_2}{a_3} = 3,$$

所以,对一切偶数 $n \geq 2$,有 $b_n = 2$;对一切奇数 $n \geq 2$,有 $b_n = 3$.

所以, $n(n \geq 2)$ 为奇数时,则

$$\frac{a_{n+1}+a_{n-1}}{a_n}=3,$$

$$a_{n+1}=3a_n-a_{n-1};$$

$n(n\geqslant 2)$为偶数时,则

$$\frac{a_{n+1}+a_{n-1}}{a_n}=2,$$

$$a_{n+1}=2a_n-a_{n-1}.$$

利用上述两个关系,采用"$k\Rightarrow k+4$"的归纳法,不难导出结论.

注 上述两个关系可以统一为 $a_n=4a_{n-2}-a_{n-4}$.

实际上,两个递归关系变为:$n(n\geqslant 3)$为奇数时,$a_n=2a_{n-1}-a_{n-2}$;$n(n\geqslant 2)$为偶数时,$a_n=3a_{n-1}-a_{n-2}$.

于是,当 n 为奇数时,则

$$\begin{aligned}a_n&=2a_{n-1}-a_{n-2}=2(3a_{n-2}-a_{n-3})-a_{n-2}\\&=6a_{n-2}-2a_{n-3}-a_{n-2}\\&=6a_{n-2}-(a_{n-2}+a_{n-4})-a_{n-2}=4a_{n-2}-a_{n-4};\end{aligned}$$

类似地,当 n 为偶数时,则

$$\begin{aligned}a_n&=3a_{n-1}-a_{n-2}=3(2a_{n-2}-a_{n-3})-a_{n-2}\\&=6a_{n-2}-3a_{n-3}-a_{n-2}\\&=4a_{n-2}+(a_{n-2}-3a_{n-3})=4a_{n-2}-a_{n-4}.\end{aligned}$$

由 $a_n=4a_{n-2}-a_{n-4}$ 可知,$a_n\equiv a_{n-4}(\bmod 2)$,从而命题获证.

例6 设 a_n 是下述自然数 N 的个数,N 的各位数字之和为 n,且每位数字只能取 $1,3$ 或 4,求证:a_{2n} 是完全平方数,这里 $n=0,1,2,\cdots$.

分析与证明 设 $N=\overline{x_1x_2\cdots x_k}$,其中 $x_1,x_2,\cdots,x_k\in\{1,3,4\}$,且 $x_1+x_2+\cdots+x_k=n$.

假设 $n>4$,则删去 x_1 时,由于 x_1 可取 $1,3,4$,$x_2+x_3+\cdots+x_k=n-x_1$ 分别可取 $n-1,n-3,n-4$,故当 $n>4$ 时,有 $a_n=a_{n-1}+$

$a_{n-3} + a_{n-4}$.

这是一个 4 阶递归方程,下面通过代换,将其转化为 3 阶递归方程.实际上,有

$$\begin{aligned} a_{2n} &= a_{2n-1} + a_{2n-3} + a_{2n-4} \\ &= (a_{2n-2} + a_{2n-4} + a_{2n-5}) + a_{2n-3} + a_{2n-4} \\ &= a_{2n-2} + 2a_{2n-4} + (a_{2n-3} + a_{2n-5}) \\ &= a_{2n-2} + 2a_{2n-4} + (a_{2n-2} + a_{2n-6}) \\ &= 2a_{2n-2} + 2a_{2n-4} - a_{2n-6}. \end{aligned}$$

令 $b_n = a_{2n}$,则当 $n > 3$ 时,有

$$b_n = 2b_{n-1} + 2b_{n-2} - b_{n-3}.$$

因为 $b_1 = a_2 = 1^2, b_2 = a_4 = 2^2, b_3 = a_6 = 3^2$,而

$b_4 = 2b_3 + 2b_2 - b_1 = 18 + 8 - 1 = 5^2 = (2+3)^2$,

$b_5 = 2b_4 + 2b_3 - b_2 = 50 + 18 - 4 = 8^2 = (3+5)^2$,

由此想到,定义数列 $\{F_n\}$:

$$F_1 = 1, \quad F_2 = 2, \quad F_n = F_{n-1} + F_{n-2} \quad (n \geqslant 3),$$

然后用数学归纳法证明 $b_n = F_n^2$.

当 $n = 1, 2$ 时结论显然成立.

设 $n \leqslant k (k \geqslant 3)$ 时结论成立,于是

$$\begin{aligned} b_{k+1} &= 2b_k + 2b_{k-1} - b_{k-2} = 2F_k^2 + 2F_{k-1}^2 - F_{k-2}^2 \\ &= (F_k + F_{k-1})^2 + (F_k - F_{k-1})^2 - F_{k-2}^2 \\ &= F_{k+1}^2 + F_{k-2}^2 - F_{k-2}^2 = F_{k+1}^2, \end{aligned}$$

即当 $n = k+1$ 时命题成立.

由此可见,对一切正整数 $n \in \mathbf{N}^*$,b_n 是完全平方数,故 a_{2n} 是完全平方数.

例 7 设 $a, b, c, d \in \mathbf{Z}$,令 $k = 2(b^2 + a^2 d - abc)$,又 $y_0 = a^2$,$y_1 = b^2$,$y_{n+1} = (c^2 - 2d)y_n - d^2 y_{n-1} + kd^n$.求证:对一切自然数 n,y_n 为平方数.

分析与证明

$y_0 = a^2$, $y_1 = b^2$, $y_2 = (bc - ad)^2 = (c\sqrt{y_1} \pm d\sqrt{y_0})^2$,

$y_3 = [c(bc - ad) - bd]^2 = (c\sqrt{y_2} \pm d\sqrt{y_1})^2$.

由此猜想

$$y_n = (c\sqrt{y_{n-1}} \pm d\sqrt{y_{n-2}})^2 \quad (n \geq 2). \qquad ①$$

为证明①式成立，令

$x_0 = a$, $x_1 = b$, $x_2 = bc - ad$,

$x_3 = c(bc - ad) - bd$, $x_n = cx_{n-1} - dx_{n-2}$.

我们期望利用数学归纳法证明：$y_n = x_n^2$.

由于 $y_0 = x_0^2, y_1 = x_1^2, y_2 = x_2^2$，从而 $\{y_n\}$ 与 $\{x_n^2\}$ 的初值相同，只需证明 $\{y_n\}$ 与 $\{x_n^2\}$ 满足相同的递归关系，即证明

$$x_{n+1}^2 = (c^2 - 2d)x_n^2 - d^2 x_{n-1}^2 + kd^n. \qquad ②$$

对 n 归纳. 当 $n = 1$ 时，则

$(c^2 - 2d)x_1^2 - d^2 x_0^2 + kd$

$= (c^2 - 2d)b^2 - d^2 a^2 + 2(b^2 - a^2 d - abc)d$

$= b^2 c^2 - 2abcd + a^2 d^2 = (bc - ad)^2 = x_2^2$,

结论成立.

设结论对 $n-1$ 成立，考察自然数 n，利用 $x_{n+1} = cx_n - dx_{n-1}$ 知

$② \Leftrightarrow (cx_n - dx_{n-1})^2 = (c^2 - 2d)x_n^2 - d^2 x_{n-1}^2 + kd^n$

$\Leftrightarrow 2x_n^2 = 2cx_n x_{n-1} - 2dx_{n-1}^2 + kd^{n-1}$

$\Leftrightarrow x_n^2 = x_n(2cx_{n-1} - x_n) - 2dx_{n-1}^2 + kd^{n-1}$

$\Leftrightarrow x_n^2 = (cx_{n-1} - dx_{n-2})(2cx_{n-1} - cx_{n-1} + dx_{n-2})$

$\qquad - 2dx_{n-1}^2 + kd^{n-1}$

$\Leftrightarrow c^2 x_{n-1}^2 - d^2 x_{n-2}^2 - 2dx_{n-1}^2 + kd^{n-1} = x_n^2$

$\Leftrightarrow x_n^2 = (c^2 - 2d)x_{n-1}^2 - d^2 x_{n-2}^2 + kd^{n-1}$.

由归纳假设，上式成立，从而②式成立.

3 递归数列项的性质研究

最后,注意到 x_0,x_1 为整数,由②式知,对一切自然数 n,x_n 为整数.所以,对一切自然数 n,$y_n = x_n^2$ 为平方数.

例 8 设 $x_1 = a \neq -1$,a 为实数,对 $n \in \mathbf{N}^*$,$x_{n+1} = x_n^2 + x_n$.记 S_n, P_n 分别是序列 $y_1, y_2, y_3, \cdots$ 的前 n 项的和与积,其中 $y_n = \dfrac{1}{1+x_n}$.求证:$aS_n + P_n = 1 (n \in \mathbf{N}^*)$.(加拿大 Crux 杂志 1991 年问题 107)

分析与证明 目标 $aS_n + P_n = 1$ 表明 $aS_n + P_n$ 为常数,其差分数列为"0 数列",由此想到构造新数列

$$Q_n = aS_{n+1} + P_{n+1} - aS_n - P_n = P_n(y_{n+1} - 1) + ay_{n+1}.$$

变形为

$$Q_n - ay_{n+1} = P_n(y_{n+1} - 1).$$

将 n 换作 $n-1$,得

$$Q_{n-1} - ay_n = P_{n-1}(y_n - 1).$$

以上两式相除,得

$$\dfrac{Q_n - ay_{n+1}}{Q_{n-1} - ay_n} = \dfrac{y_n(y_{n+1} - 1)}{y_n - 1}. \qquad ①$$

由题给递归关系,有

$$\dfrac{1}{y_{n+1}} = \dfrac{1}{y_n^2} - \dfrac{1}{y_n} + 1,$$

其中 $y_1 = \dfrac{1}{1+a}$.上式变形,得

$$\dfrac{1}{y_{n+1}} - 1 = \dfrac{1}{y_n^2} - \dfrac{1}{y_n} = \dfrac{1 - y_n}{y_n^2},$$

$$\dfrac{1 - y_{n+1}}{y_{n+1}} = \dfrac{1 - y_n}{y_n^2},$$

$$\dfrac{1 - y_{n+1}}{1 - y_n} = \dfrac{y_{n+1}}{y_n^2},$$

$$\frac{y_n(1-y_{n+1})}{1-y_n} = \frac{y_{n+1}}{y_n},$$

代入①式,得

$$\frac{Q_n - ay_{n+1}}{Q_{n-1} - ay_n} = \frac{y_{n+1}}{y_n},$$

所以

$$Q_n y_n = Q_{n-1} y_{n+1}. \qquad ②$$

计算可得 $y_2 = \dfrac{1}{1+a+a^2}$. 于是,有

$$Q_1 = P_1(y_2 - 1) + ay_2 = \frac{1}{1+a}\left(\frac{1}{1+a+a^2} - 1\right) + \frac{a}{1+a+a^2}$$

$$= \frac{1 + a(1+a)}{(1+a)(1+a+a^2)} - \frac{1}{1+a} = 0.$$

所以,由数学归纳法及②式可知,对一切正整数 n,有

$$Q_n = \frac{y_{n+1}}{y_n} Q_{n-1} = 0,$$

故 $aS_n + P_n = aS_1 + P_1 = 1$.

例9 设 $a_1 = 4, a_2 = a_3 = (a^2 - 2)^2 (a > 2, a \in \mathbf{N})$, $a_n = a_{n-1}a_{n-2} - 2(a_{n-1} + a_{n-2}) - a_{n-3} + 8 (n \geq 4)$,求证:对任何 $n \in \mathbf{N}^*$,$2 + \sqrt{a_n}$ 为平方数.

分析与证明 因为递归方程非常复杂,求通项是不可取的. 如果考察数列 $\{a_n\}$ 的初值,由于 a 的值并不具体,数列 $\{a_n\}$ 的初值也不易求得.

因此,我们应研究递归方程的特点,期望由此找到突破点.

由"广义交叉法"不难发现

$$a_{n-1}a_{n-2} - 2(a_{n-1} + a_{n-2}) = (a_{n-1} - 2)(a_{n-2} - 2) + 4,$$

由此可见,递归关系可以变形为

$$a_n - 2 = (a_{n-1} - 2)(a_{n-2} - 2) \quad (a_{n-3} - 2).$$

这自然想到代换 $b_n = a_n - 2$,则有
$$b_n = b_{n-1}b_{n-2} - b_{n-3}.$$

进而想到构造新数列
$$P_0 = 2, \quad P_1 = a, \quad P_{n+2} = aP_{n+1} - P_n \quad (n \geqslant 0).$$

下面证明:对任何 $s \geqslant t \geqslant 0$,有
$$P_{s+t} + P_{s-t} = P_s P_t. \qquad ①$$

实际上,当 $t = 0$ 时,因为 $P_0 = 2$,所以①式显然成立.

当 $t = 1$ 时,因为 $P_1 = a$,①式变为
$$P_{s+1} + P_{s-1} = aP_s,$$
由给定的递归关系,它显然成立.

设结论①对 $t, t+1 (t \leqslant s-2)$ 成立,则
$$\begin{aligned}P_{s+(t+2)} + P_{s-(t+2)} &= P_{s+t+2} + P_{s-t-2} \\ &= (aP_{s+t+1} - P_{s+t}) + (aP_{s-t-1} - P_{s-t}) \\ &= a(P_{s+t+1} + P_{s-t-1}) - (P_{s+t} + P_{s-t}) \\ &= aP_s P_{t+1} - P_s P_t = P_s(aP_{t+1} - P_t) = P_s P_{t+2},\end{aligned}$$
所以,结论①成立.

在①式中,令 $s = t$,得 $P_{2s} + P_0 = P_s^2$,即
$$P_{2s} + 2 = P_s^2. \qquad ②$$

设 $\{F_n\}$ 为斐波那契数列,则
$$F_0 = 0, \quad F_1 = F_2 = 1, \quad F_{n+2} = F_{n+1} + F_n \quad (n \geqslant 0),$$
下面证明:
$$a_n = 2 + P_{4F_{n-1}} \quad (n \geqslant 1). \qquad ③$$

当 $n = 1$ 时,则 $a_1 = 4 = 2 + P_0 = 2 + P_{4F_0}$,结论③成立.

当 $n = 2, 3$ 时,则
$$\begin{aligned}a_2 = a_3 &= (a^2 - 2)^2 = 2 + (a^4 - 4a^2 + 2) \\ &= 2 + P_4 = P_{4F_1} = P_{4F_2},\end{aligned}$$
结论③成立.

设结论对小于 $n(n \geq 4)$ 的正整数成立,即
$$a_k = 2 + P_{4F_{k-1}} \quad (k \leq n-1, n \geq 4),$$
那么
$$a_n - 2 = (a_{n-1} - 2)(a_{n-2} - 2) - (a_{n-3} - 2)$$
$$= P_{4F_{n-2}} P_{4F_{n-3}} - P_{4F_{n-4}}.$$

在①式中,令 $s = 4F_{n-2}, t = 4F_{n-3}$,并注意到
$$F_{n-1} = F_{n-2} + F_{n-3}, \quad F_{n-4} = F_{n-2} - F_{n-3},$$
得
$$P_{4F_{n-2}} P_{4F_{n-3}} = P_{4F_{n-1}} + P_{4F_{n-4}},$$
所以
$$a_n - 2 = P_{4F_{n-2}} P_{4F_{n-3}} - P_{4F_{n-4}}$$
$$= (P_{4F_{n-1}} + P_{4F_{n-4}}) - P_{4F_{n-4}} = P_{4F_{n-1}},$$
所以 $a_n = P_{4F_{n-1}} + 2$,结论③成立.

由②③式有
$$2 + \sqrt{a_n} = 2 + \sqrt{2 + P_{4F_{n-1}}} \quad (利用 ③)$$
$$= 2 + \sqrt{(P_{2F_{n-1}})^2} \quad (利用 ②)$$
$$= 2 + P_{2F_{n-1}}$$
$$= (P_{F_{n-1}})^2. \quad (利用 ②)$$

综上所述,命题获证.

3.4 代换转化法及其他

有些递归关系是比较复杂的,通过代换,常常可以将之转化为我们熟悉的递归关系,使问题迎刃而解.

例1 设 $a_1 = 1, a_{n+1} = \dfrac{a_n}{2} + \dfrac{1}{4a_n}$,求证:对所有自然数 $n > 1$,

有 $\dfrac{2}{2a_n^2-1}$ 为平方数.

分析与证明 我们只需证明 $\sqrt{\dfrac{2}{2a_n^2-1}}$ 为整数,为此,令 $b_n = \sqrt{\dfrac{2}{2a_n^2-1}}$,则

$$a_n^2 = \dfrac{1}{b_n^2} + \dfrac{1}{2}.$$

由题给递归关系平方,得

$$a_{n+1}^2 = \dfrac{a_n^2}{4} + \dfrac{1}{16a_n^2} + \dfrac{1}{4},$$

$$\dfrac{1}{b_{n+1}^2} + \dfrac{1}{2} = \dfrac{1}{4}\left(\dfrac{1}{b_n^2}+\dfrac{1}{2}\right) + \dfrac{1}{16\left(\dfrac{1}{b_n^2}+\dfrac{1}{2}\right)} + \dfrac{1}{4}$$

$$= \dfrac{1}{4b_n^2} + \dfrac{1}{8} + \dfrac{1}{\dfrac{16}{b_n^2}+8} + \dfrac{1}{4}$$

$$= \dfrac{1}{4b_n^2} + \dfrac{3}{8} + \dfrac{b_n^2}{16+8b_n^2}.$$

两边通分、化简得

$$\dfrac{2+b_{n+1}^2}{2b_{n+1}^2} = \dfrac{1+2b_n^2+b_n^4}{2b_n^4+4b_n^2},$$

$$\dfrac{2+b_{n+1}^2}{b_{n+1}^2} = \dfrac{1+2b_n^2+b_n^4}{b_n^4+2b_n^2},$$

利用"分比定理"可得

$$b_{n+1}^2 = 2b_n^2(b_n^2+2). \qquad ①$$

此式右边不能开方(非完全平方),但将一部分因式迭代一次以后可以开方变成整式递归关系(一阶递归关系被化为二阶递归关系).

实际上,由①式迭代一次,得
$$b_{n+1}^2 = 2b_n^2(b_n^2 + 2)$$
$$= 2b_n^2[2b_{n-1}^2(b_{n-1}^2+2)+2]$$
$$= 4b_n^2(b_{n-1}^2+1)^2,$$

所以 $b_{n+1} = 2b_n(b_{n-1}^2 + 1)$.

注意到 $b_2 = 4, b_3 = 24$ 都是整数,所以对所有 $n > 1$, b_n 为整数.

另证 同上得到①式,于是 $b_{n+1} = b_n\sqrt{2(b_n^2+2)}$.

加强命题:对一切自然数 n,有 $b_n, \sqrt{2(b_n^2+2)} \in \mathbf{Z}$.

设 $n \leq k$ 时结论成立,则 $n = k+1$ 时,显然 $b_{k+1} = b_k\sqrt{2(b_k^2+2)} \in \mathbf{Z}$,且 $\sqrt{2(b_{k+1}^2+2)} = \sqrt{2[2b_k^2(b_k^2+2)+2]} = 2(b_k^2+1) \in \mathbf{Z}$,结论成立.

例 2 设 $a_k > 0, k = 1, 2, \cdots, 2\,008$,试证:当且仅当 $\sum_{k=1}^{2\,008} a_k > 1$ 时,存在数列 $\{x_n\}$ 满足以下条件:

（ⅰ） $0 = x_0 < x_n < x_{n+1}, n = 1, 2, 3, \cdots$;

（ⅱ） $\lim_{n \to \infty} x_n$ 存在;

（ⅲ） $x_n - x_{n-1} = \sum_{k=1}^{2\,008} a_k x_{n+k} - \sum_{k=0}^{2\,007} a_{k+1} x_{n+k}, n = 1, 2, 3, \cdots$.

(2008 年全国高中数学联赛试题)

分析与证明 本题属于数列中的存在性问题.对于必要性,目标为 $\sum_{k=1}^{2\,008} a_k > 1$,这已无法改进,从而应从条件入手.

本题共有 3 个条件,其中关键的是条件(ⅲ),它显然要利用错位技巧使两个求和上下限一致,将条件(ⅲ)变为
$$x_n - x_{n-1} = \sum_{k=1}^{2\,008} a_k x_{n+k} - \sum_{k=0}^{2\,007} a_{k+1} x_{n+k}$$
$$= \sum_{k=1}^{2\,008} a_k x_{n+k} - \sum_{k=1}^{2\,008} a_k x_{n+k-1}$$

$$= \sum_{k=1}^{2008} a_k(x_{n+k} - x_{n+k-1}),$$

至此,上式两边似乎可利用条件(ⅰ)求极限,但得到的是 $0=0$,属无效推理,从而要先对上式"求和"(数列中独有的消元方法)——将 n 换成 $1,2,\cdots,n-1,n$,然后求和,取极限即可产生目标中的 $\sum_{k=1}^{2008} a_k$. 实际上,各式相加,得

$$\begin{aligned} x_n &= \sum_{k=1}^{2008} a_k(x_{1+k} - x_k) + \sum_{k=1}^{2008} a_k(x_{2+k} - x_{k+1}) \\ &\quad + \sum_{k=1}^{2008} a_k(x_{3+k} - x_{k+2}) + \cdots + \sum_{k=1}^{2008} a_k(x_{n+k} - x_{n+k-1}) \\ &= \sum_{k=1}^{2008} a_k\big[(x_{1+k} - x_k) + (x_{2+k} - x_{k+1}) \\ &\quad + (x_{3+k} - x_{k+2}) + \cdots + (x_{n+k} - x_{n+k-1})\big] \\ &= \sum_{k=1}^{2008} a_k(x_{n+k} - x_k). \end{aligned}$$

由条件(ⅱ)可设 $b = \lim_{n \to \infty} x_n$,将上式取极限得

$$b = \sum_{k=1}^{2008} a_k(b - x_k) < \sum_{k=1}^{2008} a_k \cdot b = b\sum_{k=1}^{2008} a_k,$$

故 $\sum_{k=1}^{2008} a_k > 1$.

对于充分性,显然应从目标入手.

所要构造的对象需要同时满足 3 个要求,其中关键是如何满足条件(ⅲ)的要求.同样将条件(ⅲ)变为

$$x_n - x_{n-1} = \sum_{k=1}^{2008} a_k(x_{n+k} - x_{n+k-1}).$$

注意到上式中 $x_n - x_{n-1}, x_{n+k} - x_{n+k-1}$ 的结构相同,都是数列 $\{x_n\}$ 的相邻两项之差,从而可引入变量代换:令 $y_n = x_n - x_{n-1}$,则上式变为

$$y_n = \sum_{k=1}^{2008} a_k y_{n+k}. \quad ①$$

为了找到数列$\{y_n\}$满足①式，可尝试特殊数列，比如等比数列，期望y_{n+k}可分离出因子y_n来（等式左边有y_n），这里取$y_n = p^n$（其中p是待定常数）即可，此时$y_{n+k} = y_k \cdot y_n$，于是①式变为

$$y_n = \sum_{k=1}^{2008} a_k(y_k \cdot y_n) = \sum_{k=1}^{2008}(a_k y_k) \cdot y_n = y_n \cdot \sum_{k=1}^{2008} a_k y_k,$$

所以$\sum_{k=1}^{2008} a_k y_k = 1$，即$\sum_{k=1}^{2008} a_k p^k = 1$，这就是$p$需要满足的条件之一. 此外，$p$还要使得

$$x_n = y_1 + y_2 + \cdots + y_n = p^1 + p^2 + \cdots + p^n$$

满足条件（i）和条件（ii）. 其中条件（i）显然满足，而条件（ii）只需$0 < p < 1$.

于是，p是方程$f(x) = \sum_{k=1}^{2008} a_k x^k - 1 = 0$在$(0,1)$中的根.

利用$f(x)$的单调性（或中间值定理），可知这样的p存在.

实际上，由于$\sum_{k=1}^{2008} a_k > 1$，则多项式函数$f(x) = \sum_{k=1}^{2008} a_k x^k - 1$在$[0,1]$上是递增函数，且

$$f(0) = -1 < 0, \quad f(1) = \left(\sum_{k=1}^{2008} a_k\right) - 1 > 0,$$

因此方程$f(x) = 0$在$(0,1)$内有唯一的根$x = p$，即$f(p) = 0$.

取$x_n = p^1 + p^2 + \cdots + p^n$，$n = 1, 2, 3, \cdots$，则显然$\{x_n\}$满足题设条件（i），且

$$x_n = \sum_{k=1}^{n} p^k = \frac{p(1-p^n)}{1-p},$$

$$\lim_{n \to \infty} x_n = \lim_{n \to \infty} \frac{p(1-p^n)}{1-p} = \frac{p}{1-p},$$

即$\{x_n\}$满足条件（ii）.

最后验证 $\{x_n\}$ 满足条件(ⅲ),因为 $f(p) = 0$,即 $\sum_{k=1}^{2008} a_k p^k = 1$,从而

$$x_n - x_{n-1} = p^n = \left(\sum_{k=1}^{2008} a_k p^k\right) p^n$$

$$= \sum_{k=1}^{2008} a_k p^k p^n = \sum_{k=1}^{2008} a_k p^{k+n}$$

$$= \sum_{k=1}^{2008} a_k (x_{n+k} - x_{n+k-1}).$$

综上所述,存在数列 $\{x_n\}$ 满足条件(ⅰ)(ⅱ)(ⅲ).

例 3 设 $f_1(x) = x + [\sqrt[k]{x}]$,其中 k 是大于 1 的正整数,$f_n(x) = f_1(f_{n-1}(x))$($n \geq 2$),证明:对每一个确定的正整数 m,数列 $\{f_n(m)\}$ 中至少包含一个整数的 k 次方.

分析与证明 因为对任何正整数 j,在 j^k 之后的第一个 k 次方为

$$(j+1)^k = j^k + C_k^1 j^{k-1} + \cdots + C_k^{k-1} j + 1,$$

对每个 m,必存在 j,使得 $j^k \leq m < (j+1)^k$,于是可将 m 表示成

$$m = j^k + \alpha j + \beta,$$

其中 $j, \alpha, \beta \in \mathbf{Z}$,且

$$0 \leq \alpha \leq C_k^1 j^{k-2} + \cdots + C_k^{k-1} = t, \quad 0 \leq \beta < j.$$

这时,不难知道,$[m^{\frac{1}{k}}] = j$,我们称 β 为 m 的"尾数".

(1) 当 $\alpha = 0, 0 < \beta < j$ 时,$m = j^k + \beta$.于是,有

$$f_1(m) = j^k + \beta + j,$$
$$f_2(m) = j^k + j + \beta + j = j^k + 2j + \beta, \cdots$$

当 $r = C_k^1 j^{k-2} + \cdots + C_k^{k-1} = t$ 时,则

$$f_r(m) = j^k + C_k^1 j^{k-1} + \cdots + C_k^{k-1} j + 1 + (\beta - 1)$$
$$= (j+1)^k + (\beta - 1).$$

所以，$f_r(m)$ 要么是一个 k 次方（$\beta=1$），要么是比 m 的尾数少 1 的数（$\beta>1$），继续下去，必定存在一个 s，使得 $f_s(m)$ 为 k 次方.

(2) 当 $0<\alpha\leqslant t, 0\leqslant\beta<j$ 时，$m=j^k+\alpha j+\beta$. 于是，有
$$f_1(m)=j^k+\alpha j+\beta+j, \quad f_2(m)=j^k+(\alpha+1)j+\beta.$$
当 $r=C_k^1 j^{k-2}+\cdots+C_k^{k-1}-\alpha=t-\alpha$ 时，则
$$f_r(m)=j^k+C_k^1 j^{k-1}+\cdots+C_k^{k-1}j+\beta.$$
若 $\beta=1$，则 $f_r(m)=(j+1)^k$；

若 $\beta\geqslant 2$，则 $f_r(m)=(j+1)^k+\beta-1$，化归为 (1)；

若 $\beta=0$，则
$$\begin{aligned}f_{r+1}(m)&=f_r(m)+[f_r(m)^{\frac{1}{k}}]\\&=(j+1)^k-1+[(j^k+C_k^1 j^{k-1}+\cdots+C_k^{k-1}j)^{\frac{1}{k}}]\\&=(j+1)^k+(j-1).\end{aligned}$$

若 $j=1$，则结论成立；

若 $j>1$，则 $f_{r+1}(m)=(j+1)^k+(j-1)$ 是 (1) 中的"m 型"数，由 (1)，结论成立.

(3) 当 $\alpha=\beta=0$ 时，$m=j^k$，$f_1(m)=j^k+j$ 是 (1) 中的"m 型"数，由 (1)，结论成立.

另解 对任意正整数 m，不妨设 $A^k\leqslant m<(A+1)^k$，$A\in\mathbf{N}^*$，令 $m=A^k+b$，则
$$f_1(m)=A^k+b+A.$$
若仍有 $A^k\leqslant f_1(m)<(A+1)^k$，则
$$f_2(m)=A^k+b+2A,$$
所以 $f_2(m)-f_1(m)=A$. 由此可见，若正整数 m 满足 $A^k\leqslant m<(A+1)^k$，则
$$f(f(m))-f(m)=A. \qquad ①$$

反复进行 f 迭代，由于每一次 f 迭代的增量

$$f_{i+1}(m) - f_i(m) = A \geqslant 1,$$

故必存在 $a_1 \in \mathbf{N}^*$,使得

$$f_{a_1}(m) \geqslant (A+1)^k \quad 且 \quad f_{a_1-1}(m) < (A+1)^k,$$

即

$$(A+1)^k \leqslant f_{a_1}(m) < A + (A+1)^k. \qquad ②$$

令 $f_{a_1}(m) = (A+1)^k + p, p \in \mathbf{N}$,若 $p = 0$,则命题获证;若 $p \neq 0$,则由②式知,$0 < p < A$,且

$$(A+1)^k \leqslant f_{a_1}(m) < (A+2)^k. \qquad ③$$

再对 $f_{a_1}(m)$ 进行 f 迭代,利用结论①可知,在③式的限定下每次 f 迭代的增量为 $A+1$,于是必存在 $a_2 \in \mathbf{N}^*, a_2 > a_1$,使得

$$f_{a_2-1}(m) < (A+2)^k \quad 且 \quad f_{a_2}(m) \geqslant (A+2)^k,$$

即

$$(A+2)^k \leqslant f_{a_2}(m) < (A+1) + (A+2)^k.$$

设 $f_{a_2}(m) = (A+2)^k + q, q \in \mathbf{N}$.若 $q = 0$,则命题获证;若 $q \neq 0$,则 $0 < q < A+1$,且注意到 $f_{a_2}(m) \equiv f_{a_1}(m) \pmod{A+1}$(是因为每次 f 迭代的增量为 $A+1$),有

$$(A+2)^k + q \equiv (A+1)^k + p,$$

所以

$$q \equiv p - 1 \pmod{A+1}.$$

但 $0 < p, q < A+1$,所以 $p - 1 = q$.于是,有

$$f_{a_2}(m) = (A+2)^k + (p-1).$$

上式表明,从 $f_{a_1}(m) = (A+1)^k + p$ 到 $f_{a_2}(m) = (A+2)^k + (p-1)$,使"底"$A+1$ 增加 1(变为 $A+2$),且使"尾"p 减少 1(变为 $p-1$).

令 $g(x) = f_{a_2-a_1}(x)$,则

$$g_1(f_{a_1}(m)) = (A+2)^k + (p-1),$$

$$g_2(f_{a_1}(m)) = (A+3)^k + (p-2),$$

……

$$g_p(f_{a_1}(m)) = (A + p + 1)^k + (p - p) = (A + p + 1)^k.$$

证毕.

例 4 一个一个地写出 2^{n-1} 个不同的数列,它们的长度都是 n,且皆由 $0,1$ 组成,已知对于这些数列中的任何三个,都存在数 p,它们的第 p 项都为 1.证明:存在数 k,所有数列的第 k 项都是 1,并求这样的数 k 的个数的最大值.

分析与解 对于数列 $a = (a_1, a_2, \cdots, a_n)$, $b = (b_1, b_2, \cdots, b_n)$,若存在数 k,使 $a_k = b_k$,则称 a_k 是它们的公共项.

所有长为 n 的 $0,1$ 数列的集合记为 I,题给的数列的集合记为 A,我们证明:A 中存在两个数列 a, b,它们仅有一个公共项.

实际上,对 $a = (a_1, a_2, \cdots, a_n)$,记 $\overline{a} = (\overline{a_1}, \overline{a_2}, \cdots, \overline{a_n})$,其中 $\overline{1} = 0, \overline{0} = 1$.

构造集合 $B = \{a \mid \overline{a} \in A\}$.易知 $A \cup B = I$, $A \cap B = \varnothing$(因为 A 中任何两个数列有公共项).

反设不存在恰有一个公共项的两个数列,那么任取数列 $a = (a_1, a_2, \cdots, a_n) \in A$,则

对任何 $i \in \mathbf{N}(1 \leqslant i \leqslant n)$,令

$$a(i) = (\overline{a_1}, \overline{a_2}, \cdots, \overline{a_{i-1}}, a_i, \overline{a_{i+1}}, \overline{a_{i+2}}, \cdots, \overline{a_n}),$$

因为 $a(i)$ 与 a 只有一个公共项,所以 $a(i) \notin A$,即 $a(i) \in B$,则

$$\overline{a(i)} = (a_1, a_2, \cdots, a_{i-1}, \overline{a_i}, a_{i+1}, a_{i+2}, \cdots, a_n) \in A.$$

由此可知,如果 $a = (a_1, a_2, \cdots, a_n) \in A$,则 $(\overline{a_1}, a_2, \cdots, a_n) \in A$,再对 $(\overline{a_1}, a_2, \cdots, a_n)$ 运用上述结论,有

$$(\overline{a_1}, \overline{a_2}, a_3, \cdots, a_n) \in A,$$

如此下去,有 $\overline{a} = (\overline{a_1}, \overline{a_2}, \cdots, \overline{a_n}) \in A$.

但 a 与 $\overline{a}$ 无公共项,与 A 中任何 3 个项都有公共项矛盾.

设 a,b 是恰有一个公共项的两个数列,其中 $a_k = b_k$.

对任何一个数列 x, a,b,x 有一个公共项. 于是, x 的第 k 项为 1, 从而所有数列的第 k 项都为 1.

最后,我们证明上述数 k 是唯一存在的.

反设有两个数 k,t,使对任何 $a = (a_1, a_2, \cdots, a_n)$,有 $a_k = a_t = 1$,那么, $a = (a_1, a_2, \cdots, a_n)$ 除第 k, t 两项外,其余各项可取 0 或 1,有两种选择,从而最多只有 2^{n-2} 个数列,矛盾.

另解 若 $n = 1, 2$,则结论显然成立.

若 $n \geqslant 3$,则将题给的 2^{n-1} 个数列的集合记为 M.

对任何一个由 0, 1 排成的长为 n 的数列 $A = (a_1, a_2, \cdots, a_n)$,定义
$$\bar{A} = (\bar{a_1}, \bar{a_2}, \cdots, \bar{a_n}),$$
其中 $\bar{1} = 0, \bar{0} = 1$.

我们证明:
$$A, \bar{A} \text{ 中恰有一个属于 } M. \qquad ①$$

实际上,若 $A, \bar{A}$ 都属于 M,由于 $|M| = 2^{n-1} \geqslant 2^2 = 4$,可取 M 中三个不同的数列 $A, \bar{A}, B$,依题意,它们在某个位置上都为 1,这与 $A, \bar{A}$ 的定义矛盾.

另外,长为 n 的 0, 1 数列恰有 2^n 个,而 $A, \bar{A}$ 中最多有一个属于 M,于是
$$|M| \leqslant \frac{1}{2} \cdot 2^n = 2^{n-1}.$$

但 $|M| = 2^{n-1}$,不等式等号成立,所以 $A, \bar{A}$ 中恰有一个属于 M.

定义:若数列 A 中恰有 i 个 1,则称为 $i(1)$ 数列;若恰有 i 个 0,则称为 $i(0)$ 数列.

我们证明: M 中必有 1(1) 数列.

实际上,反设 M 中无 1(1) 数列,则由结论①,所有的 1(0) 数列

都属于 M.

若 M 中有一个 2(1) 数列,设为
$$A = (0, 0, \cdots, 1, 0, \cdots, 0, 1, 0, \cdots, 0),$$
其中第 i, j 两项为 1,则取 M 中两个 1(0) 数列:

$A_i = (1, 1, \cdots, 1, 0, 1, \cdots, 1)$, 其中第 i 项为 0;

$A_j = (1, 1, \cdots, 1, 0, 1, \cdots, 1)$, 其中第 j 项为 0.

此时没有一个位置,使 A, A_i, A_j 在该位置上都是 1,与题意矛盾.

于是,M 中无 2(1) 数列.

一般地,若 M 中没有 1(1) 数列,2(1) 数列,$\cdots$,$k(1)$ 数列,则所有的 $1(0), 2(0), \cdots, k(0)$ 数列都在 M 中.

如果 M 中存在 $k+1(1)$ 数列 A,其中第 $i_1, i_2, \cdots, i_{k+1}$ 项都是 1,取 M 中的一个 1(0) 数列 B,其中第 i_{k+1} 项为 0,再取 M 中的一个 $k(0)$ 数列,其中 $i_1, i_2, \cdots, i_k$ 项都是 0,则没有一个位置,使 A, B, C 在该位置上都是 1,与题意矛盾.

如此下去,所有的 $i(1)$ 数列都不在 M 中 ($i = 1, 2, \cdots, n$),与结论①矛盾.

最后,取一个 1(1) 数列 A,其中恰有第 i 项为 1,则对 M 中任何一个数列 B,它与 A 同一个位置上都是 1,于是 B 的第 i 项是 1.

由 B 的任意性,M 中所有的数列的第 i 项都是 1,即 k 存在.

注意到 A 中只有一个 1,于是 k 的最大值为 1.

例 5 数列 $\{a_n\}$ 定义如下:$a_1 = 1$,且当 $n \geqslant 2$ 时,有
$$a_n = \begin{cases} a_{\frac{n}{2}} + 1, & \text{当 } n \text{ 为偶数时}, \\ \dfrac{1}{a_{n-1}}, & \text{当 } n \text{ 为奇数时}. \end{cases}$$

已知 $a_n = \dfrac{30}{19}$,求正整数 n. (2006 年上海市数学竞赛试题)

3 递归数列项的性质研究

分析与解 一种自然的想法是,先求出数列的通项公式 $a_n = f(n)$,然后解方程 $f(n) = \dfrac{30}{19}$,求出 n.

但这种做法人为地增加了难度,因为它是用一个充分条件(数列的通项公式 $a_n = f(n)$)取代了题目的目标.

注意到 $a_1 = 1$,且容易发现数列中只有唯一的一个为 1 的项,从而可从 $a_n = \dfrac{30}{19}$ 开始进行逆推,假定得到 $a_{f(n)} = 1$,解方程 $f(n) = 1$,即可求出 n.

实际上,由题设条件和数学归纳法易知,对一切正整数 n,有 $a_n > 0$.

所以,当 n 为偶数时,则
$$a_n = a_{\frac{n}{2}} + 1 > 1;$$
当 n 是大于 1 的奇数时,则
$$a_n = \dfrac{1}{a_{n-1}} < 1. \qquad ①$$

由此可见,当且仅当 $n = 1$ 时,$a_n = 1$.

因为 $a_n = \dfrac{30}{19} > 1$,由①式,知 n 为偶数,于是 $a_{\frac{n}{2}} = \dfrac{30}{19} - 1 = \dfrac{11}{19} < 1$,所以,由①式,知 $\dfrac{n}{2}$ 是奇数.

如此下去,依次可得:

$a_{\frac{n}{2}-1} = \dfrac{19}{11} > 1, \dfrac{n}{2}-1$ 是偶数;

$a_{\frac{n-2}{4}} = \dfrac{19}{11} - 1 = \dfrac{8}{11} < 1, \dfrac{n-2}{4}$ 是奇数;

$a_{\frac{n-2}{4}-1} = \dfrac{11}{8} > 1, \dfrac{n-6}{4}$ 是偶数;

$a_{\frac{n-6}{8}} = \dfrac{11}{8} - 1 = \dfrac{3}{8} < 1, \dfrac{n-6}{8}$ 是奇数;

$a\frac{n-6}{8}-1=\frac{8}{3}>1,\frac{n-14}{8}$ 是偶数;

$a\frac{n-14}{16}=\frac{8}{3}-1=\frac{5}{3}>1,\frac{n-14}{16}$ 是偶数;

$a\frac{n-14}{32}=\frac{5}{3}-1=\frac{2}{3}<1,\frac{n-14}{32}$ 是奇数;

$a\frac{n-14}{32}-1=\frac{3}{2}>1,\frac{n-46}{32}$ 是偶数;

$a\frac{n-46}{64}=\frac{3}{2}-1=\frac{1}{2}<1,\frac{n-46}{64}$ 是奇数;

$a\frac{n-46}{64}-1=2>1,\frac{n-110}{64}$ 是偶数;

$a\frac{n-110}{128}=2-1=1$.

所以,$\frac{n-110}{128}=1$,解得 $n=238$.

习 题 3

1. 设 $x_0=0, x_{n+1}=5x_n+\sqrt{24x_n^2+1}$,求证:对一切自然数 n,有 x_n 为整数.

2. 设数列 $\{a_n\}$ 满足:$a_1=2p\neq 0$,且对任何正整数 n,$a_{n+1}=2p-\frac{p^2}{a_n}$.证明:$p$ 不在数列 $\{a_n\}$ 中.

3. 数列 $\{a_n\}$、$\{b_n\}$ 满足:$a_1=a, b_1=b$,其中 $0<a\leqslant b$,且对任何正整数 n,有

$$a_{n+1}=\sqrt{a_n b_n}, \quad b_{n+1}=\frac{1}{2}(a_n+b_n).$$

试证:对一切正整数 n,有 $a\leqslant a_n\leqslant b_n\leqslant b$.

4. 数列 $\{a_n\}$ 满足:$a_1=a>0$,对任何正整数 n,$a_{n+1}=\frac{1}{2}\Big(a_n+$

$\dfrac{2}{a_n}$). 证明:对一切正整数 n,有 $\sqrt{2} \leqslant a_{n+1} \leqslant a_n \leqslant a$.

5. 设数列 $\{a_n\}$、$\{b_n\}$ 满足: $a_1 = p > 0, b_1 = q > 0$,其中 $p + q = 1$,且对任何正整数 n, $a_{n+1} = a_n b_{n+1}$, $b_{n+1} = \dfrac{b_n}{1 - a_n^2}$. 证明:对一切正整数 n,有 $a_n > 0, b_n > 0$,且 $a_n + b_n = 1$.

6. 设数列 $\{a_n\}$ 满足: $a_1 = 1$,且对任何正整数 n, $a_{n+1} = 1 + \dfrac{n}{a_n}$. 证明:对一切正整数 n,有 $\sqrt{n} \leqslant a_n \leqslant \sqrt{n} + 1$.

7. 已知 $a_1 = 1, a_2 = 2$,
$$a_{n+2} = \begin{cases} a_{n+1} - a_n, & a_n a_{n+1} \text{ 为奇数}, \\ 5a_{n+1} - 3a_n, & a_n a_{n+1} \text{ 为偶数}. \end{cases}$$
试证:对于一切 $n \in \mathbf{N}^*$, $\{a_n\}$ 中的所有项都不是 4 的倍数.

8. 数列 $\{a_n\}$ 定义如下:对任何正整数 n, $a_{n+1} = a_n^2 - na_n + 1$. 证明:存在无数个 a_1 的取值,使对一切正整数 n,有 $\sum\limits_{i=1}^{n} \dfrac{1}{a_i + 1} < \dfrac{1}{2}$.

9. 数列 $\{a_n\}$ 满足: $a_1 = 1, a_2 = 1, a_3 = 2, a_{n+3} = \dfrac{1}{a_n}(a_{n+1}a_{n+2} + 7)(n > 0)$. 试证:该数列中的项都是正整数.(德国数学竞赛试题)

10. 如果数列 $\{a_n\}$ 满足 $a_{n+1}^2 \leqslant a_n a_{n+2}(n = 0, 1, 2, \cdots)$,则称之为凸数列.给定函数 $f(x)$ 及凸数列 $\{a_n\}(n = 0, 1, 2, \cdots)$,它们满足:

(ⅰ) $0 < a_0 < a_1 < a_2 < \cdots$;

(ⅱ) 对任何正整数 n,有
$$|f(a_n) - f(a_{n+1})| \leqslant \lambda^n |a_n - a_{n+1}|$$
$$\leqslant |f(a_{n-1}) - f(a_n)| \quad (\text{其中 } \lambda \text{ 为正常数}).$$

求证:

(1) $\lambda \leqslant 1$;

(2) 对任何正整数 i, j,有 $|f(a_i) - f(a_j)| \leqslant \lambda |a_i - a_j|$;

(3) 对任何正整数 $i,j(i\leqslant j)$,有

$|(\lambda-1)(f(a_i)-f(a_j))|\leqslant|(\lambda^j-\lambda^i)(a_j-a_{j-1})|.$

11. 设 $a_1=2, a_2=34$,对 $n\geqslant 3, a_n=34a_{n-1}-225a_{n-2}$,问:是否存在正整数 k,使 $2011|a_k$? 如果存在,试求出最小的正整数 k;如果不存在,请说明理由.

12. 设数列 $\{u_n\}(n\in \mathbf{N})$ 定义如下:$u_0=2, u_1=\dfrac{5}{2}, u_{n+1}=u_n(u_{n-1}^2-2)-u_1(n=1,2,\cdots)$.试证:$[u_n]=2^{\frac{2^n-(-1)^n}{3}}$ $(n=1,2,\cdots)$.(1976 年国际数学奥林匹克试题)

13. 已知无穷数列 $\{a_n\}$ 满足 $a_0=x, a_1=y, a_{n+1}=\dfrac{a_n a_{n-1}+1}{a_n+a_{n-1}}$, $n=1,2,\cdots$.

(1) 对于怎样的实数 x 与 y,总存在正整数 n_0,使当 $n\geqslant n_0$ 时 a_n 恒为常数?

(2) 求通项 a_n.

(2006 年全国高中数学联赛试题).

14. 数列 $\{f_n\}$ 的通项公式为 $f_n=\dfrac{1}{\sqrt{5}}\left[\left(\dfrac{1+\sqrt{5}}{2}\right)^n-\left(\dfrac{1-\sqrt{5}}{2}\right)^n\right]$, $n\in\mathbf{N}^*$.

记 $S_n=C_n^1 f_1+C_n^2 f_2+\cdots+C_n^n f_n$,求所有的正整数 n,使得 $8|S_n$.

(2005 年上海竞赛试题)

15. 三元数组 $(x_n, y_n, z_n), n=1,2,\cdots$,由下列关系式确定:

$$x_1=2, \quad y_1=4, \quad z_1=\dfrac{6}{7},$$

$$x_{n+1}=\dfrac{2x_n}{x_n^2-1},$$

$$y_{n+1}=\dfrac{2y_n}{y_n^2-1}, \quad z_{n+1}=\dfrac{2z_n}{z_n^2-1}.$$

(1) 证明:上述构造三元数组(x_n, y_n, z_n)的过程可以无限进行.

(2) 能否在某一步得到的三元数组(x_n, y_n, z_n)满足等式$x_n + y_n + z_n = 0$?

(1990年全俄数学奥林匹克十年级试题)

16. 设$a_1 = 1, a_2 = 3$,对一切自然数n有$a_{n+2} = (n+3)a_{n+1} - (n+2)a_n$,若$11 | a_n$,求$n$的值.(1990年巴尔干地区数学奥林匹克试题)

17. 设k为给定的正奇数,定义$a_0 = 1$,对$n > 0$,有

$$a_n = \begin{cases} a_{n-1} + k, & a_{n-1} \text{ 为奇}, \\ \dfrac{1}{2} a_{n-1}, & a_{n-1} \text{ 为偶}. \end{cases}$$

求使$a_n = 1$的最小正整数n.

习题3解答

1. 由递归方程得

$$(x_{n+1} - 5x_n)^2 = 24x_n^2 + 1, \quad x_{n+1}^2 - 10x_n x_{n+1} + x_n^2 - 1 = 0. \qquad ①$$

将①式递推一次得

$$x_n^2 - 10x_{n-1} x_n + x_{n-1}^2 - 1 = 0. \qquad ②$$

视①②式中的x_n为常数,则①②式表明,x_{n+1}, x_{n-1}是方程$y^2 - 10x_n y + x_n^2 - 1 = 0$的两根,于是$x_{n+1} + x_{n-1} = 10x_n$.

至此,由数学归纳法易知结论成立.

2. 我们只需证明:对一切正整数n,有$a_n \neq p$.

当$n = 1$时,结论显然成立.设$n = k$时,结论成立,即$a_k \neq p$,那么,当$n = k+1$时,$a_{k+1} = 2p - \dfrac{p^2}{a_k}$.于是,有

$$a_{k+1} - p = p - \dfrac{p^2}{a_k} = \dfrac{pa_k - p^2}{a_k} = \dfrac{p(a_k - p)}{a_k} \neq 0.$$

3. 首先,由 $a_1=a>0, b_1=b>0, a_{n+1}=\sqrt{a_n b_n}, b_{n+1}=\frac{1}{2}(a_n+b_n)$ 可知,对一切正整数 n,有 $a_n>0, b_n>0$.

当 $n=1$ 时,$a_1=a, b_1\leqslant b$,且 $0<a\leqslant b$,所以 $a\leqslant a_1\leqslant b_1\leqslant b$,结论成立.

设 $n=k$ 时,结论成立,即 $a\leqslant a_k\leqslant b_k\leqslant b$,那么,当 $n=k+1$ 时,则

$$a_{k+1}=\sqrt{a_k b_k}\geqslant \sqrt{a_k a_k}=a_k\geqslant a,$$

$$b_{k+1}=\frac{1}{2}(a_k+b_k)\leqslant \frac{1}{2}(a_k+b_k)\leqslant \frac{1}{2}(b_k+b_k)\leqslant b_k\leqslant b.$$

且由 $\frac{1}{2}(a_k+b_k)\geqslant \sqrt{a_k b_k}$,有 $b_{k+1}\geqslant a_{k+1}$,故 $a\leqslant a_{k+1}\leqslant b_{k+1}\leqslant b$.

4. 首先,由 $a_1=a>0, a_{n+1}=\frac{1}{2}\left(a_n+\frac{2}{a_n}\right)$ 可知,对一切正整数 n,有 $a_n>0$.

其次,因为 $a_n>0$,由平均值不等式有

$$a_{n+1}=\frac{1}{2}\left(a_n+\frac{2}{a_n}\right)\geqslant \sqrt{a_n \cdot \frac{2}{a_n}}=\sqrt{2}.$$

最后,有

$$a_n-a_{n+1}=a_n-\frac{1}{2}\left(a_n+\frac{2}{a_n}\right)=\frac{1}{2}a_n-\frac{1}{a_n}=\frac{a_n^2-2}{2a_n}\geqslant 0,$$

命题获证.

5. 当 $n=1$ 时,结论显然成立.设 $n=k$ 时,结论成立,即 $a_k>0, b_k>0$,且 $a_k+b_k=1$,那么,$0<a_k<1, 0<b_k<1$.所以,当 $n=k+1$ 时,$b_{k+1}=\frac{b_k}{1-a_k^2}>0$,进而 $a_{k+1}=a_k b_{k+1}>0$.

此外,有

$$a_{k+1}+b_{k+1}=a_k b_{k+1}+b_{k+1}=b_{k+1}(a_k+1)$$

$$= \frac{b_k}{1-a_k^2} \cdot (a_k+1) = \frac{b_k}{1-a_k} = 1.$$

6. 当 $n=1$ 时,结论显然成立.设 $n=k$ 时,结论成立,即 $\sqrt{k} \leqslant a_k \leqslant \sqrt{k}+1$,那么,当 $n=k+1$ 时,则

$$a_{k+1} = 1 + \frac{k}{a_k} \geqslant 1 + \frac{k}{\sqrt{k}+1} \geqslant 1 + \frac{k}{\sqrt{k+1}+1}$$

$$= 1 + \frac{k(\sqrt{k+1}-1)}{(k+1)-1} = 1 + (\sqrt{k+1}-1) = \sqrt{k+1},$$

$$a_{k+1} = 1 + \frac{k}{a_k} \leqslant 1 + \frac{k}{\sqrt{k}} \leqslant 1 + \sqrt{k} \leqslant 1 + \sqrt{k+1}.$$

7. 由题设中的递推关系,知 a_n, a_{n+1}, a_{n+2} 的奇偶性只有三种情况:奇、偶、奇;偶、奇、奇;奇、奇、偶.

$a_1=1, a_2=2, a_3=7$ 均不是 4 的倍数.下面证明 $\{a_n\}$ 中的所有项都不是 4 的倍数.

假设存在 m,使 $4|a_m$,并设 m 是最小下标,则 $m>3$,且 a_{m-1}, a_{m-2} 均为奇数,a_{m-3} 为偶数.

由于 $a_{m-1} = 5a_{m-2} - 3a_{m-3}, a_m = a_{m-1} - a_{m-2}$,得 $3a_{m-3} = 4a_{m-2} - a_m$,所以 a_{m-3} 是 4 的倍数,与所设的矛盾.因此,命题得证.

另证 数列模 4 后得 $1,2,3,1,2,3,1,2,3,\cdots$.

这是一个周期为 3 的周期数列.

设 $a_{n+3} \equiv a_n \pmod 4$,对于 $n=1,2,\cdots,k(k \geqslant 3)$ 成立,则 $a_{n+2} \equiv a_{n-1} \pmod 4$,所以 $a_{k+2} a_{k+3}$ 与 $a_{k-1} a_k$ 奇偶性相同,故 $a_{k+4} \equiv 5a_{k+3} - 3a_{k+2} \equiv 5a_k - 3a_{k-1} \equiv a_{k+1} \pmod 4$,或 $a_{k+4} \equiv a_{k+3} + a_{k+2} \equiv a_k + a_{k-1} \equiv a_{k+1} \pmod 4$.

因此,将数列每一项模 4 后,余数成周期数列,周期为 3,又 $a_1=1, a_2=2, a_3=7$ 均不是 4 的倍数,因此 $\{a_n\}$ 中的所有项都不是 4 的倍数.

8. 期望 $\dfrac{1}{a_i+1} < \dfrac{1}{b_i}$，即 $a_i+1 > b_i$，其中 $\{b_n\}$ 为等比数列.

由熟知的和 $\sum\limits_{i=1}^{n}\dfrac{k}{2^i} = k\left(1-\dfrac{1}{2^n}\right) < k$，想到希望有

$$a_i+1 \geqslant 2(a_{i-1}+1). \qquad ①$$

实际上，由①式可推得

$$a_i+1 \geqslant 2^{i-1}(a_1+1),$$

进而

$$\dfrac{1}{a_i+1} \leqslant \dfrac{1}{(a_1+1)\cdot 2^{i-1}},$$

即取 $b_i = 2^{i-1}(a_1+1)$，有

$$\sum_{i=1}^{n}\dfrac{1}{a_i+1} \leqslant \sum_{i=1}^{n}\dfrac{1}{2^{i-1}(a_1+1)} = \dfrac{1}{a_1+1}\sum_{i=1}^{n}\dfrac{1}{2^{i-1}}$$

$$< \dfrac{1}{a_1+1}\cdot 2 = \dfrac{2}{a_1+1}.$$

这样一来，只要 $a_1 \geqslant 3$，就有

$$\sum_{i=1}^{n}\dfrac{1}{a_i+1} < \dfrac{2}{a_1+1} \leqslant \dfrac{1}{2},$$

命题便可获证.

下面证明①式，它等价于 $a_n \geqslant 2a_{n-1}+1$.

利用递归关系，发现使 $a_{n+1} = a_n^2 - na_n + 1 = a_n(a_n-n)+1 \geqslant 2a_n+1$ 成立的一个充分条件是 $a_n - n \geqslant 2$，即

$$a_n \geqslant n+2. \qquad ②$$

下面用数学归纳法证明②式.

当 $n=1$ 时，结论成立. 设结论对 n 成立，即 $a_n \geqslant n+2$，那么

$$a_{n+1} = a_n^2 - na_n + 1 = a_n(a_n-n)+1 \geqslant 2a_n+1$$
$$\geqslant 2(n+2)+1 = 2n+5 > 2(n+1)+1,$$

所以结论对 $n+1$ 成立.

3 递归数列项的性质研究

9. 由递推数列关系知
$$a_{n+3}a_n = a_{n+1}a_{n+2} + 7, \quad a_{n+4}a_{n+1} = a_{n+2}a_{n+3} + 7.$$
两式作差得
$$a_{n+3}a_n - a_{n+4}a_{n+1} = a_{n+1}a_{n+2} - a_{n+2}a_{n+3},$$
则
$$a_{n+3}a_n + a_{n+2}a_{n+3} = a_{n+1}a_{n+2} + a_{n+4}a_{n+1},$$
化简得
$$\frac{a_n + a_{n+2}}{a_{n+1}} = \frac{a_{n+2} + a_{n+4}}{a_{n+3}}.$$
令 $b_n = \dfrac{a_n + a_{n+2}}{a_{n+1}}$,那么 $b_n = b_{n+2}$.

由 $a_1 = 1, a_2 = 1, a_3 = 2$ 和 $a_4 = 9$ 可知,$b_1 = 3, b_2 = 5$,从而 $b_{2k-1} = 3, b_{2k} = 5$. 所以 $a_{2k+1} = 3a_{2k} - a_{2k-1}, a_{2k+2} = 5a_{2k+1} - a_{2k}$. 再利用 $a_1 = 1, a_2 = 1, a_3 = 2$,由归纳法可知,$\{a_n\}$ 各项都是正整数.

10. 因为 $\{a_n\}$ 是凸数列,所以对任何自然数 $n = 0, 1, 2, \cdots$,有 $a_{n+1}^2 \leqslant a_n a_{n+2}$,所以
$$a_{n+1} \leqslant \sqrt{a_n a_{n+2}} \leqslant \frac{a_n + a_{n+2}}{2},$$
故
$$a_{n+1} - a_n \leqslant a_{n+2} - a_{n+1}.$$
又 $a_n < a_{n+1}$,所以
$$|a_{n+1} - a_n| \leqslant |a_{n+2} - a_{n+1}| \quad (n = 0, 1, 2, \cdots).$$

(1) 由条件(ii),有
$$|f(a_1) - f(a_2)| \leqslant \lambda |a_1 - a_2| \leqslant |f(a_0) - f(a_1)|,$$
$$|f(a_2) - f(a_3)| \leqslant \lambda^2 |a_2 - a_3| \leqslant |f(a_1) - f(a_2)|,$$
所以
$$\lambda^2 |a_2 - a_3| \leqslant |f(a_1) - f(a_2)| \leqslant \lambda |a_1 - a_2|.$$
又 $|a_1 - a_2| \leqslant |a_2 - a_3|$,所以

$$\lambda^2\mid a_2-a_3\mid\leqslant\lambda\mid a_2-a_3\mid,$$

故 $\lambda^2\leqslant\lambda$,得 $\lambda\leqslant 1$.

(2) 因为 $\lambda\leqslant 1$,所以对任何正整数 n,有 $\lambda^n\leqslant\lambda$,故

$$\mid f(a_n)-f(a_{n+1})\mid\leqslant\lambda^n\mid a_n-a_{n+1}\mid\leqslant\lambda\mid a_n-a_{n+1}\mid.$$

对任何正整数 $i,j(i\leqslant j)$,当 $i=j$ 时,显然有

$$\mid f(a_i)-f(a_j)\mid\leqslant\lambda\mid a_i-a_j\mid;$$

当 $i\neq j$ 时,不妨设 $1\leqslant i<j$,则

$\mid f(a_i)-f(a_j)\mid$

$=\mid f(a_j)-f(a_i)\mid$

$=\mid f(a_j)-f(a_{j-1})+f(a_{j-1})-f(a_{j-2})+\cdots$

$\quad +f(a_{i+1})-f(a_i)\mid$

$\leqslant\mid f(a_j)-f(a_{j-1})\mid+\mid f(a_{j-1})-f(a_{j-2})\mid$

$\quad +\cdots+\mid f(a_{i+1})-f(a_i)\mid$

$\leqslant\lambda\mid a_j-a_{j-1}\mid+\lambda\mid a_{j-1}-a_{j-2}\mid+\cdots+\lambda\mid a_{i+1}-a_i\mid$

$=\lambda(a_j-a_{j-1})+\lambda(a_{j-1}-a_{j-2})+\cdots$

$\quad +\lambda(a_{i+1}-a_i)=\lambda(a_j-a_i)=\lambda\mid a_i-a_j\mid.$

(3) 当 $\lambda=1$ 或 $i=j$ 时,则

$$\mid(\lambda-1)(f(a_i)-f(a_j))\mid\leqslant\mid(\lambda^j-\lambda^i)(a_j-a_{j-1})\mid$$

显然成立;

当 $\lambda\neq 1$,且 $i\neq j$ 时,对任何正整数 i,j,不妨设 $1\leqslant i<j$,则

$\mid f(a_i)-f(a_j)\mid$

$=\mid f(a_j)-f(a_i)\mid$

$=\mid f(a_j)-f(a_{j-1})+f(a_{j-1})-f(a_{j-2})+\cdots$

$\quad +f(a_{i+1})-f(a_i)\mid$

$\leqslant\mid f(a_j)-f(a_{j-1})\mid+\mid f(a_{j-1})-f(a_{j-2})\mid$

$\quad +\cdots+\mid f(a_{i+1})-f(a_i)\mid$

$\leqslant\lambda^{j-1}\mid a_j-a_{j-1}\mid+\lambda^{j-2}\mid a_{j-1}-a_{j-2}\mid$

3 递归数列项的性质研究

$$+ \cdots + \lambda^i \mid a_{i+1} - a_i \mid$$
$$\leqslant \lambda^{j-1} \mid a_j - a_{j-1} \mid + \lambda^{j-2} \mid a_j - a_{j-1} \mid + \cdots + \lambda^i \mid a_j - a_{j-1} \mid$$
$$= (\lambda^{j-1} + \lambda^{j-2} + \cdots + \lambda^i) \mid a_j - a_{j-1} \mid$$
$$= \frac{\lambda^i(1-\lambda^{j-i})}{1-\lambda} \mid a_j - a_{j-1} \mid$$
$$= \frac{\lambda^j - \lambda^i}{\lambda - 1} \mid a_j - a_{j-1} \mid = \frac{\mid \lambda^j - \lambda^i \mid}{\mid \lambda - 1 \mid} \mid a_j - a_{j-1} \mid,$$

所以
$$\mid (\lambda-1)(f(a_i) - f(a_j)) \mid \leqslant \mid (\lambda^j - \lambda^i)(a_j - a_{j-1}) \mid.$$

11. 这样的正整数 k 不存在,下面给出证明.

易知,$a_n = 9^{n-1} + 25^{n-1} = (3^{n-1})^2 + (5^{n-1})^2$.

反设存在正整数 k,使 $2011 \mid a_k$,则 $2011 \mid 9^{k-1} + 25^{k-1}$.

又 1005 为奇数,有 $9^{k-1} + 25^{k-1} \mid (9^{k-1})^{1005} + (25^{k-1})^{1005}$,所以 $2011 \mid (9^{k-1})^{1005} + (25^{k-1})^{1005}$,即

$$2011 \mid (3^{2010})^{k-1} + (5^{2010})^{k-1}. \qquad ①$$

因为 2011 为质数,$(3,2011) = (5,2011) = 1$,由费马小定理,有 $3^{2010} \equiv 1 \pmod{2011}$,$5^{2010} \equiv 1 \pmod{2011}$,所以 $(3^{2010})^{k-1} + (5^{2010})^{k-1} \equiv 1^{k-1} + 1^{k-1} \equiv 2 \pmod{2011}$,与①矛盾.

另证 易知,$a_n = 9^{n-1} + 25^{n-1} = (3^{n-1})^2 + (5^{n-1})^2$.

反设存在正整数 k,使 $2011 \mid a_k$,即 $2011 \mid (3^{k-1})^2 + (5^{k-1})^2$,注意到 $(3^{n-1}, 5^{n-1}) = 1$,且 2011 是 $4k+3$ 型的质数,从而存在整数 a,b,使 $(a,b) = 1$,且 $a^2 + b^2$ 含有 $4k+3$ 型的质因子.

记 $A = \{(a,b) \mid (a,b) = 1, \text{且 } a^2 + b^2 \text{ 含有 } 4k+3 \text{ 型的质因子}\}$,对 A 中的 (a,b),记 p 是 $a^2 + b^2$ 所含的 $4k+3$ 型质因子,则 $a^2 + b^2 \equiv 0 \pmod{p}$,$p \equiv 3 \pmod 4$,设 A 中使 p 达到最小的一个数对为 (a,b).

如果这样的数对 (a,b) 有多个,再设其中使 $a^2 + b^2$ 达到最小的

一个数对为 (a,b),那么 $|a|<\frac{p}{2}$,$|b|<\frac{p}{2}$.否则,不妨设 $|a|\geqslant\frac{p}{2}$,因为 p 是 $4k+3$ 型的奇数,可令 $a\equiv a_0\pmod{p}$,$b\equiv b_0\pmod{p}$,其中 $|a_0|<\frac{p}{2}$,$|b_0|<\frac{p}{2}$,则 $a_0^2+b_0^2\equiv a^2+b^2\equiv 0\pmod{p}$,但由 $|a_0|<\frac{p}{2}\leqslant|a|$,$|b_0|\leqslant|b|$,有 $a_0^2+b_0^2<a^2+b^2$,与 a^2+b^2 最小矛盾.

令 $a^2+b^2=mp$,则 $mp=a^2+b^2<\left(\frac{p}{2}\right)^2+\left(\frac{p}{2}\right)^2=\frac{p^2}{2}$,所以 $m<\frac{p}{2}$.

(1) 如果 a,b 一奇一偶,则 $mp=a^2+b^2\equiv 1\pmod 4$,又 $p\equiv 3\pmod 4$,所以 $m\not\equiv 0,1,2\pmod 4$,即 $m\equiv 3\pmod 4$.于是,m 有 $4k+3$ 型的质因子 p',由于 $p'|m$,有 $p'|a^2+b^2$,但 $p'\leqslant m<\frac{p}{2}<p$,与 p 的最小性矛盾.

(2) 如果 a,b 同为奇数,此时 $\frac{mp}{2}=\frac{a^2+b^2}{2}=\left(\frac{a+b}{2}\right)^2+\left(\frac{a-b}{2}\right)^2$,因为 $\frac{a+b}{2}+\frac{a-b}{2}=a$ 为奇数,所以 $\frac{a+b}{2}$,$\frac{a-b}{2}$ 一奇一偶.

同(1),$\frac{m}{2}$ 有模 4 余 3 的质因子 p',$p'\Big|\frac{m}{2}$,进而 $p'\Big|\left(\frac{a+b}{2}\right)^2+\left(\frac{a-b}{2}\right)^2$.但 $p'\leqslant\frac{m}{2}<\frac{p}{2}<p$,与 p 的最小性矛盾.

12. 首先用数学归纳法证明:当 $n>0$ 时,则
$$u_n=2^{\frac{2^n-(-1)^n}{3}}+2^{-\frac{2^n-(-1)^n}{3}}.$$
事实上,由
$$u_1=\frac{5}{2}=2^1+2^{-1}=2^{\frac{2^1-(-1)^1}{3}}+2^{-\frac{2^1-(-1)^1}{3}},$$

3 递归数列项的性质研究

$$u_2 = u_1(u_0^2 - 2) - u_1 = \frac{5}{2}(2^2 - 2) - \frac{5}{2}$$

$$= \frac{5}{2} = 2^1 + 2^{-1} = 2^{\frac{2^2-(-1)^2}{3}} + 2^{-\frac{2^2-(-1)^2}{3}}$$

可知,命题对 $n = 1, 2$ 为真.

设命题对 $n = k - 1, k$ 为真,我们证明命题对 $n = k + 1$ 为真.

令 $f(n) = \dfrac{2^n - (-1)^n}{3}$,由数列的递推关系及归纳假设,得

$$u_{k+1} = u_k(u_{k-1}^2 - 2) - u_1$$

$$= (2^{f(k)} + 2^{-f(k)})\left[(2^{f(k-1)} + 2^{-f(k-1)})^2 - 2\right] - \frac{5}{2}$$

$$= 2^{f(k)+2f(k-1)} + 2^{-[f(k)+2f(k-1)]} + 2^{f(k)-2f(k-1)} + 2^{-[f(k)-2f(k-1)]} - \frac{5}{2}.$$

因为

$$f(k) + 2f(k-1) = \frac{2^k - (-1)^k}{3} + 2 \cdot \frac{2^{k-1} - (-1)^{k-1}}{3}$$

$$= \frac{2^{k+1} - (-1)^{k+1}}{3} = f(k+1),$$

$$f(k) - 2f(k-1) = \frac{2^k - (-1)^k}{3} - 2 \cdot \frac{2^{k-1} - (-1)^{k-1}}{3}$$

$$= (-1)^{k+1},$$

所以

$$u_{k+1} = 2^{f(k)+2f(k-1)} + 2^{-[f(k)+2f(k-1)]} + 2^{f(k)-2f(k-1)} + 2^{-[f(k)-2f(k-1)]} - \frac{5}{2}$$

$$= 2^{f(k+1)} + 2^{-f(k+1)} + 2^{(-1)^{k+1}} + 2^{-(-1)^{k+1}} - \frac{5}{2}$$

$$= 2^{f(k+1)} + 2^{-f(k+1)} = 2^{\frac{2^{k+1}-(-1)^{k+1}}{3}} + 2^{-\frac{2^{k+1}-(-1)^{k+1}}{3}},$$

这就证明了命题对 $n = k + 1$ 为真.

又易知 $f(n) = \dfrac{2^n - (-1)^n}{3}$ 是整数,从而 $2^{-f(n)}$ 是真分数,故

$[u_n] = 2^{\frac{2n-(-1)^n}{3}}$.

13.(1) 为了使 a_n 从某项起恒为常数,必须某相邻两项相等,由递归关系有 $a_n - a_{n+1} = a_n - \dfrac{a_n a_{n-1}+1}{a_n + a_{n-1}} = \dfrac{a_n^2 - 1}{a_n + a_{n-1}}(n \geqslant 1)$.

由此可见,如果对某个正整数 n,有 $a_{n+1} = a_n$,则

$$\begin{cases} a_n^2 = 1, \\ a_n + a_{n-1} \neq 0. \end{cases}$$

如果该 $n=1$(从第一项起为常数),即 $a_2 = a_1$,则

$$\begin{cases} a_1^2 = 1, \\ a_1 + a_0 \neq 0, \end{cases}$$

所以

$$\begin{cases} |y| = 1, \\ x \neq -y. \end{cases}$$

如果该 $n>1$,由于通项公式相当复杂,只能利用递归关系向前递推,得出初值 x,y 应满足的条件.

由递归关系有

$$a_n - 1 = \frac{a_{n-1} a_{n-2} + 1}{a_{n-1} + a_{n-2}} - 1 = \frac{(a_{n-1}-1)(a_{n-2}-1)}{a_{n-1} + a_{n-2}}, \quad n \geqslant 2, \text{①}$$

$$a_n + 1 = \frac{a_{n-1} a_{n-2} + 1}{a_{n-1} + a_{n-2}} + 1 = \frac{(a_{n-1}+1)(a_{n-2}+1)}{a_{n-1} + a_{n-2}}, \quad n \geqslant 2. \text{②}$$

两式相乘,得

$$0 = a_n^2 - 1 = \frac{a_{n-1}^2 - 1}{a_{n-1} + a_{n-2}} \cdot \frac{a_{n-2}^2 - 1}{a_{n-1} + a_{n-2}}, \quad n \geqslant 2,$$

所以

$$\begin{cases} a_{n-1}^2 = 1, \\ a_{n-1} + a_{n-2} \neq 0 \end{cases} \quad \text{或} \quad \begin{cases} a_{n-2}^2 = 1, \\ a_{n-1} + a_{n-2} \neq 0. \end{cases}$$

如此下去,必有

3 递归数列项的性质研究

$$\begin{cases} a_1^2 = 1, \\ a_1 + a_0 \neq 0 \end{cases} \quad 或 \quad \begin{cases} a_0^2 = 1, \\ a_1 + a_0 \neq 0. \end{cases}$$

所以

$$\begin{cases} |y| = 1, \\ x \neq -y \end{cases} \quad 或 \quad \begin{cases} |x| = 1, \\ y \neq -x. \end{cases}$$

反之,如果

$$\begin{cases} |y| = 1, \\ x \neq -y \end{cases} \quad 或 \quad \begin{cases} |x| = 1, \\ y \neq -x, \end{cases}$$

则用数学归纳法容易证明,当 $n \geq 2$ 时,必有 $a_n = A$(常数).

由 $A = \dfrac{A \cdot A + 1}{A + A}$,得 $A^2 = 1$,所以常数 $A = 1$ 或 -1.

另解 若 $n \geq n_0$ 时 a_n 为常数 A,那么:

由 $a_{n_0+2} = \dfrac{a_{n_0+1} a_{n_0} + 1}{a_{n_0+1} + a_{n_0}}$,得 $A = \dfrac{A \cdot A + 1}{A + A}$,得 $A^2 = 1$,所以常数 $A = 1$ 或 -1.

当 $A = 1$ 时,由 $a_{n_0} = 1$,得

$$1 = a_{n_0} = \frac{a_{n_0-1} a_{n_0-2} + 1}{a_{n_0-1} + a_{n_0-2}},$$

所以 $(a_{n_0-1} - 1)(a_{n_0-2} - 1) = 0$,即 a_{n_0-1}, a_{n_0-2} 之中至少有一个为 1.

一般地,由 $a_i = 1$,可推出 a_{i-1}, a_{i-2} 中至少有一个为 1.

如此下去,可知 x, y 中至少有一个为 1.

又 $a_2 = \dfrac{xy + 1}{x + y}$,所以 $x + y \neq 0$.

当 $A = -1$ 时,同样可知 x, y 中至少有一个为 -1,且 $x + y \neq 0$.

(2) 由①÷②,我们得到

$$\frac{a_n - 1}{a_n + 1} = \frac{a_{n-1} - 1}{a_{n-1} + 1} \cdot \frac{a_{n-2} - 1}{a_{n-2} + 1}, \quad n \geq 2,$$

记 $b_n = \dfrac{a_n - 1}{a_n + 1}$,则当 $n \geq 2$ 时,有

$$b_n = b_{n-1} b_{n-2} = (b_{n-2} b_{n-3}) b_{n-2} = b_{n-2}^2 b_{n-3}$$
$$= (b_{n-3} b_{n-4})^2 b_{n-3} = b_{n-3}^3 b_{n-4}^2 = b_1^{F_{n-1}} b_0^{F_{n-2}}.$$

(取对数更方便:由 $b_n = b_{n-1} b_{n-2}$,有 $\lg b_n = \lg b_{n-1} + \lg b_{n-2}$. 于是,广义斐波那契数列通项有 $\lg b_n = (\lg b_1) F_{n-1} + (\lg b_0) F_{n-2} = \lg(b_1^{F_{n-1}} b_0^{F_{n-2}})$.)

即

$$\dfrac{a_n - 1}{a_n + 1} = \left(\dfrac{y-1}{y+1}\right)^{F_{n-1}} \cdot \left(\dfrac{x-1}{x+1}\right)^{F_{n-2}}, \quad n \geq 2. \qquad ③$$

这里

$$F_n = F_{n-1} + F_{n-2}, \quad n \geq 2,$$
$$F_0 = F_1 = 1,$$
$$F_n = \dfrac{1}{\sqrt{5}}\left(\left(\dfrac{1+\sqrt{5}}{2}\right)^{n+1} - \left(\dfrac{1-\sqrt{5}}{2}\right)^{n+1}\right).$$

如果补充定义 $F_{-1} = 0, F_{-2} = 1$,则③式对所有的 $n \geq 0$ 都成立.

由③解得

$$a_n = \dfrac{(x+1)^{F_{n-2}}(y+1)^{F_{n-1}} + (x-1)^{F_{n-2}}(y-1)^{F_{n-1}}}{(x+1)^{F_{n-2}}(y+1)^{F_{n-1}} - (x-1)^{F_{n-2}}(y-1)^{F_{n-1}}}, \quad n \geq 0,$$

其中的 F_{n-1}, F_{n-2} 由

$$F_n = \dfrac{1}{\sqrt{5}}\left(\left(\dfrac{1+\sqrt{5}}{2}\right)^{n+1} - \left(\dfrac{1-\sqrt{5}}{2}\right)^{n+1}\right)$$

确定,且规定 $F_{-1} = 0, F_{-2} = 1$.

14. 记 $\alpha = \dfrac{1+\sqrt{5}}{2}, \beta = \dfrac{1-\sqrt{5}}{2}$,则

$$S_n = \dfrac{1}{\sqrt{5}} \sum_{i=1}^{n} C_n^i (\alpha^i - \beta^i) = \dfrac{1}{\sqrt{5}} \sum_{i=0}^{n} C_n^i (\alpha^i - \beta^i)$$

3 递归数列项的性质研究

$$= \frac{1}{\sqrt{5}} (\sum_{i=0}^{n} C_n^i \alpha^i - \sum_{i=0}^{n} C_n^i \beta^i)$$

$$= \frac{1}{\sqrt{5}} [(1+\alpha)^n - (1+\beta)^n]$$

$$= \frac{1}{\sqrt{5}} \left[\left(\frac{3+\sqrt{5}}{2}\right)^n - \left(\frac{3-\sqrt{5}}{2}\right)^n \right],$$

注意到 $\frac{3+\sqrt{5}}{2} + \frac{3-\sqrt{5}}{2} = 3, \frac{3+\sqrt{5}}{2} \cdot \frac{3-\sqrt{5}}{2} = 1$,可得

$$S_{n+2} = \frac{1}{\sqrt{5}} \left\{ \left[\left(\frac{3+\sqrt{5}}{2}\right)^{n+1} - \left(\frac{3-\sqrt{5}}{2}\right)^{n+1} \right] \left[\left(\frac{3+\sqrt{5}}{2}\right) + \left(\frac{3-\sqrt{5}}{2}\right) \right] \right.$$

$$\left. - \left[\left(\frac{3+\sqrt{5}}{2}\right)^n - \left(\frac{3-\sqrt{5}}{2}\right)^n \right] \right\} = 3S_{n+1} - S_n.$$

因此,S_{n+2} 除以 8 的余数完全由 S_{n+1}, S_n 除以 8 的余数确定.

因为 $S_1 = C_1^1 f_1, S_2 = C_2^1 f_1 + C_2^2 f_2 = 3$,故由递归关系可以算出 $\{S_n\}$ 各项除以 8 的余数依次是 $1,3,5,7,0,1,3,\cdots$,它是一个以 6 为周期的数列,从而 $8 \mid S_n \Leftrightarrow 3 \mid n$. 故当且仅当 $3 \mid n$ 时,$8 \mid S_n$.

15. (1) 只需证明:在任何一步所得到的三个数中都不可能出现 1 或 -1.

反设 $x_{n+1} = \pm 1$,则 $\frac{2x_n}{x_n^2 - 1} = \pm 1$,于是 $x_n^2 - 1 = \pm 2x_n$,即 $x_n^2 \pm 2x_n - 1 = 0$,由于 $\Delta = 2^2 + 4 = 10$ 非平方数,从而 x_n 为无理数,但因为 $x_1 = 2, y_1 = 4, z_1 = \frac{6}{7}$,由递归关系结合数学归纳法可知,$x_n$ 为有理数,矛盾.

所以 $x_{n+1} \neq \pm 1$. 同理,y_{n+1}, z_{n+1} 都不等于 ± 1.

(2) $x_n + y_n + z_n$ 永远不为 0.

由 $x_1, y_1, z_1 \neq 0$ 及递推关系知道,对于任意的 $n \in \mathbf{N}^*, x_n, y_n, z_n \neq 0, x_n y_n z_n \neq 0$. 下面用归纳法来证明

$$x_n + y_n + z_n = x_n y_n z_n. \qquad ①$$

显然,$x_1 y_1 z_1 = \dfrac{48}{7} = x_1 + y_1 + z_1$,假设 $x_n y_n z_n = x_n + y_n + z_n$,令 $x_n = \tan\alpha, y_n = \tan\beta, z_n = \tan\gamma$,其中 $\alpha, \beta, \gamma \in \left(-\dfrac{\pi}{2}, \dfrac{\pi}{2}\right)$,由假设,有 $\tan\alpha + \tan\beta + \tan\gamma = \tan\alpha \cdot \tan\beta \cdot \tan\gamma$.

所以

$$\tan(\alpha + \beta + \gamma) = \dfrac{\tan\alpha + \tan\beta + \tan\gamma - \tan\alpha\tan\beta\tan\gamma}{1 - \tan\alpha\tan\beta - \tan\beta\tan\gamma - \tan\gamma\tan\alpha} = 0,$$

故 $\alpha + \beta + \gamma = 0$ 或 $\alpha + \beta + \gamma = \pm\pi$,从而 $\tan 2\alpha + \tan 2\beta + \tan 2\gamma = \tan 2\alpha \cdot \tan 2\beta \cdot \tan 2\gamma$.

又因为 $x_{n+1} = \dfrac{2x_n}{x_n^2 - 1} = -\tan 2\alpha$,同样,$y_{n+1} = -\tan 2\beta, z_{n+1} = -\tan 2\gamma$,所以 $x_{n+1} \cdot y_{n+1} \cdot z_{n+1} = x_{n+1} + y_{n+1} + z_{n+1}$,从而①式对一切自然数 n 成立.

因为 $x_n y_n z_n \neq 0$,所以 $x_n + y_n + z_n$ 永远不为 0.

16. $n = 4, 8$ 及 $t(t \geqslant 10, t \in \mathbf{N})$.

设 $b_{n+1} = a_{n+1} - a_n (n \geqslant 1)$,则由条件有

$$b_{n+1} = (n+1)(a_n - a_{n-1}) = (n+1)b_n \quad (n \geqslant 2),$$

故

$$b_n = n b_{n-1} = n(n-1) b_{n-2} = \cdots = n(n-1)\cdots 3 b_2 = n! \quad (n \geqslant 2),$$

所以

$$a_n = (a_n - a_{n-1}) + (a_{n-1} - a_{n-2}) + \cdots + (a_2 - a_1) + 1$$
$$= b_n + b_{n-1} + \cdots + b_2 + 1 = \sum_{i=1}^{n} i!.$$

所以,$a_n = a_{n-1} + n!$.

由此可算出:$a_1 = 1, a_2 = 3, a_3 = 9, a_4 = \sum\limits_{i=1}^{4} i! = 33 = 11 \cdot 3$,所以 $11 \mid a_4$.

进而,由于 $5!,5!+6!,5!+6!+7!$ 都不是 11 的倍数,所以 $11 \nmid a_5, 11 \nmid a_6, 11 \nmid a_7$.

$$a_8 = \sum_{i=1}^{8} i! = 46\,233 = 11 \cdot 4\,203,$$

所以 $11 \mid a_8$.

而 9! 都不是 11 的倍数,所以 $11 \nmid a_9$,但 $a_{10} = \sum_{i=1}^{10} i! = 4\,037\,913 = 11 \cdot 367\,083$,所以 $11 \mid a_{10}$.

注意到 $i \geq 11$ 时,$11 \mid i!$,结合 $11 \mid a_{10}$,可知 $n \geq 11$ 时,$11 \mid a_n$.

17. 对 $m \in \mathbf{N}$,定义 $f(m)$ 为 m 的二进制表示中"1"的个数.

令 $M = \{p \mid 2^p \equiv 1 \pmod{k}\}$,下面证明:

当且仅当 $n = p + f(m)$ 时,$a_n = 1$,其中 $p \in M, m = \dfrac{2^p - 1}{k}$. ①

一方面,当 $n = p + f(m)$ 时,其中 $p \in M, m = \dfrac{2^p - 1}{k}$,则因为 m 为奇数,可设

$$m = 1 + 2^{i_1} + 2^{i_1+i_2} + \cdots + 2^{i_1+i_2+\cdots+i_s} \quad (i_1, i_2, \cdots, i_s \in \mathbf{N}^*),$$

于是,有

$$k = \frac{2^p - 1}{m} = \frac{2^p - 1}{1 + 2^{i_1} + \cdots + 2^{i_1+i_2+\cdots+i_s}}.$$

所以,由题给递归关系有

$$a_1 = a_0 + k = 1 + k = 1 + \frac{2^p - 1}{1 + 2^{i_1} + \cdots + 2^{i_1+i_2+\cdots+i_s}}$$

$$= \frac{2^{i_1} + 2^{i_1+i_2} + \cdots + 2^{i_1+i_2+\cdots+i_s} + 2^p}{1 + 2^{i_1} + \cdots + 2^{i_1+i_2+\cdots+i_s}}.$$

因为 $m = \dfrac{2^p-1}{k} < 2^p$,即 $1 + 2^{i_1} + 2^{i_1+i_2} + \cdots + 2^{i_1+i_2+\cdots+i_s} < 2^p$,

所以 $p > i_1 + i_2 + \cdots + i_s$,故 $2^{i_1} \mid 2^p + 2^{i_1} + \cdots + 2^{i_1+i_2+\cdots+i_s}$.

而 $(2^{i_1}, 1 + 2^{i_1} + \cdots + 2^{i_1+i_2+\cdots+i_s}) = 1$,所以 $2^{i_1} \mid a_1$.

所以,由题给递归关系,有
$$a_2 = \frac{1}{2}a_1, \quad a_3 = \frac{1}{2^2}a_1, \quad \cdots,$$
$$a_{i_1+1} = \frac{1}{2^{i_1}}a_1 = \frac{1 + 2^{i_2} + \cdots + 2^{i_2+\cdots+i_s} + 2^{p-i_1}}{1 + 2^{i_1} + \cdots + 2^{i_1+i_2+\cdots+i_s}}.$$

因为 $\dfrac{1}{2^{i_1}}a_1$ 为奇数,所以

$$a_{i_1+2} = a_{i_1+1} + k = \frac{1 + 2^{i_2} + \cdots + 2^{i_2+\cdots+i_s} + 2^{p-i_1}}{1 + 2^{i_1} + \cdots + 2^{i_1+i_2+\cdots+i_s}} + k$$
$$= \frac{1 + 2^{i_2} + \cdots + 2^{i_2+\cdots+i_s} + 2^{p-i_1}}{1 + 2^{i_1} + \cdots + 2^{i_1+i_2+\cdots+i_s}} + \frac{2^p - 1}{1 + 2^{i_1} + \cdots + 2^{i_1+i_2+\cdots+i_s}}$$
$$= \frac{2^{i_2} + \cdots + 2^{i_2+\cdots+i_s} + 2^{p-i_1} + 2^p}{1 + 2^{i_1} + \cdots + 2^{i_1+i_2+\cdots+i_s}},$$

则 $2^{i_2} \mid a_{i_1+2}$.

所以,由题给递归关系有
$$a_{i_1+3} = \frac{1}{2}a_{i_1+2}, \quad a_{i_1+4} = \frac{1}{2^2}a_{i_1+2}, \quad \cdots,$$
$$a_{i_1+i_2+2} = \frac{1}{2^{i_2}}a_{i_1+2} = \frac{1 + 2^{i_3} + \cdots + 2^{i_3+\cdots+i_s} + 2^{p-i_1-i_2} + 2^{p-i_2}}{1 + 2^{i_1} + \cdots + 2^{i_1+i_2+\cdots+i_s}}$$

为奇数.

如此下去,有
$$a_{i_1+i_2+\cdots+i_s+s} = \frac{1 + 2^{p-i_1-i_2-\cdots-i_s} + 2^{p-i_2-i_3-\cdots-i_s} + \cdots + 2^{p-i_s}}{1 + 2^{i_1} + \cdots + 2^{i_1+i_2+\cdots+i_s}}$$

为奇数.

所以,由题给递归关系有
$$a_{i_1+i_2+\cdots+i_s+s+1} = a_{i_1+i_2+\cdots+i_s+s} + k$$
$$= \frac{1 + 2^{p-i_1-i_2-\cdots-i_s} + 2^{p-i_2-i_3-\cdots-i_s} + \cdots + 2^{p-i_s}}{1 + 2^{i_1} + \cdots + 2^{i_1+i_2+\cdots+i_s}}$$
$$+ \frac{2^p - 1}{1 + 2^{i_1} + \cdots + 2^{i_1+i_2+\cdots+i_s}}$$

3 递归数列项的性质研究

$$= \frac{2^{p-i_1-i_2-\cdots-i_s} + 2^{p-i_2-i_3-\cdots-i_s} + \cdots + 2^{p-i_s} + 2^p}{1 + 2^{i_1} + \cdots + 2^{i_1+i_2+\cdots+i_s}}.$$

所以,$2^{p-i_1-i_2-\cdots-i_s} \mid a_{i_1+i_2+\cdots+i_s+s+1}$.

所以,由题给递归关系有

$a_{i_1+i_2+\cdots+i_s+s+2} = \dfrac{1}{2} a_{i_1+i_2+\cdots+i_s+s+1}$,

$a_{i_1+i_2+\cdots+i_s+s+3} = \dfrac{1}{2^2} a_{i_1+i_2+\cdots+i_s+s+1}$,$\cdots$,

$a_{i_1+i_2+\cdots+i_s+s+1+p-i_1-i_2-\cdots-i_s}$

$= \dfrac{1}{2^{p-i_1-i_2-\cdots-i_s}} a_{i_1+i_2+\cdots+i_s+s+1}$

$= \dfrac{1}{2^{p-i_1-i_2-\cdots-i_s}} \cdot \dfrac{2^{p-i_1-i_2-\cdots-i_s} + 2^{p-i_2-i_3-\cdots-i_s} + \cdots + 2^{p-i_s} + 2^p}{1 + 2^{i_1} + \cdots + 2^{i_1+i_2+\cdots+i_s}}$

$= 1$,

即 $a_{s+p+1} = 1$.

又 $m = 1 + 2^{i_1} + 2^{i_1+i_2} + \cdots + 2^{i_1+i_2+\cdots+i_s}$,故 $f(m) = s+1$,所以 $a_{f(m)+p} = 1$.

而 $n = f(m) + p$,所以 $a_n = 1$.

另一方面,$a_1 = 1 + k$ 为偶数,设 $2^{i_1} \parallel a_1$,则 $a_{i_1+1} = \dfrac{1}{2^{i_1}} a_1 = \dfrac{1+k}{2^{i_1}}$ 为奇数,

所以,由题给递归关系有

$$a_{i_1+2} = a_{i_1+1} + k = \frac{1+k}{2^{i_1}} + k.$$

又设 $2^{i_2} \parallel a_{i_1+2}$,则

$$a_{i_1+i_2+2} = \frac{1}{2^{i_2}} a_{i_1+2} = \frac{1}{2^{i_2}}\left(\frac{1+k}{2^{i_1}} + k\right) = \frac{1+k}{2^{i_1+i_2}} + \frac{k}{2^{i_2}},$$

如此下去,设 $2^{i_t} \parallel a_{i_1+i_2+\cdots+i_{t-1}+t}\ (t \geq 2)$,则

$$a_{i_1+i_2+\cdots+i_t+t} = \frac{1+k}{2^{i_1+i_2+\cdots+i_t}} + k\left(\frac{1}{2^{i_2+i_3+\cdots+i_t}} + \frac{1}{2^{i_3+i_4+\cdots+i_t}} + \cdots + \frac{1}{2^{i_t}}\right),$$

假定 $a_n = 1$,则必存在 t,使 $a_{i_1+i_2+\cdots+i_t+t} = 1$,即

$$\frac{1+k}{2^{i_1+i_2+\cdots+i_t}} + k\left(\frac{1}{2^{i_2+i_3+\cdots+i_t}} + \frac{1}{2^{i_3+i_4+\cdots+i_t}} + \cdots + \frac{1}{2^{i_t}}\right) = 1,$$

所以

$$k(1 + 2^{i_1} + 2^{i_1+i_2} + \cdots + 2^{i_1+i_2+\cdots+i_{t-1}}) = 2^{i_1+i_2+\cdots+i_t} - 1.$$

令 $p = i_1 + i_2 + \cdots + i_t$,则上式变为

$$k(1 + 2^{i_1} + 2^{i_1+i_2} + \cdots + 2^{i_1+i_2+\cdots+i_{t-1}}) = 2^p - 1,$$

所以,$k \mid 2^p - 1$,即 $2^p \equiv 1 \pmod{k}$.

令 $m = \dfrac{2^p - 1}{k} = 1 + 2^{i_1} + 2^{i_1+i_2} + \cdots + 2^{i_1+i_2+\cdots+i_{t-1}}$,有 $f(m) = t$,所以,$i_1 + i_2 + \cdots + i_t + t = p + t = p + f(m)$.

综上所述,结论①成立.

最后,求 $n = p + f(m)$ 的最小正值.

设 p_0 是 M 中的最小正数,则 $2^{p_0} \equiv 1 \pmod{k}$.

设 p_0 对应的 m 值为 m_0,对任一 $p \in M(p > 0)$,$p = qp_0 + r(0 \leq r < p_0)$,则

$$2^r \equiv 2^{r+p_0} \equiv 2^{r+2p_0} \equiv \cdots \equiv 2^{r+qp_0} \equiv 2^p \equiv 1 \pmod{k}.$$

因为 $r < p_0$,由 p_0 的最小性有 $r = 0$,所以 $p_0 \mid p$,故 $p \geq 2p_0$.

因为 $m_0 = \dfrac{2^{p_0} - 1}{k} < 2^{p_0}$,所以 m_0 的二进制表示中至多有 p_0 位,故 $f(m_0) \leq p_0$.所以,$p + f(m) \geq p + 1 \geq 2p_0 + 1 = p_0 + (p_0 + 1) \geq p_0 + (f(m_0) + 1) > p_0 + f(m_0)$,则 $p_0 + f(m_0)$ 是 $n = p + f(m)$ 的最小正值.

故所求的 n 为 $p_0 + f(m_0) = p_0 + f\left(\dfrac{2^{p_0} - 1}{k}\right)$,其中 p_0 是满足 $2^{p_0} \equiv 1 \pmod{k}$ 的最小正整数.

4 如何建立递归关系

在一些数学问题中,尽管题目本身并未事先给出确定的递归关系,但隐含有某些项之间的递归关系.此时,发掘问题中隐含的递归关系,即可找到解题方法.

如何建立递归关系?这并没有固定的模式,本章介绍建立递归关系的几种常用技巧.

4.1 初值递归

观察序列的一些初值,由此归纳发现序列的递归关系,最后给出证明.

例1 在印度流传着如下一个世界末日问题:

印度贝加特勒的圣庙里,安放着一块黄铜板,板上插着3根宝石针,其中一根针上叠放了64块大小各不相同的圆形金片,其中小金片都放在大金片上面,形成梵塔.圣庙昼夜都有值班僧侣,按下列规则移动金片:每次只能移动一个,而且小金片永远只能放在大金片上面.当所有的64块金片都从一根针上移动到另一根针上时,世界就将在一声霹雳中消失.

试问:世界末日究竟是什么时候?

分析与解 我们先计算要移动多少次金片,才能将所有的64块金片都从一根针上移动到另一根针上.

考虑更一般的问题,假定有 n 块金片,设移动的次数为 $f(n)$,那么显然有 $f(1)=1$.

当 $n=2$ 时,先将上面一块小金片移动到另一根针上,再将下面一块大金片移动到第三根针上,最后将小金片移动到大金片上面,共移动 3 次,所以 $f(2)=3$.

我们来研究 $f(2)$ 与 $f(1)$ 的关系.为了发掘 $n=2$ 的情形中含有的 $n=1$ 的影子,我们将下面一块大金片染成黑色,暂时忽略不计,则移动那块小金片到另一根针上,需要移动 $f(1)$ 次.

现在,大金片必须移动到另一根针上,需要移动一次(注意,大金片已染成黑色,不再看成是 $n=1$ 的情形).最后,那块小金片又要移动到大金片上面,又移动 $f(1)$ 次,所以 $f(2)=2f(1)+1$.

一般地,考虑 n 块金片的情形,我们将最下面一块大金片染成黑色,暂时忽略不计,则移动黑色金片上面的 $n-1$ 块金片到另一根针上,且保持小金片都放在大金片上面,它们必须需要移动 $f(n-1)$ 次.

现在,大金片必须移动到另一根针上,需要移动一次.最后,那些未染色的 $n-1$ 块金片又要移动到大金片上面,且保持小金片都放在大金片上面,又要移动 $f(n-1)$ 次,所以 $f(n)=2f(n-1)+1$.

于是,$f(n)+1=2f(n-1)+2=2[f(n-1)+1]$,所以 $\{f(n)+1\}$ 是公比为 2 的等比数列,有 $f(n)+1=[f(1)+1]\cdot 2^{n-1}=2^n$.特别地,当 $n=64$ 时,$f(64)=2^{64}-1$.

这是一个多大的数字呢? 一年有 31 558 000 秒,假定每秒移动金片一次,节假日昼夜不停,也需要 58 万亿年.而科学已经证明:世界上的原子燃料还能维持 100 亿~150 亿年.地球生命显然短于 200 亿年,这就表明,64 块金片还远远没有全部移动到另一根针上时,地球就早已消失了.所以,所谓的世界末日远远迟于地球本身的寿命,纯属危言耸听而已.

例2 用 $d(n)$ 表示正整数 n 的最大奇约数,比如 $d(2)=1$, $d(3)=3$,定义

$$F(n)=\frac{d(1)+d(2)+\cdots+d(n)}{1+2+\cdots+n}.$$

如果 n 满足 $F(n)<\frac{2}{3}$,$F(n)=\frac{2}{3}$,$F(n)>\frac{2}{3}$,则分别称 n 是弱数、中数和强数.试求出所有的弱数、中数和强数.(原创题)

分析与解 我们先求中数,因为解方程比解不等式容易.为此,我们先求几个较小的中数,由此探索中数的分布规律.

将所有的中数按由小到大的顺序排成一个序列,记第 i 个中数为 $a_i(i=1,2,\cdots)$,则容易知道,$a_1=2$.

实际上,$F(1)=\frac{d(1)}{1}=1$ 不合要求,所以 $a_1\neq 1$;$F(2)=\frac{d(1)+d(2)}{1+2}=\frac{1+1}{1+2}=\frac{2}{3}$ 合乎要求,所以 $a_1=2$.

类似地,经计算可知,数列前若干项为 $a_1=2, a_2=6, a_3=14, a_4=30,\cdots$.

直接由前面若干项求数列通项是很困难的,因此我们先求数列满足的递归关系.注意到 $a_2=2a_1+2, a_3=2a_2+2, a_4=2a_3+2$,由此猜想,对一切正整数 n,有 $a_{n+1}=2a_n+2$.

为证明上述猜想,我们采用"合力逼近"的方法,将其结论分拆为如下 3 个引理(3 个必要条件).

首先,由于 $a_1=2$,再结合 $a_{n+1}=2a_n+2$,可知对一切 n,a_n 为偶数.由此得到如下的引理1.

引理1 中数必定是偶数.

实际上,因为每个 $d(k)(1\leqslant k\leqslant n)$ 都为奇数,所以有

$$d(1) + d(2) + \cdots + d(n) \equiv 1 + 1 + \cdots + 1 \equiv n \pmod{2},$$

所以
$$\begin{aligned} n &\equiv d(1) + d(2) + \cdots + d(n) \\ &\equiv 3[d(1) + d(2) + \cdots + d(n)] \\ &\equiv 2(1 + 2 + \cdots + n) \equiv 0 \pmod{2}, \end{aligned}$$

即 n 为偶数.

为了说明数列 $\{a_n\}$ 包含所有的中数,我们需要证明下面的引理 2.

引理 2 当 n 为偶数时,n 是中数 $\Leftrightarrow 2n+2$ 是中数.

实际上,记
$$D(n) = d(1) + d(2) + \cdots + d(n),$$
$$S(n) = 1 + 2 + \cdots + n,$$

则 $F(n) = \dfrac{2}{3}$ 等价于 $3D(n) = 2S(n)$.

当 n 为偶数时,有
$$\begin{aligned} D(2n+2) &= [d(1) + d(3) + \cdots + d(2n+1)] \\ &\quad + [d(2) + d(4) + \cdots + d(2n+2)] \quad \text{(奇偶分开处理)} \\ &= [1 + 3 + \cdots + (2n+1)] + [d(1) + d(2) + \cdots + d(n+1)] \\ &= (n+1)^2 + [D(n) + d(n+1)] \\ &= (n+1)^2 + (n+1) + D(n) \quad \text{(因为 } n+1 \text{ 为奇数)}, \end{aligned}$$
$$\begin{aligned} 3D(2n+2) &= 3(n+1)^2 + 3(n+1) + 3D(n) \\ &= (n+1)(3n+6) + 3D(n), \end{aligned}$$
$$\begin{aligned} 2S(2n+2) &= 2[1 + 2 + \cdots + (2n+2)] \\ &= (2n+2)(2n+3) = (n+1)(4n+6), \end{aligned}$$
$$\begin{aligned} &3D(2n+2) - 2S(2n+2) \\ &= (n+1)(3n+6) + 3D(n) - (n+1)(4n+6) \\ &= 3D(n) - n(n+1) = 3D(n) - 2S(n). \end{aligned}$$

所以
$$n \text{ 是中数} \Leftrightarrow 3D(n) - 2S(n) = 0$$
$$\Leftrightarrow 3D(2n+2) - 2S(2n+2) = 0$$
$$\Leftrightarrow 2n+2 \text{ 是中数}.$$

最后,为了保证任何一个中数都必定是按上述递归关系得到的,我们需要证明如下的引理3.

引理3 若 $2n+2$ 是中数,则 n 必是偶数.

用反证法,假定 n 是奇数,且 $2n+2$ 是中数.令 $n = 2k-1$,则 $2n+2 = 4k$,于是,由 $2n+2 = 4k$ 是中数,有
$$3D(4k) = 2S(4k) = 4k(4k+1) = 16k^2 + 4k.$$

另一方面,由 $D(4k)$ 的定义,有
$$3D(4k) = 3[1 + 3 + \cdots + (4k-1)]$$
$$\qquad + 3[d(1) + d(2) + \cdots + d(2k)]$$
$$= 3(2k)^2 + 3D(2k)$$
$$= 12k^2 + 3D(2k).$$

比较以上两式,得
$$3D(2k) = 4k^2 + 4k > 4k^2 + 2k = 2k(2k+1) = 2S(2k). \qquad ①$$
由此可见,$2k$ 是强数.

如果能证明任何正偶数 n 都不是强数,则由①式便产生矛盾,引理3获证.

于是,我们只需证明对任何偶数 n,有
$$3D(n) \leqslant 2S(n). \qquad ②$$

注意到前面的讨论,当 n 为偶数时,我们可把 $D(n)$ 的问题转化为 $D\left(\dfrac{n}{2}\right)$ 的问题来处理,此时 n 所含有的 2 的幂次数降低 1,于是,不妨设 $2^r \leqslant n < 2^{r+1}(r \in \mathbf{N}^*)$,即 $2^r \leqslant n \leqslant 2^{r+1} - 1 (r \in \mathbf{N}^*)$.又 n 为偶数,所以 $2^r \leqslant n \leqslant 2^{r+1} - 2 (r \in \mathbf{N}^*)$.

对 r 归纳(分批归纳法). 当 $r=1$ 时, $n=2$, 此时 $3D(2)=6=2S(2)$, 结论②成立.

设结论②对正整数 r 成立, 考察 $r+1$ 的情形, 此时 $2^{r+1} \leqslant n \leqslant 2^{r+2}-2$.

若 $n \equiv 0 \pmod 4$, 则 $\dfrac{n}{2}$ 为偶数, $2^r \leqslant \dfrac{n}{2} \leqslant 2^{r+1}-2$, 此时

$$\begin{aligned}
D(n) &= [d(1)+d(3)+\cdots+d(n-1)] \\
&\quad + [d(2)+d(4)+\cdots+d(n)] \\
&= [1+3+\cdots+(n-1)] \\
&\quad + \left[d(1)+d(2)+\cdots+d\left(\dfrac{n}{2}\right)\right] \\
&= \left(\dfrac{n}{2}\right)^2 + D\left(\dfrac{n}{2}\right) \leqslant \left(\dfrac{n}{2}\right)^2 + \dfrac{\dfrac{n}{2}\cdot\left(\dfrac{n}{2}+1\right)}{3} \quad (\text{归纳假设}) \\
&= \dfrac{n^2}{4} + \dfrac{n^2+2n}{12} = \dfrac{4n^2+2n}{12} \\
&< \dfrac{4n^2+4n}{12} = \dfrac{n(n+1)}{3} = \dfrac{2S(n)}{3},
\end{aligned}$$

结论成立.

若 $n \equiv 2 \pmod 4$, 则 $\dfrac{n}{2}$ 为奇数, $\dfrac{n-2}{2}$ 为偶数, $2^r \leqslant \dfrac{n-2}{2} \leqslant 2^{r+1}-2$, 此时

$$\begin{aligned}
D(n) &= [d(1)+d(3)+\cdots+d(n-1)] \\
&\quad + [d(2)+d(4)+\cdots+d(n-2)]+d(n) \\
&= [1+3+\cdots+(n-1)] \\
&\quad + \left[d(1)+d(2)+\cdots+d\left(\dfrac{n-2}{2}\right)\right] + \dfrac{n}{2} \\
&= \left(\dfrac{n}{2}\right)^2 + \dfrac{n}{2} + D\left(\dfrac{n-2}{2}\right)
\end{aligned}$$

$$\leqslant \left(\frac{n}{2}\right)^2 + \frac{n}{2} + \frac{\frac{n-2}{2}\cdot\frac{n}{2}}{3} \quad (\text{归纳假设})$$

$$= \frac{n^2}{4} + \frac{n}{2} + \frac{n^2-2n}{12} = \frac{4n^2+4n}{12}$$

$$= \frac{n(n+1)}{3} = \frac{2S(n)}{3},$$

结论成立.

所以,任何正偶数 n 都不是强数,这与①式矛盾,从而引理 3 获证.

最后证明:所有"中数"构成序列$\{a_n\}$,其中 $a_1 = 2, a_n = 2a_{n-1} + 2$.

一方面,由引理 2 可知,数列$\{a_n\}$中的数都是中数;另一方面,我们证明所有中数都在上述数列$\{a_n\}$中.

实际上,假定 x 是中数,则由引理 1 知,x 是偶数.

若 $x > 2$,令 $x_1 = \frac{x-2}{2}$,则 $x = 2x_1 + 2$.由引理 3 知,x_1 是正偶数;再由引理 2 知,x_1 是中数.

一般地,若 x_i 为中数,且 $x_i > 2$,则令 $x_{i+1} = \frac{x_i - 2}{2}$,由此得到一个递减的正整数序列 $x_1 > x_2 > \cdots > x_i > \cdots$,其中 $x_1, x_2, \cdots, x_i$ 都是中数.

由于序列不能无穷递降,从而必定到某个时刻,有 $x_i = 2$,从而 x 是数列$\{a_n\}$中的一个项.

容易知道,数列$\{a_n\}$的通项为 $a_n = 2^{n+1} - 2 (n \in \mathbf{N}^*)$.

实际上,$a_n + 2 = 2a_{n-1} + 4 = 2(a_{n-1} + 2) = 2^2(a_{n-2} + 2) = \cdots = 2^{n-1}(a_1 + 2) = 2^{n+1}$.所以,$a_n = 2^{n+1} - 2$.

故所有中数为 $a_n = 2^{n+1} - 2 (n \in \mathbf{N}^*)$.

又上面已经证明,任何正偶数 n 都不是强数,于是,集合 $A = \{x$

为正偶数 $\{x \neq 2^{n+1} - 2(n \in \mathbf{N}^*)\}$ 中的数都是弱数.

剩下的问题是:哪些奇数是强数?哪些奇数是弱数?

不难猜想:所有正奇数 $2n+1$ 都是强数,即对任何自然数 n,有
$$3D(2n+1) > 2S(2n+1).$$

首先,当 $n=0$ 时不等式显然成立,从而只需证明不等式对任何正整数 n 成立.

此外,由引理1可知,$2n+1$ 不是中数,从而只需证明对任何正整数 n,有
$$3D(2n+1) \geqslant 2S(2n+1) = (2n+1)(2n+2).$$
再注意到
$$D(2n+1) = D(2n) + d(2n+1) = D(2n) + 2n+1,$$
不等式又化为
$$3D(2n) \geqslant (2n+1)(2n+2) - 3(2n+1) = (2n)^2 - 1.$$
找一个充分条件,我们证明对任何正整数 n,有
$$3D(n) + 1 \geqslant n^2.$$
对 n 归纳.当 $n=1$ 时结论显然成立.设结论对小于 n 的正整数成立,考虑 n 的情形.

(1) 若 n 为奇数,则 $d(n) = n$,由归纳假设有
$$3D(n) + 1 = 3D(n-1) + 1 + 3d(n)$$
$$\geqslant (n-1)^2 + 3n = n^2 + n + 1 > n^2,$$
结论成立.

(2) 若 n 为偶数,则由归纳假设有
$$3D(n) + 1 = 3[d(1) + d(3) + \cdots + d(n-1)]$$
$$\quad + 3[d(2) + d(4) + \cdots + d(n)] + 1$$
$$= 3[1 + 3 + \cdots + (n-1)]$$
$$\quad + 3\left[d(1) + d(2) + \cdots + d\left(\frac{n}{2}\right)\right] + 1$$

$$= 3\left(\frac{n}{2}\right)^2 + 3D\left(\frac{n}{2}\right) + 1$$
$$\geqslant 3\left(\frac{n}{2}\right)^2 + \left(\frac{n}{2}\right)^2 = n^2,$$

结论成立.

综上所述,所有中数为 $2^{n+1} - 2(n \in \mathbf{N}^*)$,所有弱数为除 $2^{n+1} - 2(n \in \mathbf{N}^*)$ 外的偶数,而一切奇数都是强数.

例 3 有 $n(n \geqslant 3)$ 个人参加一次聚会,他们相互握手致意.已知:对任何两个相互握了手的人 A,B,都存在一个人 C,使 A 与 C 未握手、B 与 C 未握手;对任何两个未相互握了手的人 A,B,都存在一个人 C,使 A 与 C 握了手、B 与 C 握了手.求 n 的所有可能取值.(原创题)

分析与解 合乎条件的 n 的值是所有大于 4 的自然数.

显然,问题等价于:将凸 $n(n \geqslant 3)$ 边形的边和对角线 2-染色,使任何一条边 AB,都存在一点 C,使 AC,BC 都与 AB 异色,即边 AB 至少对一个与 AB 异色的单色角,求 n 的所有可能取值.

当 $n = 3, 4$ 时,显然不合乎要求.

我们从 5 开始构造,施行递归构造:由前一种情况的构造得出下一种情况的构造.

首先,当 $n = 5$ 时,将 $A_i A_{i+1}$ ($i=1,2,3,4,5$)染红色,$A_i A_{i+2}$ ($i=1,2,3,4,5$)染蓝色,则染色合乎条件(图 4.1).

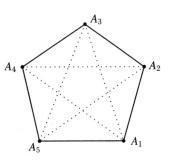

图 4.1

当 $n=6$ 时,在 $n=5$ 的染色中增加一个点 A_6,将新增的边 $A_6 A_1$,$A_6 A_4$,$A_6 A_5$ 染红色,$A_6 A_2$,$A_6 A_3$ 染蓝色(图 4.2),则染色合乎条件(只需验证新增的边).

当 $n=7$ 时,在 $n=6$ 的染色中增加一个点 A_7,将新增的边 $A_7A_1, A_7A_2, A_7A_5, A_7A_6$ 染红色,A_7A_3, A_7A_4 染蓝色,则染色合乎条件(图 4.3).

当 $n \geqslant 8$ 时,将 n 个点放置在圆周上且将圆周 n 等分,每一等分所对的圆周角 $\alpha = \dfrac{2\pi}{n}$.

对任何一条边 $A_iA_j (1 \leqslant i < j \leqslant n)$,设它所对的圆周角为 $k\alpha \left(1 \leqslant k \leqslant \dfrac{n}{2}\right)$,则称边 A_iA_j 是 k 级边,k 称为它的级别,记为 $\|A_iA_j\|$.

若 $8 \leqslant n \leqslant 13$,且 $n \neq 10$,称级别不大于 $\dfrac{n}{4}$ 的边为小边,其他的边为大边.

将所有小边染红色,所有大边染蓝色,我们证明染色合乎条件.

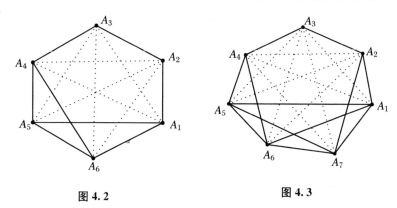

图 4.2　　　　　　　图 4.3

考察任意一条小边,不妨设为 $A_1A_k \left(k-1 \leqslant \dfrac{n}{4}\right)$,则 $P = \{A_k, A_{k+1}, \cdots, A_n, A_1\}$ 中共有 $n-k+2$ 个点,设 A_j 是 P 中使 $t = \min\{\|A_jA_1\|, \|A_jA_k\|\}$ 最大的点,因为优弧 A_1A_k 所对的圆心角为 $(n-k+1)\alpha$,所以

$$t \geqslant \left[\frac{n-k+1}{2}\right] > \frac{n-k+1}{2} - 1 = \frac{n-k-1}{2}$$

$$\geqslant \frac{n - \left(\frac{n}{4}+1\right) - 1}{2} = \frac{3n-8}{8}$$

$$= \frac{2n+(n-8)}{8} \geqslant \frac{2n}{8} = \frac{n}{4},$$

所以 A_jA_1, A_jA_k 都是大边,合乎条件.

考察任意一条大边,不妨设为 $A_1A_k\left(\frac{n}{4} < k-1 \leqslant \frac{n}{2}\right)$,则 $P = \{A_1, A_2, \cdots, A_k\}$ 中共有 k 个点,设 A_j 是 P 中使 $t = \max\{\|A_jA_1\|, \|A_jA_k\|\}$ 最小的点,因为劣弧(或半圆)A_1A_k 所对的圆心角为 $(k-1)\alpha$,所以

$$t \leqslant \left[\frac{k-1}{2} + \frac{1}{2}\right] \leqslant \frac{k}{2}$$

$$\leqslant \frac{\frac{n}{2}+1}{2} = \frac{n+2}{4},$$

则

$$t \leqslant \left[\frac{n+2}{4}\right] = \left[\frac{n}{4}\right] \leqslant \frac{n}{4}.$$

于是 A_jA_1, A_jA_k 都是小边,合乎条件.

当 $n \geqslant 14$ 时,称级别不大于 $\frac{n+2}{4}$ 的边为小边,其他的边为大边. 将所有小边染红色,所有大边染蓝色,我们证明染色合乎条件.

考察任意一条小边,不妨设为 $A_1A_k\left(k-1 \leqslant \frac{n+2}{4}\right)$,则 $P = \{A_k, A_{k+1}, \cdots, A_n, A_1\}$ 中共有 $n-k+2$ 个点,设 A_j 是 P 中使 $t = \min\{\|A_jA_1\|, \|A_jA_k\|\}$ 最大的点,因为优弧 A_1A_k 所对的圆心角为 $(n-k+1)\alpha$,所以

$$t \geq \left[\frac{n-k+1}{2}\right] > \frac{n-k+1}{2} - 1$$

$$= \frac{n-k-1}{2} \geq \frac{n - \left(\frac{n+2}{4}+1\right) - 1}{2}$$

$$= \frac{3n-10}{8} \geq \frac{2n+(n-10)}{8}$$

$$\geq \frac{2n+4}{8} = \frac{n+2}{4},$$

于是 A_jA_1, A_jA_k 都是大边，合乎条件.

考察任意一条大边，不妨设为 $A_1A_k\left(\frac{n+2}{4} < k-1 \leq \frac{n}{2}\right)$，则 $P = \{A_1, A_2, \cdots, A_k\}$ 中共有 k 个点，设 A_j 是 P 中使 $t = \max\{\|A_jA_1\|, \|A_jA_k\|\}$ 最小的点，因为劣弧（或半圆）A_1A_k 所对的圆心角为 $(k-1)\alpha$，所以

$$t \leq \left[\frac{k-1}{2} + \frac{1}{2}\right] \leq \frac{k}{2} \leq \frac{\frac{n}{2}+1}{2} = \frac{n+2}{4},$$

于是 A_jA_1, A_jA_k 都是小边，合乎条件.

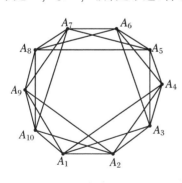

图 4.4

最后，当 $n=10$ 时，不适应上面统一构造的特例，需另外构造. 将 $A_iA_{i+1}, A_iA_{i+2}(i=1,2,\cdots,10)$ 以及 $A_1A_4, A_7A_{10}, A_3A_6, A_9A_2, A_5A_8$ 染红色，其余边染蓝色（图 4.4 中未连的边为蓝色），则每条 1、2 级红边显然都对一个蓝色角，而 3 级红边，如 A_1A_4，也都对一个蓝色角（如 A_7）；每条 4、5 级蓝边显然都对一个红色角，而 3 级蓝边，如 A_2A_5，也都对一个蓝色角（如 A_3），于是染色

4 如何建立递归关系

合乎条件.

例4 试证:对任何正整数 n,可以将数 $1,2,3,\cdots,8^n$ 排成一个 $2^n \times 2^n \times 2^n$ 正方体数阵,这些数字中任意两个的算术平均值不包含在包含它们的最小长方体中,即 a_{ijp} 和 a_{klq} 的算术平均值不是某个已知数 a_{rst}.其中 $\min(i,k) \leqslant r \leqslant \max(i,k)$,$\min(j,l) \leqslant s \leqslant \max(j,l)$,$\min(p,q) \leqslant t \leqslant \max(p,q)$.(原创题)

分析与解 先退到平面问题(二维):注意到 $8^n = (2^3)^n$,它对应平面问题中的数 $4^n = (2^2)^n$.

可以将数 $1,2,3,\cdots,4^n$ 排成一个 $2^n \times 2^n$ 正方形数阵,这些数字中任意两个的算术平均值不包含在包含它们的最小矩形中,即 a_{ij} 和 a_{kl} 的算术平均值不是某个已知数 a_{rs}.其中 $\min(i,k) \leqslant r \leqslant \max(i,k)$,$\min(j,l) \leqslant s \leqslant \max(j,l)$.

进一步,该问题又可退到直线问题:将 $1,2,\cdots,2^n$ 排成一行,使这些数中任意两个的算术平均数都不等于它们之间的某个数.换句话说:构造 $1,2,\cdots,2^n$ 的一个排列 $a_1,a_2,\cdots,a_{2^n}$,使得不存在下标 $i<t<j$ 满足 $2a_t = a_i + a_j$.

采用递归构造:对于 $n=1$,排列 $1,2$ 合乎要求.

对于 $n=2$,首先考虑怎样的两个数的平均值是整数,显然是它们同奇偶.

先看两个奇数 $1,3$,它们之间不能有 2,可将 2 排在 $1,3$ 的后面,得到 $1,3,2$;再看两个偶数 $2,4$,它们之间不能有 3,于是可将 4 排在 2 的后面,得到构造 $1,3,2,4$ 或 $2,4,1,3$.

现在我们来发掘其中是否包含 $n=1$ 的影子.

例如:$2,4,1,3$,改写为 $2\times 1, 2\times 2, 2\times 1-1, 2\times 2-1$.

由此可见,如果将 $n=1$ 的排列表示为 $A_1 = (a_1, a_2)$,则 $n=2$ 的排列为 $A_2 = (2a_1, 2a_2, 2a_1-1, 2a_2-1)$.

对于 $n=3$,设想:将 $n=2$ 的排列表示为 $A_2 = (a_1, a_2, a_3, a_4)$,

我们期望 $n=3$ 的排列为 $A_3=(2a_1,2a_2,2a_3,2a_4,2a_1-1,2a_2-1,2a_3-1,2a_4-1)$.

检验：将 A_3 的前 4 项称为前部，后 4 项称为后部，分别属于前后两部的两个数不同奇偶，它们的算术平均数不是整数，不能等同于任何 2 项之间的一个项.

如果两个数属于同一部，则结论也成立. 事实上，例如，假设有指标 $i<k<j$，使 $\dfrac{2a_i+2a_j}{2}=2a_k$，则 $\dfrac{a_i+a_j}{2}=a_k$，矛盾.

由此可见，递归构造为：假设 $a_1,a_2,\cdots,a_{2^k}$ 是 $1,2,\cdots,2^k$ 的一个合乎要求的排列，则 $2a_1,2a_2,\cdots,2a_{2^k},2a_1-1,2a_2-1,\cdots,2a_{2^k}-1$ 是 $1,2,\cdots,2^{k+1}$ 的一个合乎要求的排列.

实际上，前部由 1 和 2^{k+1} 中的所有偶数构成，而后部包含该范围内的所有奇数. 因此，它是 $1,2,\cdots,2^{k+1}$ 的一个排列，同上证明它合乎要求.

回到平面问题：对于 $n=1$，将 $1,2,3,4$ 排成数阵 $\begin{pmatrix}1&2\\3&4\end{pmatrix}$，合乎条件.

对于 $n=2$，需要将 $1,2,3,\cdots,16$ 排成 4×4 的数阵.

类比：$(1,2)\to 2(1,2),2(1,2)-1$.

重新记为 $(1,2)\to(A_0,A_1)$，其中 $A_0=(2a_{ij}-0)$，$A_1=(2a_{ij}-1)$.

$\begin{pmatrix}1&2\\3&4\end{pmatrix}\to\begin{pmatrix}A_0&A_1\\A_2&A_3\end{pmatrix}$，其中 $A_0=(4a_{ij})$，$A_1=(4a_{ij}-1)$，$A_2=(4a_{ij}-2)$，$A_3=(4a_{ij}-3)$.

一般地，假设对于某个 $k\geqslant 1$，可以将 $1,2,\cdots,(2^k)^2$ 排成 $2^k\times 2^k$ 的方阵 $A=(a_{ij})$，使其中任何两个数的算术平均数都不在它们之间.

考察 4 个 $2^k\times 2^k$ 数阵 $A_0=(4a_{ij})$，$A_1=(4a_{ij}-1)$，$A_2=(4a_{ij}-2)$，$A_3=(4a_{ij}-3)$，其中最大的数在 $A_0=(4a_{ij})$ 中，且为 (a_{ij}) 中

最大数的 4 倍,即 $4(2^k)^2 = (2^{k+1})^2$.于是,它们包含 1 和 $(2^{k+1})^2$ 之间的所有数.同时,A_i 中的数模 4 同余($i = 0,1,2,3$).将这些数阵排列成一个 $2^{k+1} \times 2^{k+1}$ 数阵 $B = \begin{pmatrix} A_0 & A_1 \\ A_2 & A_3 \end{pmatrix}$,它包含所有的数字 $1,2,\cdots,(2^{k+1})^2$.

我们只需验证,B 的任何两项的算术平均数不在这两项之间.我们称 A_0, A_1, A_2, A_3 为 4 个象限.

如果两个已知数 x 和 y 在同一象限,设 $x = 4a_{ij} - r$ 和 $y = 4a_{kl} - r$ 的平均值($r = 0,1,2,3$)在这两个数之间,即 x,y 的平均值 $2a_{ij} + 2a_{kl} - r$ 等于某个 $4a_{st} - r$,则 $2a_{ij} + 2a_{kl} = 4a_{st}$,得 $a_{ij} + a_{kl} = 2a_{st}$,矛盾.

如果 x 和 y 位于 B 的同一行或同一对角的象限中,则它们的算术平均值不是整数.

下面只需要检验 $x \in A_0, y \in A_2$ 或 $x \in A_1, y \in A_3$ 时的情况.

在第一种情况下,我们有 $x \equiv 0 \pmod{4}, y \equiv 2 \pmod{4}$,所以 $\frac{1}{2}(x+y)$ 是奇数,必属于 A_1 或 A_3.在第二种情况下,x 和 y 是 B 的 "右半" 部分,而它们的算术平均值是偶数,必属于 B 的 "左半" 部分,这两种情况都有 $\frac{1}{2}(x+y)$ 不在 x,y 之间.

因此,B 符合我们的要求,归纳完成.

解答原题 对于 $n = 1$,数阵 $\begin{pmatrix} 1 & 2 \\ 3 & 4 \end{pmatrix} \cup \begin{pmatrix} 5 & 6 \\ 7 & 8 \end{pmatrix}$ 合乎条件,其中 $\begin{pmatrix} 1 & 2 \\ 3 & 4 \end{pmatrix}, \begin{pmatrix} 5 & 6 \\ 7 & 8 \end{pmatrix}$ 分别表示 $2 \times 2 \times 2$ 正方体数阵的上、下两层 2×2 正方形数阵.

假设对于某个 $k \geqslant 1$,可以将 $1,2,\cdots,(2^k)^3$ 排成 $2^k \times 2^k \times 2^k$ 的方

阵 $A=(a_{ijp})$，使其中任何两个数的算术平均数都不在它们之间．

考察 8 个 $2^k \times 2^k \times 2^k$ 数阵 $A_h = (8a_{ijp} - h)(h = 0, 1, 2, \cdots, 7)$，其中最大的数在 $A_0 = (8a_{ijp})$ 中，且为 (a_{ijp}) 中最大数的 8 倍，即 $8(2^k)^3 = (2^{k+1})^3$．于是，它们包含 1 和 $(2^{k+1})^3$ 之间的所有数，同时，A_h 中的数模 8 同余 $(h = 0, 1, 2, \cdots, 7)$．

将这些数阵排列成一个 $2^{k+1} \times 2^{k+1} \times 2^{k+1}$ 数阵 $B = \begin{bmatrix} A_0 & A_1 \\ A_2 & A_3 \end{bmatrix} \cup \begin{bmatrix} A_4 & A_5 \\ A_6 & A_7 \end{bmatrix} = B_1 \cup B_2$，其中 $B_1 = \begin{bmatrix} A_0 & A_1 \\ A_2 & A_3 \end{bmatrix}$，$B_2 = \begin{bmatrix} A_4 & A_5 \\ A_6 & A_7 \end{bmatrix}$ 表示 B 的上、下两层，每一层由 4 个 $2^k \times 2^k \times 2^k$ 的方阵排成．

显然，B 包含 $1, 2, \cdots, (2^{k+1})^3$ 中的所有的数．我们只需验证，B 的任何两个数 x, y 的算术平均数不在 x, y 之间．

如果两个数 x, y 属于同一个 B_i（$i = 1$ 或 2），不妨设 x, y 属于 B_1，我们称 A_0, A_1, A_2, A_3 为 4 个象限．

如果两个已知数 x 和 y 位于 B_1 的同一象限，反设 $x = 8a_{ijp} - h$ 和 $y = 8a_{klq} - h$ 的平均值（$h = 0, 1, 2, 3$）在这两个数之间，通过简单计算可知，A 不是 $1, 2, \cdots, (2^k)^3$ 的合乎要求的解（x, y 的平均值为 $4a_{ijp} + 4a_{klq} - h$，它等于某个 $8a_{rst} - h$，则 $4a_{ijp} + 4a_{klq} = 8a_{rst}$，得 $a_{ijp} + a_{klq} = 2a_{rst}$）．这与归纳假设相违背．如果 x 和 y 位于 B_1 的同一行或同一对角的象限中，则它们的算术平均值不是整数．

由此可见，我们只需要检验 $x \in A_0, y \in A_2$ 或 $x \in A_1, y \in A_3$ 时的情况．

在第一种情况下，我们有 $x \equiv 0 \pmod{8}$，$y \equiv 2 \pmod{8}$，所以 $\frac{1}{2}(x + y)$ 是奇数，必属于 A_1 或 A_3．在第二种情况下，x 和 y 是 B_1 的"右半"部分，而它们的算术平均值是偶数，必属于 B_1 的"左半"部分，

这两种情况都有 $\frac{1}{2}(x+y)$ 不在 x, y 之间.

将 B 改写成 $B = \begin{pmatrix} A_0 & A_1 \\ A_4 & A_5 \end{pmatrix} \cup \begin{pmatrix} A_2 & A_3 \\ A_6 & A_7 \end{pmatrix} = C_1 \cup C_2$，其中 $C_1 = \begin{pmatrix} A_0 & A_1 \\ A_4 & A_5 \end{pmatrix}, C_2 = \begin{pmatrix} A_2 & A_3 \\ A_6 & A_7 \end{pmatrix}$ 表示 B 的前、后两层，每一个层由 4 个 $2^k \times 2^k \times 2^k$ 的方阵排成.

类似于上面的证明，如果两个数 x, y 属于同一个 C_i（$i = 1$ 或 2），则 $\frac{1}{2}(x+y)$ 不在 x, y 之间.

例 5 有 $n(n \geqslant 2)$ 名骑车者在一个环形跑道上按逆时针方向匀速行驶，每人的速度互不相同，由于跑道很窄，只在一个点处可以超车（但该点处有足够的宽度，可以使任意多人同时通过）.

(1) 为了使这种运动可以一直进行下去，当 $n = 2$ 时，这两人的速度应满足怎样的条件？

(2) 若可以适当安排 n 个人的速度，使这种运动可以一直进行下去，求出 n 的所有可能取值.

分析与解 (1) 记可以超车的点为 O，并设 A，B 两人同时从点 O 出发，则 B 从出发到第一次追上 A 时两者都应跑了整数圈.

设两者的速度分别为 $a, b (a < b$，注意 a, b 未必为整数)，环形跑道一周的路程为 s，B 从出发到第一次追上 A 所用的时间为 t，则 $bt - at = s$（B 比 A 多跑了一圈），于是 $t = \frac{s}{b-a}$，此时 A 跑的路程为 $at = \frac{as}{b-a}$，从而 A 跑了 $\frac{1}{s} \cdot \frac{as}{b-a} = \frac{a}{b-a}$ 圈.

依题意，此时 A，B 都回到点 O，从而 $\frac{a}{b-a}$ 为正整数.

反之，若 $\frac{a}{b-a}$ 为正整数，令 $\frac{a}{b-a} = k$，则 $(k+1)a = kb$，所以

$\dfrac{a}{b} = \dfrac{k}{k+1}$,于是,当 A 跑了 k 圈时,B 跑了 $k+1$ 圈,每次都恰好在点 O 处超过 A,运动可以一直进行下去.

综上所述,A,B 的速度 a,b 满足的条件是 $\dfrac{a}{b-a}$ 为正整数.

(2) 所有 $n \geqslant 2$ 都合乎要求.

我们证明更强的命题(原问题并未要求速度为整数),当 $n \geqslant 2$ 时,都存在 n 个不同的正整数构成的集合 $X_n = \{a_1, a_2, \cdots, a_n\}$,其中 $a_1 < a_2 < \cdots < a_n$,使对任何 $1 \leqslant i < j \leqslant n$,有 $a_j - a_i \mid a_i$.

对 n 归纳(递归构造),当 $n = 2$ 时,取 $X_2 = \{1, 2\}$,结论成立.

设 $n = k$ 时结论成立,对应的 $X_k = \{a_1, a_2, \cdots, a_k\}$,其中 $a_1 < a_2 < \cdots < a_k$.

当 $n = k + 1$ 时,采用"添加平凡项 + 平移"的技巧.所谓"平凡项",是指那些显然使原性质继续部分保留的项.

记 $p = (a_k)!$,取 $X_{k+1} = \{p, a_1 + p, a_2 + p, \cdots, a_k + p\}$,我们证明 X_{k+1} 合乎要求.

实际上,对任何 $a, b \in X_{k+1}$ ($a < b$),如果 $a = p$,不妨设 $b = a_i + p$ ($1 \leqslant i \leqslant k$),则 $b - a = a_i$,因为 $a_i \leqslant a_k$,所以 $a_i \mid (a_k)!$,即 $b - a \mid a$.

如果 $a > p$,不妨设 $a = a_i + p, b = a_j + p$ ($1 \leqslant i < j \leqslant k$),则 $b - a = a_j - a_i$,由归纳假设有 $a_j - a_i \mid a_i$.又因为 $a_j - a_i \leqslant a_k$,所以 $a_j - a_i \mid (a_k)!$,即 $a_j - a_i \mid p$,所以 $a_j - a_i \mid a_i + p$,即 $b - a \mid a$.

由归纳原理知,结论成立.

由上可知,对任何正整数 $n \geqslant 2$,都可以安排 n 个人,他们的速度分别为整数 $a_1, a_2, \cdots, a_n$,其中 $a_1 < a_2 < \cdots < a_n$,使对任何 $1 \leqslant i < j \leqslant n$,有 $a_j - a_i \mid a_i$.

由(1)的结论可知,速度为 a_i, a_j 的两人永远只在点 O 处相遇,所以运动一直可以持续下去.

综上所述,所求的 n 为一切大于 1 的整数.

 定 元 递 归

先选定一个元素 a,然后讨论 a 的各种取值.对 a 的每一个具体取值,考虑剩下 $n-1$ 个非 a 的元素的各种取值情况,如果每个非 a 的元素的取值不受 a 的取值的影响,则问题被转化为 $n-1$ 个元素的问题.如果某个非 a 的元素 b 受 a 的取值的影响而确定了取值(一个或几个),则问题被转化为 $n-2$ 个元素的问题,由此即可建立递归关系.

例 1 边长为整数,周长为 $2n(n\geqslant 4, n\in \mathbf{Z})$ 的两两不全等的不等边三角形共有多少个?

分析与解 设三角形的三边分别为 a,b,c,不妨设 $a>b>c$,则 $a+b+c=2n, b+c>a$.

问题变成求上述混合方程组的解的个数.

基本想法是:先放缩消元,消去 b,c,得到 a 的范围.再固定 $a=i$,放缩消元,消去 c,得出 b 的范围.假定 b 有 $f(i)$ 种取值,则 $S=\sum f(i)$.

因为不等式控制中涉及以 2,3 为分母的分数,所以我们将 n 按模 6 分类.

当 $n=6k$ 时,由 $b+c>a$,得 $2a<a+b+c=2n$,于是 $a<n=6k$,所以 $a\leqslant 6k-1$.

由 $a>b>c$,有 $3a>a+b+c=2n$,所以 $a>\dfrac{2n}{3}$(涉及分母 3)$=4k$,所以 $a\geqslant 4k+1$,于是 $4k+1\leqslant a\leqslant 6k-1$.

固定 $a=i$ $(4k+1\leqslant i\leqslant 6k-1)$,下面对确定的 a 估计 b 的

范围.

首先,由 $b<a$,得 $b \leqslant a-1 = i-1$.

其次,由 $2b > b+c = 2n-a = 12k-i$,得 $2b \geqslant 12k-i+1$,解得 $b \geqslant \dfrac{12k-i+1}{2}$(涉及分母 2),所以 $i-1 \geqslant b \geqslant \left[\dfrac{12k-i+2}{2}\right]$,所以 b 有

$$i-1-\left[\dfrac{12k-i+2}{2}\right]+1 = i-\left[\dfrac{12k-i+2}{2}\right]$$
$$= i-6k-1-\left[-\dfrac{i}{2}\right]$$
$$= i-6k-1+\left[\dfrac{i+1}{2}\right]$$
$$= \left[\dfrac{3i+1}{2}\right]-6k-1$$

种取法,而 $c = 2n-a-b$ 有唯一取法.

于是,三角形的个数为

$$S_{6k} = \sum_{i=4k+1}^{6k-1}\left(\left[\dfrac{3i+1}{2}\right]-6k-1\right)$$
$$= 1+2+4+5+7+8+\cdots+(3k-5)+(3k-4)+(3k-2)$$
$$= 1+2+\cdots+(3k-2)-(3+6+\cdots+3k-3)$$
$$= 3k^2-3k+1.$$

类似计算可得

$$S_{6k+1} = 1+2+3+\cdots+(3k-2)-(2+5+8+\cdots+3k-4)$$
$$= 3k^2-2k,$$

$$S_{6k+2} = 1+2+3+\cdots+(3k-1)-(1+4+7+\cdots+3k-2)$$
$$= 3k^2-k,$$

$$S_{6k+3} = 1+2+3+\cdots+(3k-1)-(3+6+9+\cdots+3k-3) = 3k^2,$$

$$S_{6k+4} = 1+2+3+\cdots+3k-(2+5+8+\cdots+3k-1) = 3k^2+k,$$

$S_{6k+5} = 1 + 2 + 3 + \cdots + 3k - (1 + 4 + 7 + \cdots + 3k - 2) = 3k^2 + 2k$.

另解 设三角形的三边为 $x < y < z$，则 $x + y + z = 2n$.

设方程
$$x + y + z = 2n \qquad ①$$
的整数解的集合为 A_n，其中 $1 \leqslant x < y < z, x + y > z$.

记 $a_n = |A_n|$，任取 $(x, y, z) \in A_n (n \geqslant 5)$.

若 $y - x > 1$，则 $(x, y-1, z-1) \in A_n$，从而这样的解有 a_{n-1} 个.

若 $y - x = 1$，则方程①化为
$$2x + 1 + z = 2n. \qquad ②$$

由②式，$x + y > z$ 等价于 $x + y \geqslant z + 1$，等价于 $x + (1 + x) \geqslant z + 1$，等价于 $2x + 1 \geqslant 2n - 2x$，等价于 $4x + 1 \geqslant 2n$，等价于 $4x + 1 \geqslant 2n + 1$（因为 $4x + 1 \neq$ 偶数 $2n$），等价于 $x \geqslant \dfrac{n}{2}$，等价于 $x \geqslant \left[\dfrac{n+1}{2}\right]$；$x < y < z$ 等价于 $y < z(y - x = 1,$ 显然有 $x < y)$，等价于 $1 + x < 2n - (2x + 1)$，等价于 $3x + 2 < 2n$，等价于 $3x + 3 \leqslant 2n$，等价于 $x \leqslant \dfrac{2n}{3} - 1$，即 $x \leqslant \left[\dfrac{2n}{3}\right] - 1$.

于是，x 有 $\left[\dfrac{2n}{3}\right] - 1 - \left[\dfrac{n+1}{2}\right] + 1 = \left[\dfrac{2n}{3}\right] - \left[\dfrac{n+1}{2}\right]$ 种取值.

而 x 确定后，z 由②式唯一确定，又 $y = x + 1$ 也由 x 唯一确定，于是这样的解有 $\left[\dfrac{2n}{3}\right] - \left[\dfrac{n+1}{2}\right] (n \geqslant 5)$ 个.

所以，当 $n \geqslant 5$ 时，则
$$a_n = a_{n-1} + \left[\dfrac{2n}{3}\right] - \left[\dfrac{n+1}{2}\right]. \qquad ③$$

易知，$a_4 = a_5 = 0$，规定 $a_0 = 1, a_1 = a_2 = a_3 = 0$，则③式对所有 $n \geqslant 0, n \in \mathbf{Z}$ 成立.

注意到

$$\left[\frac{2n}{3}\right]+\left[\frac{2n+1}{3}\right]+\left[\frac{2n+2}{3}\right]=2n,\quad \left[\frac{n}{2}\right]+\left[\frac{n+1}{2}\right]=n,$$

于是,对 $n\in \mathbf{N}$,有

$$\begin{aligned}
a_{n+6} &= a_{n+5}+\left[\frac{2n+12}{3}\right]-\left[\frac{n+7}{2}\right]=\cdots\\
&= a_n+\left[\frac{2n}{3}\right]+4+\left[\frac{2n+1}{3}\right]+3+\left[\frac{2n+2}{3}\right]+2\\
&\quad +\left[\frac{2n}{3}\right]+2+\left[\frac{2n+1}{3}\right]+1+\left[\frac{2n+2}{3}\right]\\
&\quad -\left(\left[\frac{n+1}{2}\right]+3+\left[\frac{n}{2}\right]+3+\left[\frac{n+1}{2}\right]+2\right.\\
&\quad \left.+\left[\frac{n}{2}\right]+2+\left[\frac{n+1}{2}\right]+1+\left[\frac{n}{2}\right]+1\right)\\
&= a_n+4n+12-(3n+12)=a_n+n.
\end{aligned}$$

令 $n=6k+r$,则

$$\begin{aligned}
a_n &= a_{6(k-1)+r}+6(k-1)+r\\
&= a_{6(k-2)+r}+6(k-2)+r+6(k-1)+r\\
&= \cdots = 6(k-1)+r+6(k-2)+r+6\times 1+r+(a_r+r)\\
&= \begin{cases} kr+3k(k-1), & 1\leqslant r\leqslant 5,\\ 1+3k(k-1), & r=0. \end{cases}
\end{aligned}$$

例 2 正整数的 $n(n>1)$ 进制表示中,各位数字互不相同,且每个数字均与它前面的某个数字的差的绝对值为 1,这样的正整数有多少个?(美国数学奥林匹克试题)

分析与解 设合乎条件的 n 进制数有 a_n 个,注意到 n 进制数的首位不为 0,从而去掉前面若干位得到的剩下数位上数字的排列方法与原问题不是同样的问题.为了避免这一麻烦,我们称允许 0 排首位的 n 进制数为"广义 n 进制数",先求广义 n 进制数的个数 b_n.

首先,由归纳法可以证明:广义 n 进制数只能由若干个连续的自

然数适当排列而成,且末位数码是最大的或是最小的(因为每次添加的数只能是比最大的大1或比最小的小1).

这一结果可由图 4.5 所示的树图给出.

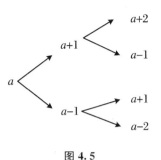

图 4.5

下面考虑:由每个广义 n 进制数可得到多少个广义 $n+1$ 进制数.

为此,考察任意一个广义 n 进制数为 $x = \overline{a_1 a_2 \cdots a_p}$,想象添加一个数码,使之变成广义 $n+1$ 进制数,则添加的数码可以是 $m-1$ 和 $M+1$,其中

$$m = \min\{a_1, a_2, \cdots, a_p\}, \quad M = \max\{a_1, a_2, \cdots, a_p\}.$$

当添加的数是 $M+1$ 时,立即得到合乎条件的广义 $n+1$ 进制数.

当添加的数是 $m-1$ 时,$m-1$ 可能小于 0,于是还需将得到的数的每个数字都加上 1.

由此可见,每一个 p 位的广义 n 进制数 $x = \overline{a_1 a_2 \cdots a_p}$ 都有两种方法扩充为 $p+1$ 位的 $n+1$ 进制数:

(1) 在 x 的末尾添加 $M+1$,得到 $\overline{a_1 a_2 \cdots a_p (M+1)}$.

(2) 将 x 的每个数码都加上 1,再在其末尾添加 m,得到 $\overline{(a_1+1)(a_2+1)\cdots(a_p+1)m}$.

显然,对任何两个不同的 p 位广义 n 进制数 $x = \overline{a_1 a_2 \cdots a_p}$,$y = \overline{b_1 b_2 \cdots b_p}$,按上述方法得到的 4 个 $p+1$ 位广义 $n+1$ 进制数 $\overline{a_1 a_2 \cdots a_p (M+1)}$,$\overline{(a_1+1)(a_2+1)\cdots(a_p+1)m}$,$\overline{b_1 b_2 \cdots b_p (N+1)}$,$\overline{(b_1+1)(b_2+1)\cdots(b_p+1)n}$ 是互不相同的.

现在考虑,由这样的方法能否得到所有的广义 $n+1$ 进制数.

首先注意,这样得到的广义 $n+1$ 进制数至少是 2 位数(遗漏了

1位数的情形),因为在广义 n 进制数的基础上增加了一个数位.

此外,我们证明,每个至少有2个数位的广义 $n+1$ 进制数,都必定是由某个广义 n 进制数按上述方法添加一个数字得到的.

实际上,考察任意一个 $p(p>1)$ 位的广义 $n+1$ 进制数 $x=\overline{a_1a_2\cdots a_p}$,如果 a_p 是最大的,则去掉 a_p,便得到 $p-1$ 位的广义 n 进制数 $p=\overline{a_1a_2\cdots a_{p-1}}$,这表明 x 是由广义 n 进制数 p 按第一种方法扩充得到的;如果 a_p 是最小的,则去掉 a_p,且将其他每个数码都减少 1,便得到 $p-1$ 位的广义 n 进制数 $q=\overline{(a_1-1)(a_2-1)\cdots(a_{p-1}-1)}$,这表明 x 是由广义 n 进制数 q 按第二种方法扩充得到的.

最后注意,1位的广义 $n+1$ 进制数有 $0,1,2,\cdots,n$ 共 $n+1$ 个,于是 $b_{n+1}=2b_n+n+1$.由此得 $b_n+n+2=2(b_{n-1}+n-1+2)$,所以 $b_n+n+2=2^{n-2}(b_2+2+2)=2^{n+1}$,则 $b_n=2^{n+1}-n-2$.

因为首位为 0 且至少有 2 位的 n 进制数有 $01,012,\cdots,0123\cdots(n-1)$ 共 $n-1$ 个,所以 $a_n=b_n-(n-1)=2^{n+1}-2n-1$.

例3 有 n 个人围成一圈召开圆桌会议,其中 n 是给定的大于 1 的整数,会议间隙,服务员向与会人员销售 50 元一张的午餐券.假定其中恰好有 $r(1\leqslant r<n)$ 个人手中持有 100 元币,其余的人手中都持有 50 元币,而服务员在销售午餐券时自己没有带钱.如果不管 n 个人在圆桌旁如何排列,服务员都可从某个人开始,依任一方向绕圆桌一周(包括顺时针和逆时针方向)销售午餐券,使 n 个人都购买上午餐券而不会出现找补困难的情况,求 r 的最大值.(原创题)

分析与证明 将持有 50 元币的人记为 1,持有 100 元币的人记为 -1,则问题等价于 n 个数排列成一个圆圈,其中恰好有 r 个 -1,其余都为 1.不管 n 个数在圆周上如何排列,都能从某个数开始,依任一方向绕圆一周依次将各个数相加,使任何时刻得到的和 $S_i(i=1,2,\cdots,n)$ 都不是负数,求 r 的最大值.

研究特例：当 $n=2$ 时，显然 $r_{\max}=1$，此时从 1 开始求和即可.

当 $n=3$ 时，若 $r=2$，则圆排列只有唯一方式，为 $(1,-1,-1)$，此时 $S_2=1-2=-1<0$，不合要求，所以 $r\leqslant 1$. 若 $r=1$，则圆排列只有唯一方式，为 $(1,1,-1)$，此时从任意一个 1 开始求和，有 $S_i\geqslant 0$（$i=1,2,3$），合乎要求，所以 $r_{\max}=1$.

当 $n=4$ 时，若 $r=2$，则当圆排列为 $(1,1,-1,-1)$ 时，有一个方向的 $S_2=-1<0$，不合要求，所以 $r\leqslant 1$. 当 $r=1$ 时，则圆排列为 $(1,1,1,-1)$，此时从任意一个 1 开始求和，有 $S_i\geqslant 0$（$i=1,2,3$），合乎要求，所以 $r_{\max}=1$.

当 $n=5$ 时，若 $r=3$，则 $S_5=2-3=-1<0$，不合要求，所以 $r\leqslant 2$. 当 $r=2$ 时，圆排列有两种情况，分别为 $(1,1,1,-1,-1)$ 或 $(1,1,-1,1,-1)$，此时从任意一个 1 开始求和，都有 $S_i\geqslant 0$（$i=1,2,\cdots,5$），合乎要求，所以 $r_{\max}=2$.

归纳上述情况，我们猜想 $r_{\max}=\left[\dfrac{n+1}{3}\right]$.

为叙述问题方便，我们给出如下定义：如果圆周上 n 个数中至多 k 个为 -1，其余都为 1，可以从某一个 1 开始依任一方向绕圆一周依次将各个数相加，使任何时刻得到的和部分 S_i（$i=1,2,\cdots,n$）都非负，则称圆周上这个 1 所在的位置为"好点".

为方便计算高斯函数值 $\left[\dfrac{n+1}{3}\right]$，我们取划分序列 $\{3k-1\}$，限定 $3k-1\leqslant n<3(k+1)-1$，即 $3k-1\leqslant n\leqslant 3k+1$. 只需证明：当 $3k-1\leqslant n\leqslant 3k+1$ 时，$r_{\max}=k$.

首先证明：当 $3k-1\leqslant n\leqslant 3k+1$ 时，$r\leqslant k$.

实际上，反设 $r\geqslant k+1$，因为 $3k-1\leqslant n\leqslant 3k+1$，则圆周上 1 的个数为 $n-r\leqslant 3k+1-(k+1)=2k$.

在圆周上将所有 1 排在一起，所有 -1 排在一起，则对任何一个

1,它的两侧中至少有一侧不多于 k(包括本身)个 1,于是,从它开始向不多于 k 个 1 的方向依次求和,则当加到最后一个 -1 时,$S \leqslant k - (k+1) = -1 < 0$.于是,任何一个 1 所在的位置都不是好点,而 -1 所在的位置都不是好点,矛盾.所以,$r \leqslant k$.

其次证明:当 $3k-1 \leqslant n \leqslant 3k+1$ 时,$r = k$ 合乎要求.

对 k 归纳.当 $k = 1$ 时,由前面的结果可知,结论成立.

当 $k = 2$ 时,圆周上 $5 \leqslant n \leqslant 7$ 个点,其中 $n-2$ 个为 1,2 个为 -1,我们考虑如何利用 $k = 1$ 的情形.

需要去掉 3 个点,使剩下的 5 个点中只有一个 -1,从而去掉的 3 点中要有一个为 -1.

任取一个 -1,另外再"任意"(以后优化)去掉两个 1,将这 3 个点一齐去掉,在剩下的 5 个点中有一个 -1,因而一定有好点,记为 P.

现将取出的 3 个点放回原处,我们期望 P 仍是好点.从反面考虑,在什么情况下 P 不是好点?

当 P 按某一方向运动到去掉的 -1 时,当时的"和"$S \leqslant 0$,与 -1 相加后得到负数.

如何使上述情况不出现?——优化假设:当取定一个去掉的 -1 时,另外去掉的两个 1 是该 -1 两侧与它距离最近的两个 1.

这样,因为 P 不是与所取出的 -1 距离最近的点,因而从 P 出发依圆周任一方向前进时,必先遇到添回的 $+1$,然后再遇到添回的 -1,故 P 仍是好点.

设结论对 k 成立,即圆周上 n 个数($3k-1 \leqslant n \leqslant 3k+1$),其中至多 k 个为 -1,其余都为 1,则圆周上必定存在好点.

考虑 $k+1$ 的情形,此时圆周上 n 个数($3k+2 \leqslant n \leqslant 3k+4$),其中至多 $k+1$ 个为 -1,其余都为 1.

现在需要去掉 3 个数,使剩下的 $n-3$ 个数中至多有 k 个 -1,从而去掉的 3 个数中要有一个为 -1,另两个为 1.

任意去掉一个 -1，在该 -1 两侧分别取一个与它距离最近的 1，去掉该 -1 和这两个 1，则剩下的 $n-3$ 个数中至多有 k 个 -1，注意到 $3k-1 \leqslant n-3 \leqslant 3k+1$，由归纳假设，一定有好点，记为 P.

现将去掉的 3 个点放回原处，因为 P 不是与所去掉的 -1 距离最近的点，所以从 P 出发依圆周任一方向求和时，必先加上添回的 $+1$，然后再加上添回的 -1，从而其仍然永远非负，故 P 仍是好点. 这说明，$n=k+1$ 时命题成立.

综上所述，$r_{\max} = \left[\dfrac{n+1}{3}\right]$.

例 4 设 n 是一个给定的正整数，有一个天平以及 n 个质量分别为 $2^0, 2^1, 2^2, \cdots, 2^{n-1}$ 的砝码，现在通过 n 次操作逐个将所有砝码都放上天平，每次操作都是将一个尚未放上天平的砝码放在天平的右边或者左边，并且要求天平右边的质量始终不超过天平左边的质量. 请问有多少种不同的操作过程？（2011 年国际数学奥林匹克试题）

分析与解 设有 a_n 种不同的操作过程，显然 $a_1 = 1$.

对于任意 $n \geqslant 2$，采用定元递归. 考虑最轻的砝码 2^0（定元），去掉这个砝码产生的过程仍然保持右边的质量始终不超过天平左边的质量，对应 a_{n-1} 种方法.

而对于任意满足天平右边的质量始终不超过天平左边的质量将 $2^1, 2^2, \cdots, 2^{n-1}$ 逐个放上天平的放法，若 2^0 可以插在 n 个位置，如果 2^0 插在第一次前面，则只能放在天平的左边；若插在其他位置，由于之前左边总量至少比右边总量大 2，因此无论放在左边还是右边都满足要求，故 2^0 共有 $1 + 2(n-1) = 2n-1$ 种插入的方法. 所以 $a_n = (2n-1)a_{n-1}$. 由此得 $a_n = (2n-1)!!$.

另解 只要每次已经放在天平上的砝码中最重的砝码在左边即可.

假设第 i 次操作 2^{n-1}，则只能放在左边，这时只要前 $i-1$ 次满

足要求即可,后面的 $n-i$ 个砝码可以随意摆放,因此

$$a_n = \sum_{i=1}^{n} C_{n-1}^{i-1} a_{i-1}(n-i)! \, 2^{n-i} = \sum_{i=1}^{n} \frac{a_{i-1} 2^{n-i}(n-1)!}{(i-1)!}$$

$$= a_{n-1} + \sum_{i=1}^{n-1} \frac{a_{i-1} 2^{n-i}(n-i)!}{(i-1)!}.$$

所以

$$a_n = a_{n-1} + 2(n-1) \sum_{i=1}^{n-1} \frac{a_{i-1} 2^{n-1-i}(n-2)!}{(i-1)!}$$

$$= a_{n-1} + 2(n-1) a_{n-1} = (2n-1) a_{n-1}.$$

由于 $a_1 = 1$,求得 $a_n = (2n-1)!!$.

例 5 可将凸 $n(n \geqslant 3)$ 边形的边和对角线 k-染色(恰含有 k 种颜色),使得:

(1) 对任何一种颜色 a 和任意两个顶点 A,B,要么 AB 是 a 色,要么存在顶点 C,使 AC,BC 都是 a 色;

(2) 对任何三角形,至少有两边同色.

试证:$k \leqslant 2$.(1998 年保加利亚数学奥林匹克试题)

分析与证明 先证明 $k \neq 3$.

我们先把题目的条件(1)更换一种语言表述,以方便应用(改造条件):对任何颜色 a,每条非 a 色的边都至少对一个 a 色的角.

假定 $k = 3$,新问题的条件是:K_n 的边可 3-染色,使"对任何颜色 a,每条非 a 色的边都至少对一个 a 色的角,且无三边全异色的三角形".

显然 $n = 3$ 是不可能的.下面要证明对任何正整数 n 都不可能.

采用"反证法 + 反向递归构造":若 K_n 能按要求染色,则 K_{n-1} 也能按要求染色,进而 K_3 能按要求染色,矛盾.

下面证明:若 K_n 能按要求染色,则 K_{n-1} 也能按要求染色.

探索 假定 K_n 已按要求染色,如何构造 K_{n-1} 按要求的染色?

4 如何建立递归关系

最常见的办法是去掉一个点. 设去掉的点为 A_n, 考察剩下的 K_{n-1} 中的边, 其中无三边全异色的三角形是显然的, 否则 K_n 中也有三边全异色的三角形.

关键是需要 K_{n-1} 的边满足: 对任何颜色 a, 每条非 a 色的边都至少对一个 a 色的角.

虽然 K_n 满足这一条件, 但去掉一个点后, 某条非 a 色的边所对一个 a 色的角可能被去掉, 从而希望去掉一个这样的角结论仍成立, 这就需要加强 K_n 中的结论——有两个这样的角! 由此想到先证明如下的引理.

引理 若 3 色 K_n 具有性质 P——"对任何颜色 a, 非 a 色的边都至少对 1 个 a 色的角", 则 K_n 必定具有性质 Q——"对任何颜色 a, 每条非 a 色的边都至少对 2 个 a 色的角".

引理的证明 假定 3 色 K_n 具有性质 P, 我们要证明: 每条非 a 色的边都至少对 2 个 a 色的角. 由对称性, 只需证明: 每条非 1 色的边都至少对 2 个 1 色的角.

考察任意一条非 1 色的边 $AB \neq 1$ (表示不是 1 色的边), 不妨设 $AB = 2 \neq 1$, 则由性质 P, 存在 C, 使 $AC = BC = 1$ (图 4.6), 产生了一个 1 色角.

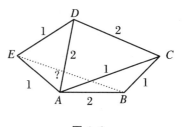

图 4.6

由 $AC \neq 2$, 同样存在 D, 使 $AD = CD = 2$. 因为 $BC = 1$, 所以 $B \neq D$.

由 $AD = 2 \neq 1$ (尽可能由 A 出发的边产生 1 色角), 则存在 E, 使 $AE = DE = 1$. 由 $DE \neq DC$, 知 $E \neq C$.

由 $AE \neq AB$, 知 $E \neq B$, 所以 A, B, C, D, E 互异 (最容易遗漏的证明).

考察 BE (已有 A 引出的新 1 色边, 可开始连三角, 以发现 1 色角), 若 $BE = 1$, 则 $\angle ACB, \angle AEB$ 为 1 色, 结论成立.

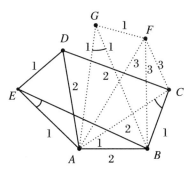

图 4.7

若 $BE \neq 1$,则 $\triangle ABE$ 不能全异色,所以 $BE = 2$(图 4.7).

由 $AC \neq 3$(再一次考察 A 引出的边 AC,此时 1、2 色不够,需要用到 3 色),则存在 F,使 $AF = CF = 3$.易知 F 不同于 B,D,E.

由 $AF \neq 1$(尽可能由 A 出发的边产生 1 色角),则存在 G,使 $AG = FG = 1$,G 不同于 B,C,D.

以上的总体思路就是:抓住 A 引出的边,若它非 1 色,则必对 1 色角,此角有一条边是 A 引出的 1 色边,由此找到 AB 所对的 1 色角.

以下无须再增加点,只需讨论各边颜色,期望最后得到的点 G 是 1 色角顶点,即 BG 是 1 色的,这先要考察 BF 的颜色.

在 $\triangle AFB$ 中,$FB \neq 1$;在 $\triangle CFB$ 中,$FB \neq 2$,所以 $FB = 3$.

若 $G = E$,则 $\triangle EFB$ 三边异色,矛盾,所以 $G \neq E$.

在 $\triangle FBG$ 中,$GB \neq 2$;在 $\triangle ABG$ 中,$GB \neq 3$,所以 $GB = 1$.

由 $FG \neq FC$,知 $G \neq C$,于是 $\angle ACB$,$\angle AGB$ 为 1 色,结论成立,引理获证.

解答原题 假定 3 色 K_n 具有性质 P,则由引理知,3 色 K_n 具有性质 Q.

任意去掉一个顶点 A 及其关联的边,得到 K_{n-1},则 K_{n-1} 也含有 3 色,否则,K_{n-1} 少于 3 色,不妨设 K_{n-1} 中没有 1 色边,则 K_{n-1} 中每条非 1 色的边在 K_n 中只对应一个以 A 为顶点的 1 色角,与引理矛盾.

考察 K_{n-1} 中任意一条非 a 色的边 e,由于 3 色 K_n 具有性质 Q,e 在 K_n 中至少对应 2 个 a 色角,去掉顶点 A 后,e 在 K_{n-1} 中至少对

应 1 个 a 色角,从而 3 色 K_{n-1} 具有性质 P,如此下去,3 色 K_3 具有性质 P,矛盾.

由此可见,$k \neq 3$.

下证 $k < 4$. 若 $k \geq 4$,则将染色好的图中的 $4, 5, \cdots, k$ 色都换成 3 色,则得到合乎条件的 3 色图,矛盾.

综上所述,$k \leq 2$.

4.3 定位递归

先选定一个位置 A,然后讨论 A 上出现的各种可能情况.对 A 的每一个具体情况,考虑剩下 $n-1$ 个非 A 的位置的各种情况,如果每个非 A 的位置的情况不受 A 的情况的影响,则问题被转化为 $n-1$ 个位置的问题.如果某个非 A 的位置 B 受 A 的情况的影响而确定了若干情况,则问题被转化为 $n-2$ 个位置的问题,由此即可建立递归关系.

例 1 图 4.8 是由一笔画画成的,试问一共有多少种不同的画法? 其中每个顶点可以经过多次,而每条线段只能经过恰好一次.

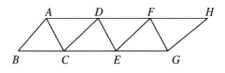

图 4.8

分析与解 本题难度虽然不大,但用穷举的方法是不容易得到答案的.

因为图中恰有两个奇顶点 A, G,于是只能以 A, G 为起点和终点.我们先计算以 A 为起点的路径条数.

注意走完第一步后,走过的线段不能再走,这相当于在图中去掉一条已经走过的线段.但是,图中先画完一条线段后,得到的图形与原图形不一定"同构".例如,原来图形是封闭的,而去掉一条线段 AB 后得到的图形是不封闭的.此时,我们还需要多去掉一些位置,使剩下的图形仍是封闭的.

显然,如果去掉两条线段 AB,BC,剩下的图形仍是封闭的.这个图形与原来的图形有何共同点呢?

它们都是由若干个三角形组成的图形,因此我们考虑一般的情形,对"三角形"的个数进行递归.

一般地,考察共有 n 个三角形、$2n+1$ 条边的图,设从顶点 A 出发的路径有 a_n 条.

当 $n=0$ 时,图中只有一条边,没有三角形,此时有唯一的路径,即 $a_0=1$.

当 $n=1$ 时,图中有一个三角形 $\triangle ABC$,有 3 条边,此时有两条路径:$A-B-C,A-C-B$.注意,我们只计算以 A 为起点的路径条数.于是,$a_1=2$.

对 $n>1$,我们先考虑前面若干步,使其走完若干条边后恰好剩下若干个完整的三角形.

考虑从 A 走第一步,有以下 3 种可能.

(1) $A-B$,此时,第二步必为 $B-C$,至此,恰好剩下 $n-1$ 个完整的三角形.于是,从 C 走到 G,有 a_{n-1} 种方法.

(2) $A-C$,此时,去掉线段 AC,则折线 ABC 与线段 AC 等价.于是,四边形 $ABCD$ 可以看成是 $\triangle ACD$,其路径数不变,从而恰好剩下 $n-1$ 个完整的三角形.于是,从 C 走到 H,有 a_{n-1} 种方法.

(3) $A-D$,此时,去掉线段 AD 和 $\triangle ABC$,恰好剩下 $n-2$ 个完整的三角形.考察从 D 到 G 的一笔画中,第一次到达点 C 的时刻,还没有经过 B.当到达 C 后,下一步必须经过点 B,否则以后始终无法经过 B,而经过 B 时有两种方法:$C-B-A-C,C-A-B-C$.忽略这一子路径,则恰好是剩下的 $n-2$ 个完整三角形中从 D 到 G 的路径,有 a_{n-2} 种方法.在每一条路径中都有两种方法补充上述子路径,所以 $A\text{—}D$ 的一笔画有 $2a_{n-2}$ 种方法.所以,$a_n = 2a_{n-1} + 2a_{n-2}$.

由此可得 $a_6 = 328$,由对称性,所求的路径数共有 $2a_6 = 656$ 种.

例 2 用 $1,2,3,4$ 这四个数字,可以组成多少个含有偶数个 1 的 n 位数?

分析与解 设合乎条件的 n 位数有 a_n 个,考察 n 位数的第一个位置,此位置上的数有 4 种排法.

但对不同的排法,剩下的 $n-1$ 位数的排法数不尽相同,从而应对第一位上排的数分类讨论.

若第一位上排 1,则剩下的 $n-1$ 位数中只有奇数个 1.注意到偶数个 1 的 $n-1$ 位数有 a_{n-1} 个,从而奇数个 1 的 $n-1$ 位数有 $4^{n-1} - a_{n-1}$ 个.

若第一位上不排 1,则有 3 种排法,后 $n-1$ 位上有偶数个 1,有 a_{n-1} 种排法,此时有 $3a_{n-1}$ 种排法.

综上所述,有
$$a_n = (4^{n-1} - a_{n-1}) + 3a_{n-1} = 4^{n-1} + 2a_{n-1}. \qquad ①$$

由①式可知,数列 $\{a_n - 2a_{n-1}\}$ 是公比为 4 的等比数列,有
$$a_n - 2a_{n-1} = 4^{n-1} = 4(a_{n-1} - 2a_{n-2}),$$
由此变形,又有
$$a_n - 4a_{n-1} = 2(a_{n-1} - 4a_{n-2}) = (a_2 - 4a_1)2^{n-2} = -2^{n-1}. \qquad ②$$

联立①②式,解得
$$a_n = \frac{1}{2}(4^n + 2^n).$$

故合乎条件的 n 位数共有 $\frac{1}{2}(4^n + 2^n)$ 个.

例 3 用 A,B,C 组成长为 n(有 n 个字母)的排列,但不要求 3 个字母都在排列中出现,若任何两个 A 不相邻,这样的排列有多

少个?

分析与解 设合乎条件的排列有 a_n 个,则 $a_1=3, a_2=8$.

考察某个长为 n 的排列的第一个位置,此位置上的数有 3 种排法.但对不同的排法,剩下的 $n-1$ 个位置的排法数不尽相同,从而应对第一位上排的字母分类讨论.

若第一位上排 A,则第二位上不排 A,只有两种排法,剩下的 $n-2$ 位数有 a_{n-2} 种排法,从而这样的排列有 $2a_{n-2}$ 个.

若第一位上不排 A,则该位上有两种排法,后 $n-1$ 位有 a_{n-1} 种排法,此时有 $2a_{n-1}$ 种排法.

综上所述,$a_n = 2a_{n-2} + 2a_{n-1}$.

解得

$$a_n = \frac{(2+\sqrt{3})(1+\sqrt{3})^n}{2\sqrt{3}} + \frac{(-2+\sqrt{3})(1-\sqrt{3})^n}{2\sqrt{3}}.$$

故合乎条件的排列个数为

$$\frac{(2+\sqrt{3})(1+\sqrt{3})^n}{2\sqrt{3}} + \frac{(-2+\sqrt{3})(1-\sqrt{3})^n}{2\sqrt{3}}.$$

例 4 将 $n \times n$ 的方格棋盘的每个单位小方格染黑、白两色之一,使得每个 2×2 的正方形中都恰有一个黑格,共有多少不同的染色方法?(原创题)

分析与解 先证明染色方法由第 1 行和第 1 列的染色完全确定.

实际上,设 a_{ij} 为棋盘第 i 行第 j 列的方格,假设棋盘第 1 行和第 1 列的格都已染色,考察格 a_{22},则以格 a_{22} 为右下角的一个 2×2 正方形已有 3 个方格被染色,它的颜色由这 3 个已染色方格唯一确定,而且一定可以染色(即不会使某个 2×2 正方形有 2 个黑格,这是因为含有 a_{22} 的一个其他的 2×2 正方形至少还有一个方格未染色).如此下去,依次考察格 $a_{23}, a_{24}, \cdots, a_{2n}$,其染色都唯一确定,从而第 2 行的染色唯一确定.

进而可知第 $3,4,\cdots,n$ 行的染色也唯一确定.

现在,考察第 1 行与第 1 列有多少种染色方法,显然,其中任何 2 个黑格不相邻.先证明如下的引理.

引理 对于 $1\times n$ 棋盘,任何 2 个黑格不相邻的 2-染色方法种数为
$$f(n)=F_{n+2},$$
其中 F 是斐波那契数列,即
$$F_1=F_2=1,\quad F_n=F_{n-1}+F_{n-2}\quad(n>2).$$

实际上,有
$$f(1)=2=F_3,\quad f(2)=3=F_4,$$
对 $n>2$,如果第 1 格染黑色,则第 2 格染白色,剩下 $n-2$ 格有 $f(n-2)$ 种方法;如果第 1 格染白色,则剩下 $n-1$ 格有 $f(n-1)$ 种方法,所以
$$f(n)=f(n-1)+f(n-2).$$

由于 $\{f(n)\}$ 与 $\{F_{n+2}\}$ 有相同的初值,并满足相同的递归关系,所以 $f(n)=F_{n+2}$.

解答原题 采用定位建立递归.若 a_{11} 为黑色,则 a_{12} 是白色,第 1 行其他 $n-2$ 格有 $f(n-2)$ 种方法,同样,第 1 列其他 $n-2$ 格有 $f(n-2)$ 种方法,此时第 1 行第 1 列有 $2f(n-2)$ 种方法.

若 a_{11} 为白色(注意左上角 2×2 的正方形中恰有一个黑格),a_{12} 为黑色,a_{21} 为白色,则 a_{13} 为白色,第 1 行其他 $n-3$ 格有 $f(n-3)$ 种方法,第 1 列其他 $n-2$ 格有 $f(n-2)$ 种方法,此时第 1 行第 1 列有
$$f(n-2)+f(n-3)=f(n-1)$$
种方法.

若 a_{11} 为白色(注意左上角 2×2 的正方形中恰有一个黑格),a_{21} 为黑色,a_{12} 为白色,则由对称性,第 1 行第 1 列有 $f(n-1)$ 种方法.

若 a_{11},a_{12},a_{21} 都为白色,则第 1 行其他 $n-2$ 格有 $f(n-2)$ 种

方法,第 1 列其他 $n-2$ 格有 $f(n-2)$ 种方法,此时第 1 行第 1 列有 $2f(n-2)$ 种方法.

综上所述,棋盘的染色方法种数为
$$2f(n-2) + f(n-1) + f(n-1) + 2f(n-2)$$
$$= 2f(n) + 2f(n-2)$$
$$= 2F_{n+2} + 2F_n.$$

例 5 已知 $n \in \mathbf{N}, n \geqslant 2$,集合 $A_n = \{1,2,\cdots,n\}$.若存在 $k \in \mathbf{N}^*$,使得 A_n 的全体子集的一个排列 $P_1, P_2, \cdots, P_{2^n}$ 满足 $|P_i \triangle P_{i+1}| = k$, $i = 1,2,\cdots,2^n$,则称 A_n 的子集可 k - 循环排列,其中 $P_{2^n+1} = P_1$,$A \triangle B = (A \bigcup B) \backslash (A \bigcap B)$.求所有的正整数 k,使得 A_n 的子集可 k - 循环排列.(新星数学问题第 2 期)

分析与解 所求的 k 为小于 n 的一切正奇数.

如果 $A_n = \{1,2,\cdots,n\}$ 的全体子集的一个排列 $P_1, P_2, \cdots, P_{2^n}$ 满足
$$|P_i \triangle P_{i+1}| = k, \quad i = 1,2,\cdots,2^n,$$
则称 $(P_1, P_2, \cdots, P_{2^n})$ 是 A_n 的 k - 循环排列.

一方面,设 A_n 存在 k - 循环排列 $(P_1, P_2, \cdots, P_{2^n})$,我们证明 k 为小于 n 的正奇数.

先证 $k < n$.反设 $k \geqslant n$,考察子集 $\varnothing$ 在序列中的位置,不妨设 $P_m = \varnothing$,则必有 $P_{m-1} = P_{m+1} = A_n$,矛盾,从而 $k < n$.

下面证明 k 为奇数.

事实上,若 k 为偶数,由
$$0 \equiv k = |P_i \triangle P_{i+1}| = |P_i| + |P_{i+1}| - 2|P_i \bigcap P_{i+1}|$$
$$\equiv |P_i| + |P_{i+1}|$$
知 $|P_i|, |P_{i+1}|$ 奇偶性相同.

从而所有 $|P_i|$ ($i = 1,2,\cdots,2^n$) 的奇偶性均相同,矛盾.

另一方面,我们证明:对所有正奇数 $k < n$,都存在 A_n 的 k - 循

环排列$(P_1,P_2,\cdots,P_{2^n})$.

一种自然的想法是递归构造,设 $n=m$ 时,A_m 的 k - 循环排列为
$$(Q_1,Q_2,\cdots,Q_{2^m}),$$
我们期望
$$(Q_1,Q_2,\cdots,Q_{2^m},Q_1\bigcup\{m+1\},$$
$$Q_2\bigcup\{m+1\},\cdots,Q_{2^m}\bigcup\{m+1\})$$
是 A_{m+1} 的 k - 循环排列.

但其中有如下两处破坏了"k - 循环性":

(ⅰ)$|Q_{2^m}\triangle(Q_1\bigcup\{m+1\})|=|Q_{2^m}\triangle Q_1|+1$(因为 $m+1\notin Q_{2^m},Q_1$)$=k+1\neq k$.

(ⅱ)$|(Q_{2^m}\bigcup\{m+1\})\triangle Q_1|=|Q_{2^m}\triangle Q_1|+1=k+1\neq k$.

因此,要将排列$(Q_1,Q_2,\cdots,Q_{2^m})$适当轮换成$(Q_i,Q_{i+1},\cdots,Q_{2^m},Q_1,\cdots,Q_{i-1})=(R_1,R_2,\cdots,R_{2^m})$,使得 $R_{2^m}=\varnothing$(抓住最特殊的且唯一完全确定的子集:$\varnothing$),此时$|R_1|=k$.考察
$$(Q_1,Q_2,\cdots,Q_{2^m},R_1\bigcup\{m+1\},R_2\bigcup\{m+1\},\cdots,$$
$$R_{2^m-1}\bigcup\{m+1\},\{m+1\}).$$

为了$|Q_{2^m}\triangle(R_1\bigcup\{m+1\})|=k$,需要 $Q_{2^m}\subseteq R_1$,且$|Q_{2^m}|=1$.

为了$|Q_1\triangle\{m+1\}|=k$,需要$|Q_1|=k-1$.

其中$|Q_{2^m}|=1,|Q_1|=k-1$ 可采用加强命题的技巧,而 $Q_{2^m}\subseteq R_1$,则需要以此为标准进行分类讨论.其中,当 $Q_{2^m}\not\subset R_1$ 时,注意到$|Q_{2^m}|=1$,不妨设 $Q_{2^m}=\{a\}$,需要将 a 换成 R_1 中的任一个确定的元素 b(即 a,b 互换).

于是,我们加强命题,证明对所有正奇数 $k<n$,都存在 A_n 的 k - 循环排列$(P_1,P_2,\cdots,P_{2^n})$,使
$$|P_1|=k-1,\quad|P_{2^n}|=1.$$

对 n 归纳.

当 $n=2$ 时,小于 2 的正奇数 k 唯一存在:$k=1$.

此时,令 $P_1=\varnothing, P_2=\{1\}, P_3=\{1,2\}, P_4=\{2\}$ 即可.

设 $n\leqslant m(m\in \mathbf{N}, m\geqslant 2)$ 时结论成立,考虑 $n=m+1$ 的情形.

对任一个小于 $n=m+1$ 的正奇数 k,分情况讨论如下.

(1) $k\leqslant m-1$.

由归纳假设,对 $n=m$ 及小于 m 的正奇数 k,存在 A_m 的 k-循环排列 $(Q_1, Q_2, \cdots, Q_{2^m})$,满足
$$|Q_1|=k-1, \quad |Q_{2^m}|=1.$$

设 $R_1, R_2, \cdots, R_{2^m}$ 为 $Q_1, Q_2, \cdots, Q_{2^m}$ 的一个圆排列,使得 $R_{2^m}=\varnothing$,则 $|R_1|=k$.

按如下方法定义 $S_1, S_2, \cdots, S_{2^m}$:

若 $Q_{2^m}\subseteq R_1$,则 $S_i=R_i(1\leqslant i\leqslant 2^m)$,此时有 $Q_{2^m}\subseteq S_1$.

若 $Q_{2^m}\not\subset R_1$,则因 $|Q_{2^m}|=1$,不妨设 $Q_{2^m}=\{a\}$,任取 $b\in R_1$,将 $R_1, R_2, \cdots, R_{2^m}$ 中的 a 替换为 b,而 b 则替换为 a,得到 $S_1, S_2, \cdots, S_{2^m}$,此时便有 $Q_{2^m}\subseteq S_1$.

注意将 $R_1, R_2, \cdots, R_{2^m}$ 中的 a, b 互换时,得到的集合 $S_1, S_2, \cdots, S_{2^m}$ 仍是 A_m 的全体子集.

实际上,如果一个子集中同时含有 a, b,或同时不含 a, b,则 a, b 互换后子集不变.

而其他子集可分为两类,一类是含有 a 而不含 b 的子集 $\{a\}\cup A$,另一类是含有 b 而不含 a 的子集 $\{b\}\cup A$,其中 A 是任意同时不含 a, b 的子集,则 a, b 互换后这两类子集互换.

显然 $|S_i|=|R_i|(1\leqslant i\leqslant 2^m)$,从而 $|S_1|=|R_1|=k$,$|S_{2^m}|=|R_{2^m}|=0$,即 $S_{2^m}=\varnothing$.

又将 a, b 互换时,$|R_i\triangle R_{i+1}|$ 不变,从而
$$|S_i\triangle S_{i+1}|=|R_i\triangle R_{i+1}|=k \quad (i=1,2,\cdots,2^m).$$

令 $P_i=Q_i, P_{i+2^m}=S_i\cup\{m+1\}(i=1,2,\cdots,2^m)$,则对 $i=$

$1,2,\cdots,2^m-1$ 及 $2^m+1,2^m+2,2^{m+1}-1$,有
$$|P_i\triangle P_{i+1}|=|Q_i\triangle Q_{i+1}|=k$$
(因为 $m+1$ 要么同时属于 P_i 及 P_{i+1},要么同时不属于 P_i 及 P_{i+1}).

又由 $|Q_{2^m}|=1, |S_1|=k, |Q_1|=k-1, Q_{2^m}\subseteq S_1, S_{2^m}=\varnothing$,有
$$|Q_{2^m}\triangle S_1|=|Q_{2^m}|-|S_1|=k-1,$$
$$|S_{2^m}\triangle Q_1|=|Q_1|=k-1,$$

所以
$$|P_{2^m}\triangle P_{2^m+1}|=|Q_{2^m}\triangle(S_1\bigcup\{m+1\})|$$
$$=|Q_{2^m}\triangle S_1|+1\ (因为\ m+1\notin Q_{2^m},Q_1)$$
$$=(k-1)+1=k,$$
$$|P_{2^{m+1}}\triangle P_1|=|(S_{2^m}\bigcup\{m+1\})\triangle Q_1|$$
$$=|S_{2^m}\triangle Q_1|+1\ (因为\ m+1\notin S_{2^m},Q_1)$$
$$=(k-1)+1=k,$$

且
$$|P_1|=|Q_1|=k-1,$$
$$|P_{2^{m+1}}|=|S_{2^m}\bigcup\{m+1\}|=|\{m+1\}|=1,$$

故 $P_1, P_2, \cdots, P_{2^{m+1}}$ 是 $A_n=\{1,2,\cdots,m+1\}$ 的满足 $|P_1|=k-1$, $|P_{2^{m+1}}|=1$ 的 k-循环排列.

(2) $k=m$.

由(1)所证,对 $n=m+1$ 及小于 $m+1$ 的正奇数 1,存在 A_m 的 1-循环排列:$(U_1, U_2, \cdots, U_{2^{m+1}})$,满足 $|U_1|=0, |U_{2^{m+1}}|=1$.

设 $T_1, T_2, \cdots, T_{2^{m+1}}$ 为 $U_1, U_2, \cdots, U_{2^{m+1}}$ 的一个圆排列,使得 $|T_{2^{m+1}-1}|=m+1$,则 $|T_{2^{m+1}}|=m=k$,进而 $|T_1|=k-1$.

由
$$1=|T_i\triangle T_{i+1}|=|T_i|+|T_{i+1}|-2|T_i\bigcap T_{i+1}|$$
$$\equiv |T_i|+|T_{i+1}|\ (\bmod 2)$$

知 $|T_i|, |T_{i+1}|$ 的奇偶性不同.

而 $|T_1| = k-1$ 为偶数,从而 $|T_{2i-1}|$ 为偶数,$|T_{2i}|$ 为奇数($i = 1,2,\cdots,2^m$).

对 $i = 1,2,\cdots,2^m$,令
$$P_{2i-1} = T_{2i-1}, \quad P_{2i} = A_n \setminus T_{2i} = \overline{T_{2i}}.$$

因为 $n = m+1 = k+1$ 为偶数且 $|T_{2i}|$ 为奇数,所以 $|P_{2i}| = |A_n| - |T_{2i}| = n - |T_{2i}|$ 为奇数,而 $|P_{2i-1}| = |T_{2i-1}|$ 为偶数,于是对任何 i,j,有 $P_{2i} \neq P_{2j-1}$.

所以,$P_1, P_2, \cdots, P_{2^{m+1}}$ 是 $A_n = \{1,2,\cdots,m+1\}$ 的全体子集的一个排列.

由韦恩图可知,如果 $|T_i \triangle T_j| = 1$,则 T_i, T_j 恰好相差一个元素:或者 $T_i \subseteq T_j$,且 $|T_j| = |T_i| + 1$;或者 $T_j \subseteq T_i$,且 $|T_i| = |T_j| + 1$.

由此可见,当 $|T_i \triangle T_j| = 1$ 时,或者 $T_i \cap \overline{T_j} = \varnothing$,且 $|T_i \cup \overline{T_j}| = n-1$;或者 $|T_i \cap \overline{T_j}| = 1$,且 $|T_i \cup \overline{T_j}| = n$.

不论哪种情况,都有 $|T_i \triangle \overline{T_j}| = n-1$.

于是,当 i 为奇数时,令 $i = 2s-1$,注意到 $|T_{2s-1} \triangle T_{2s}| = 1$,则
$|P_i \triangle P_{i+1}| = |P_{2s-1} \triangle P_{2s}| = |T_{2s-1} \triangle \overline{T_{2s}}| = n-1 = k$.

当 i 为偶数时,令 $i = 2s$,注意到 $|T_{2s} \triangle T_{2s+1}| = 1$,则
$|P_i \triangle P_{i+1}| = |P_{2s} \triangle P_{2s+1}| = |\overline{T_{2s}} \triangle T_{2s+1}| = n-1 = k$.

又 $|P_1| = |T_1| = k-1$,$|P_{2^{m+1}}| = |\overline{T_{2^{m+1}}}| = |A_n| - |T_{2^{m+1}}| = n - m = m + 1 - m = 1$.

所以 $P_1, P_2, \cdots, P_{2^{m+1}}$ 是 $A_n = \{1,2,\cdots,m+1\}$ 的满足 $|P_1| = k-1, |P_{2^{m+1}}| = 1$ 的 k-循环排列.

综合上述,所求的 k 为小于 n 的一切正奇数.

4.4 容斥递归

先考虑满足部分条件的对象,使计数方便进行,然后在其中去掉不满足另外条件的对象.如果这样的对象的计数,恰好是原来问题在 $n-1$ 或 $n-2$ 的情形,则可建立相应的递归关系.

例1 在正 n 边形 $A_1A_2\cdots A_n$ 的每个顶点处标上一个 k 维数组 $(p_1,p_2,\cdots,p_k)$,其中 $p_i\in\{0,1\}(i=1,2,\cdots,k)$,使得任意相邻的两个顶点的 k 维数组中至少有一个分量相同.问:共有多少种不同的标数方法?(原创题)

分析与解 如果多边形两个顶点处标的 k 维数组至少有一个分量相同,则称这两个顶点的 k 维编号是"相容的".如果对任何 $i(1\leqslant i\leqslant n)$,顶点 A_i 与 A_{i+1} 的 k 维编号都是相容的,则称多边形 $A_1A_2\cdots A_n$ 的 k 维编号是相容的.如果顶点 A_i 处标的 k 维数组为 $(p_1,p_2,\cdots,p_k)$,则记为 $A_i=(p_1,p_2,\cdots,p_k)$.

设 n 边形 $A_1A_2\cdots A_n$ 的 k 维相容编号方法共有 a_n 种,则
$$a_1=2^k, \quad a_2=2^k\cdot(2^k-1)=4^k-2^k.$$

当 $n\geqslant 3$ 时,为了便于计算各顶点处编号的方法数,我们采用"放宽条件+剔除杂质"(容斥思想)的方法:先不考虑"首尾"两点 A_1, A_n 的编号是否相容,而对任何 $i(1\leqslant i\leqslant n-1)$,顶点 A_i 与 A_{i+1} 的编号都是相容的,我们称这样一种编号为多边形的拟相容编号.

对于多边形 $A_1A_2\cdots A_n$ 的拟相容编号,A_1 处的编号 $(p_1,p_2,\cdots,p_k)$ 有 2^k 种可能,A_2 处的编号有 2^k-1 种可能,$\cdots\cdots$,A_n 处的编号有 2^k-1 种可能(第 i 个顶点处的数组,其分量不能都是第 $i-1$ 个顶点处对应分量的"补数"),所以多边形 $A_1A_2\cdots A_n$ 的拟相容编号有 $2^k\cdot(2^k-1)^{n-1}$ 种方法.

现在考虑上述拟相容编号方法中不是相容编号的方法,设共有

T 种,这样的编号就是 A_1 与 A_n 不相容的拟相容编号.

考察任意一个这样的编号,设 $A_1 = (p_1, p_2, \cdots, p_k)$,则 $A_n = (1-p_1, 1-p_2, \cdots, 1-p_k)$.这样,我们只需考虑 $A_2, A_3, \cdots, A_{n-1}$ 有多少标数方法.

为了建立递归,我们期望从上述编号中找到顶点数小于 n 的多边形的相容编号,这就要找到顶点 A_j,使 A_j 与 A_1 的编号相容,即 $A_j \neq (1-p_1, 1-p_2, \cdots, 1-p_k)$.

这样的顶点 A_j 是存在的.例如,由拟编号规则,有 $A_2 \neq (1-p_1, 1-p_2, \cdots, 1-p_k)$,从而 A_2 便合乎要求.

现在的问题是,当 A_j 合乎要求时,多边形 $A_1 A_2 \cdots A_j$ 外的其他点有多少编号方法并不确定,为了使多边形 $A_1 A_2 \cdots A_j$ 外的其他点的编号方法也被确定,采用极端假设即可:假定 $A_2, A_3, \cdots, A_{n-1}$ 中不为 $(1-p_1, 1-p_2, \cdots, 1-p_k)$ 的下标最大的一个为 A_j,即 $A_j \neq (1-p_1, 1-p_2, \cdots, 1-p_k)$,而 $A_{j+1} = A_{j+2} = \cdots = A_n = (1-p_1, 1-p_2, \cdots, 1-p_k)$ $(2 \leqslant j \leqslant n-1)$.

联结 $A_1 A_j$,此时因为 $A_{j+1}, A_{j+2}, \cdots, A_n$ 的标数都为 $(1-p_1, 1-p_2, \cdots, 1-p_k)$,编号方式唯一,所以我们只需考察多边形 $A_1 A_2 \cdots A_j$ 的顶点的标数.

多边形 $A_1 A_2 \cdots A_j$ 的相容编号方法有 a_j 种,但这些编号方法并不全在上述拟相容编号中,因为拟相容编号中要求 A_j 与 A_{j+1} 相容,而多边形 $A_1 A_2 \cdots A_j$ 的相容编号并不保证这一点,需要把不满足这一点的部分去掉(再一次使用"放宽条件 + 剔除杂质"技巧).

考虑多边形 $A_1 A_2 \cdots A_j$ 的相容编号中 A_j 与 A_{j+1} 不相容的编号,由于 $A_{j+1} = (1-p_1, 1-p_2, \cdots, 1-p_k)$,从而 $A_j = (p_1, p_2, \cdots, p_k) = A_1$.

对每一个这样的编号,将 A_1 与 A_j 合并为 1 个点,便得到 $j-1$ 边形的相容编号,所以这样的编号共有 a_{j-1} 种,于是多边形 $A_1 A_2 \cdots A_j$ 的相容编号中能使 A_j 与 A_{j+1} 也相容的编号共有 $a_j - a_{j-1}$ 种.

所以，多边形 $A_1 A_2 \cdots A_n$ 满足 $A_j \neq (1-p_1, 1-p_2, \cdots, 1-p_k)$，而 $A_{j+1} = A_{j+2} = \cdots = A_n = (1-p_1, 1-p_2, \cdots, 1-p_k)(2 \leqslant j \leqslant n-1)$ 的拟相容编号共有 $a_j - a_{j-1}$ 种.

注意到 $j = 2, 3, \cdots, n$，于是有

$$T = \sum_{j=2}^{n-1}(a_j - a_{j-1}) = a_{n-1} - a_1 = a_{n-1} - 2^k,$$

所以

$$a_n = 2^k \cdot (2^k - 1)^{n-1} - T = 2^k \cdot (2^k - 1)^{n-1} - a_{n-1} + 2^k,$$

令 $t = 2^k$，则

$$a_n = t \cdot (t-1)^{n-1} - a_{n-1} + t,$$

所以

$$a_n + a_{n-1} = t \cdot (t-1)^{n-1} + t,$$
$$(-1)(a_{n-1} + a_{n-2}) = (-1)[t \cdot (t-1)^{n-2} + t],$$
$$(-1)^2(a_{n-2} + a_{n-3}) = (-1)^2[t \cdot (t-1)^{n-3} + t],$$
$$\cdots \cdots$$
$$(-1)^{n-3}(a_3 + a_2) = (-1)^{n-3}[t \cdot (t-1)^2 + t],$$
$$(-1)^{n-2}(a_2 + a_1) = (-1)^{n-2}[t \cdot (t-1) + t],$$

各式相加，得

$$a_n + (-1)^n a_1$$
$$= t[(t-1)^{n-1} + (-1)(t-1)^{n-2} + \cdots + (-1)^{n-2}(t-1)]$$
$$\quad + \frac{1+(-1)^n}{2} t$$
$$= t \cdot \frac{(t-1)^{n-1}\left[1 - \left(-\dfrac{1}{t-1}\right)^{n-1}\right]}{1 - \left(-\dfrac{1}{t-1}\right)} + \frac{1+(-1)^n}{2} t$$
$$= t \cdot \frac{(t-1)^{n-1} + (-1)^n}{1 + \dfrac{1}{t-1}} + \frac{1+(-1)^n}{2} t$$

$$= (t-1)[(t-1)^{n-1} + (-1)^n] + \frac{1+(-1)^n}{2}t$$

$$= (t-1)^n + (-1)^n(t-1) + \frac{1+(-1)^n}{2}t,$$

所以

$$a_n = (t-1)^n + (-1)^n(t-1) + \frac{1+(-1)^n}{2}t - (-1)^n a_1$$

$$= (t-1)^n + (-1)^n(t-1) + \frac{1+(-1)^n}{2}t - (-1)^n t$$

$$= (t-1)^n + \frac{t}{2} + (-1)^n \cdot \frac{t-2}{2}$$

$$= (2^k-1)^n + 2^{k-1} + (-1)^n(2^{k-1}-1).$$

特别地,当 $k=2$ 时,这便是 2010 年全国高中数学联赛加试中的一道试题,其中二维向量的一个分量为数字 0,1,另一个分量为颜色红、蓝,此时有

$$a_n = 3^n + 2 + (-1)^n,$$

这便是原题的答案.

例 2 对整数 $m \geq 4$,定义 T_m 为满足下列条件的数列 $a_1, a_2, \cdots, a_m$ 的个数:

(1) 对每个 $i = 1, 2, \cdots, m, a_i \in \{1, 2, 3, 4\}$;

(2) $a_1 = a_m = 1, a_2 \neq 1$;

(3) 对每个 $i = 3, 4, \cdots, m, a_i \neq a_{i-1}, a_i \neq a_{i-2}$.

求证:存在各项均为正数的等比数列 $\{g_n\}$,使得对任意整数 $n \geq 4$,都有 $g_n - 2\sqrt{g_n} < T_n < g_n + 2\sqrt{g_n}$.(2014 年中国女子数学奥林匹克试题)

分析与证明 当 $n=4$ 时,$a_1 = 1$ 有唯一选择,$a_2 \neq 1$ 有 3 种选择,$a_3 \neq a_1, a_3 \neq a_2$ 有 2 种选择,$a_4 = 1$ 有唯一选择,所以 $T_4 = 2 \cdot 3 = 6$.

当 $n=5$ 时,$a_1 = 1$ 有唯一选择,$a_2 \neq 1$ 有 3 种选择,$a_3 \neq a_1$,

$a_3 \neq a_2$ 有 2 种选择,$a_4 \neq a_2, a_4 \neq a_3, a_4 \neq a_5$ 有唯一选择,$a_5 = 1$ 有唯一选择,所以 $T_5 = 2 \cdot 3 = 6$.

对一般的 $T_n(n \geqslant 6)$,由于 $a_1 = a_n = 1$,我们只需考虑 $a_2, a_3, \cdots, a_{n-1}$ 各有多少种选择.

采用容斥递归,先不考虑这些数是否满足 $a_n \neq a_{n-1}, a_n \neq a_{n-2}$,只限定 $i = 3, 4, \cdots, n-1$ 时,$a_i \neq a_{i-1}, a_i \neq a_{i-2}$.

此时,$a_2 \neq 1$ 有 3 种选择,$a_3 \neq a_1, a_3 \neq a_2$ 有 2 种选择,$a_4 \neq a_2$,$a_4 \neq a_3$ 有 2 种选择,如此下去可知,$a_3, a_4, \cdots, a_{n-1}$ 各有 2 种选择,所以这样的序列 $(a_1, a_2, \cdots, a_{n-1})$ 共有 $3 \cdot 2^{n-3}$ 个.

但在这样的序列末尾添加一个项 a_n 得到的序列 $(a_1, a_2, \cdots, a_n)$ 并不一定合乎条件,因为其中可能有 $a_n = a_{n-1}$ 或 $a_n = a_{n-2}$. 我们需要将属于这种情形的序列去掉.

当 $a_{n-1} = 1$ 时,$(a_1, a_2, \cdots, a_{n-1})$ 是合乎条件的长为 $n-1$ 的序列,这样的序列有 T_{n-1} 个.

当 $a_{n-2} = 1$ 时,$(a_1, a_2, \cdots, a_{n-2})$ 是合乎条件的长为 $n-2$ 的序列,这样的序列有 T_{n-2} 个. 在后面补充一项 a_{n-1},注意到 $a_{n-1} \neq a_{n-2}, a_{n-1} \neq a_{n-3}$,从而 a_{n-1} 有 2 种选择,所以此时的序列 $(a_1, a_2, \cdots, a_{n-1})$ 有 $2T_{n-2}$ 个,则

$$T_n = 3 \cdot 2^{n-3} - T_{n-1} - 2T_{n-2}.$$

令 $U_n = T_n - 3 \cdot 2^{n-4}$,则

$$U_n = -U_{n-1} - 2U_{n-2}.$$

注意到 $U_4 = 3, U_5 = 0$,根据特征方程法知

$$U_n = \frac{6\sqrt{7}\,i}{7}\left[\left(\frac{-1+\sqrt{7}\,i}{2}\right)^{n-5} - \left(\frac{-1-\sqrt{7}\,i}{2}\right)^{n-5}\right],$$

所以

$$T_n = 3 \cdot 2^{n-4} + \frac{6\sqrt{7}\,i}{7}\left[\left(\frac{-1+\sqrt{7}\,i}{2}\right)^{n-5} - \left(\frac{-1-\sqrt{7}\,i}{2}\right)^{n-5}\right],$$

又因为

$$|T_n - 3 \cdot 2^{n-4}|$$

$$= |U_n| = \left| \frac{6\sqrt{7}\,i}{7} \left[\left(\frac{-1+\sqrt{7}\,i}{2} \right)^{n-5} - \left(\frac{-1-\sqrt{7}\,i}{2} \right)^{n-5} \right] \right|$$

$$\leqslant \frac{6\sqrt{7}}{7} \cdot \left(\left| \frac{-1+\sqrt{7}\,i}{2} \right|^{n-5} + \left| \frac{-1-\sqrt{7}\,i}{2} \right|^{n-5} \right)$$

$$= \frac{6\sqrt{7}}{7} [(\sqrt{2})^{n-5} + (\sqrt{2})^{n-5}]$$

$$= 2\sqrt{\frac{18}{7} \cdot 2^{n-4}} < 2\sqrt{3 \cdot 2^{n-4}},$$

于是,取 $g_n = 3 \cdot 2^{n-4}$,命题获证.

4.5 分拆递归

将某种对象分拆为与之"同构"的若干个新对象的并,而每个新对象的计数都恰好是原问题的计数对象被减少的情形.由乘法原理,可得到在该分拆下计数对象个数的表达式.再注意到分拆有多种形式,最后由加法原理,建立相应的递归关系.

例1 用 $S(n)$ 表示从 $O(0,0)$ 到 $A(n,n)$ 的不同路径数,其中路径从整点 (a,b) 只能走到 $(a+1,b),(a,b+1),(a+1,b+1)$ 之一,且不通过直线 $y = x$ 上方的点,例如 $S(2) = 6, S(3) = 22$,求证: $3 | S(2n)(n \in \mathbf{N}^*)$.

分析与证明 本题并不要求计算 $S(2n)$,如果立足于计算 $S(2n)$,当然可以完成解题,但人为地增加了难度.

我们立足于建立 $S(n)$ 的一个递归关系,然后证明递归关系中的每一个项都是 3 的倍数即可.为叙述问题方便,称从 $O(0,0)$ 到 $A(n,n)$ 的合乎条件的路径为 n 阶路径.

采用分解策略:把每一条 n 阶路径分解为两条阶数小于 n 的路

径的并.

为此,我们需要找到路径中的"中途点"M,将$O(0,0)$到$A(n,n)$的路径分解为$O(0,0)$到M的路径与M到$A(n,n)$的路径的并.

注意到原来的n阶路径的起点和终点都在直线$y=x$上,于是,上述分拆中要求路径的"中途点"M也在直线$y=x$上,只有在这种情况下路径才可以分割.

(1) 先考虑路径不可以分割的情形:假定路径不经过$y=x$上除O,A外的任何其他点,此时,路径可直接转化为阶数小于n的路径.

实际上,因为路径不经过$y=x$上除O,A外的任何其他点,则路径中有两步的走法是唯一确定的:第一步只能从点$O(0,0)$走到点$P(1,0)$,最后一步只能从点$Q(n,n-1)$走到点$A(n,n)$(图4.9).

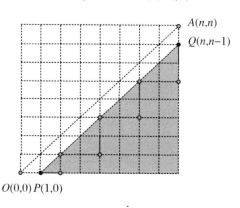

图 4.9

显然,路径不通过直线$y=x$上除端点O,A外的任何点,等价于路径不通过直线PQ上方的任何点,从而这样的路径都是从P到Q的相应合乎条件的$n-1$阶路径,所以这样的路径的条数为$S(n-1)$.

(2) 再考虑路径可以分割的情形:假定路径除点O,A外还至少经过$y=x$上的一个点M,此时路径可以分割为$O(0,0)$到M的路径与M到$A(n,n)$的路径的并.如果以$y=x$上的所有除O,A外的格点为中间点对路径进行分拆,则计算有重复,因为一条这样的路径可

以含有 $y=x$ 上的多个格点.

注意到剔除重复是很困难的,因为每一条路径在 $y=x$ 上除 O, A 外的格点个数是不确定的.所以,我们需要找到一个完备而互斥的分类,使每一条这样的路径都有唯一的分拆.这利用极端假设即可:取每条路径以在 $y=x$ 上除 O,A 外最右边的格点为中间点进行分拆.

设路径除点 O,A 外在 $y=x$ 上最靠近 A 的一个格点为 $A_k(k,k)$ ($1 \leqslant k \leqslant n-1$),记这样的路径的条数为 $T(k)$.此时,路径可以分割为 $O(0,0)$ 到 $A_k(k,k)$ 的路径与 $A_k(k,k)$ 到 $A(n,n)$ 的路径的并.

其中 $O(0,0)$ 到 $A_k(k,k)$ 的路径是 k 阶路径,这样的路径条数为 $S(k)$.

考察 $A_k(k,k)$ 到 $A(n,n)$ 的路径,其中第一步的走法并非都是唯一确定的,还需要分类讨论.

(ⅰ)如果 $1 \leqslant k \leqslant n-2$,则到达 $A_k(k,k)$ 后路径的第一步只能从点 $A_k(k,k)$ 走到点 $R(k+1,k)$,最后一步只能从点 $Q(n,n-1)$ 走到点 $A(n,n)$(图 4.10).

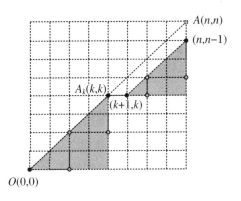

图 4.10

于是,$A_k(k,k)$ 到 $A(n,n)$ 的路径条数,就是 $R(k+1,k)$ 到 $Q(n,n-1)$ 的路径条数.因为 $R(k+1,k)$ 到 $Q(n,n-1)$ 的路径是

$n-k-1$ 阶路径,从而这样的路径有 $S(n-k-1)$ 条.

由乘法原理,当 $1 \leq k \leq n-2$ 时,$T(k) = S(k)S(n-k-1)$.

(ⅱ) 如果 $k = n-1$,则到达 $A_k(k,k)$ 后路径的第一步有两种走法,一是从点 $A_k(k,k)$ 走到点 $Q(n, n-1)$,再从点 $Q(n, n-1)$ 走到点 $A(n,n)$;二是从点 $A_k(k,k)$ 直接走到点 $A(n,n)$.所以,由乘法原理,有

$$T(n-1) = 2S(n-1).$$

综合以上几种情况,得到

$$S(n) = \sum_{k=0}^{n-1} T(k) = 3S(n-1) + \sum_{k=1}^{n-2} S(k)S(n-k-1).$$

所以

$$S(2n) = 3S(2n-1) + \sum_{k=1}^{2n-2} S(k)S(2n-k-1).$$

下面对 n 归纳,证明:$3 \mid S(2n)$.

首先,当 $n = 1$ 时,显然有 $3 \mid S(2)$,结论成立.

设结论对小于 n 的正整数成立,即对任何小于 $2n$ 的正偶数 t,有 $3 \mid S(t)$.考察 n 的情形,我们证明 $3 \mid S(2n)$.

若 k 为偶数,则 $1 \leq k \leq 2n-2 < 2n$,所以 $3 \mid S(k)$.

若 k 为奇数,则 $2n-k-1$ 为偶数,且 $1 \leq 2n-k-1 < 2n$,所以 $3 \mid S(2n-k-1)$.

所以,对一切自然数 $k(1 \leq k \leq 2n-2)$,有 $3 \mid S(k)S(2n-k-1)$.

所以由递归关系知,$3 \mid S(2n)$.

综上所述,命题获证.

例2 用对角线将凸 n 边形剖分为 $n-2$ 个三角形,有多少不同的方法?(欧拉剖分问题)

分析与解 这个看似不起眼的问题,却很有来头.它是 17 世纪两位赫赫有名的大数学家讨论过的问题.

在 1715 年,由瑞士数学家欧拉向德国数学家哥德巴赫提出该问

题,但他们两人都没能解决.

直到 70 年后的 1785 年,西格拉找到了第一个递推公式,即
$$E_{n+1} = E_2 E_n + E_3 E_{n-1} + \cdots + E_n E_2,$$
其中 E_k 表示凸 k 边形的剖分数($k \geq 2$),且规定 $E_2 = 1$.

这是一个循环的递归方程,不易求解,但利用较高深的数学工具,如与级数理论相关的生成函数等,便可求出具体的剖分数 E_n(见徐利智、王兴华的《数学分析的方法及例题选讲》).

后来,数学家乌尔班借助于上述递推公式发现了一个新的递推公式,即
$$\frac{E_n}{E_{n-1}} = \frac{4n-10}{n-1}.$$
但他的证明非常复杂,其过程要几页纸才能写完.

我们"站在巨人的肩膀上"(借用牛顿的一句话),研究了这一问题,得到了该问题的一个简单而初等的解答.

我们先证明西格拉建立的递推公式,即
$$E_{n+1} = E_2 E_n + E_3 E_{n-1} + \cdots + E_n E_2. \qquad ①$$

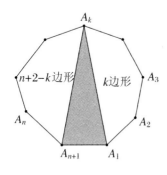

图 4.11

注意到多边形的每一条边都必定属于一个剖分三角形,考察 $n+1$ 边形 $A_1 A_2 \cdots A_{n+1}$ 的边 $A_1 A_{n+1}$ 所在的剖分三角形,设为 $\triangle A_1 A_{n+1} A_k$(图 4.11),则 $\triangle A_1 A_{n+1} A_k$ 的一侧是一个 k 边形的剖分,另一侧是一个 $n+2-k$ 边形的剖分,它们分别有 E_k,E_{n+2-k} 种剖分方式,于是,凸 $n+1$ 边形含有剖分三角形 $\triangle A_1 A_{n+1} A_k$ 的剖分数为 $E_k E_{n+2-k}$.

因为 k 可取 $3, 4, \cdots, n-1$,从而凸 $n+1$ 边形的所有剖分数为
$$E_{n+1} = E_2 E_n + E_3 E_{n-1} + \cdots + E_n E_2.$$

现在我们来建立另一个递推公式.

基本想法是采用分拆技巧,即将多边形的剖分分割为两个子多边形的剖分,以利用前面的假设.

如何分割?最自然的方式是联结一条对角线将多边形划分为2块.不妨考察由 A_1 引出的对角线(图 4.12),假定为 A_1A_k ($3 \leqslant k \leqslant n-1$),则该对角线的一侧是 k 边形 $A_1A_2\cdots A_k$,将其剖分为三角形,有 E_k 种方法.它的另一侧是 $n-k+2$ 边形 $A_1A_kA_{k+1}\cdots A_n$,将其剖分为三角形,有 E_{n-k+2} 种方法.

于是,含有对角线 A_1A_k 的剖分有 E_kE_{n-k+2} 种.注意到 $k=3,4,\cdots,n-1$,从而含有 A_1 引出的对角线的剖分有 $E_3E_{n-1}+E_4E_{n-2}+\cdots+E_{n-1}E_3$ 种.

是否有
$$E_n = E_3E_{n-1}+E_4E_{n-2}+\cdots+E_{n-1}E_3? \quad ②$$
可用特例来检验.

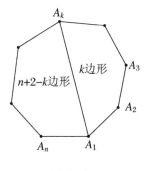

图 4.12

在②式中令 $n=4$,得 $E_4=E_3E_3=1$.

但当 $n=4$ 时,四边形 $A_1A_2A_3A_4$ 恰有两种剖分(图 4.13),每一个剖分都是一条对角线将四边形分割为两个三角形.

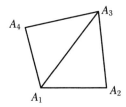 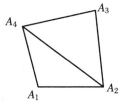

图 4.13

由此可见,上述计数有遗漏.例如,我们只考虑了含 A_1 引出的对角线的剖分,没有考虑含 A_2 引出的对角线的剖分.

一般地,由对称性,含顶点 A_j ($j=1,2,\cdots,n$) 引出的对角线的剖

分数都为 $E_3E_{n-1}+E_4E_{n-2}+\cdots+E_{n-1}E_3$.于是,凸 n 边形的所有剖分总数为

$$n(E_3E_{n-1}+E_4E_{n-2}+\cdots+E_{n-1}E_3).$$

是否有

$$E_n=n(E_3E_{n-1}+E_4E_{n-2}+\cdots+E_{n-1}E_3)? \qquad ③$$

仍用特例来检验.

在③式中令 $n=4$,得 $E_4=4E_3E_3=4$.

但由上面的讨论知,$E_4=2$,从而以上计算有重复.实际上,考察含 A_1 引出的对角线 A_1A_3 的剖分,它既是含 A_1 引出的对角线的剖分,又是含 A_3 引出的对角线的剖分,从而该剖分被计算 2 次.同样,含 A_2 引出的对角线 A_2A_4 的剖分也被计算 2 次,所以

$$E_4=\frac{4}{2}E_3E_3=2.$$

对一般情况,上述计算中每一个剖分被计算了多少次呢?再考察一个特例.

在③式中令 $n=5$,得

$$E_5=5(E_3E_4+E_4E_3)=5\cdot(2+2)=20.$$

但当 $n=5$ 时,五边形 $A_1A_2\cdots A_5$ 恰有 5 种剖分,每一个剖分都是由一个顶点引出 2 条对角线将五边形分割为 3 个三角形.注意到 $20=5\cdot4$,从而上述计算中每一个剖分被计算了 4 次.

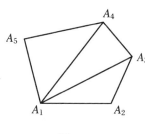

图 4.14

每一个剖分是怎样被计算 4 次的呢?实际上,考察含 A_1 引出 2 条对角线 A_1A_3,A_1A_4 的剖分(图 4.14),它既是含 A_1 引出的对角线 A_1A_3 的剖分,又是含 A_3 引出的对角线 A_3A_1 的剖分,从而该剖分在对角线 A_1A_3 处被计算 2 次.同样,该剖分在对角线 A_2A_4 处也被计算 2

次,所以一共被计算 4 次.

一般地,凸 n 边形 $A_1A_2\cdots A_n$ 的每一个剖分都含有 $n-3$ 条对角线,该剖分在每条对角线处都被计算 2 次,所以一共被计算 $2(n-3) = 2n-6$ 次.于是,有

$$E_n = \frac{n}{2n-6}(E_3E_{n-1} + E_4E_{n-2} + \cdots + E_{n-1}E_3). \quad ④$$

现在,利用①④式,则很容易求出 E_n.

实际上,将①式变形为

$$E_{n+1} - 2E_n = E_3E_{n-1} + E_4E_{n-2} + \cdots + E_{n-1}E_3,$$

代入④式(整体代入),得

$$E_{n+1} - 2E_n = \frac{2n-6}{n}E_n, \quad E_{n+1} = \frac{4n-6}{n}E_n.$$

依次迭代,得

$$\begin{aligned}
E_{n+1} &= (4n-6)(4n-10)\cdots\frac{2E_2}{n!} = 2^{n-1} \cdot \frac{(2n-3)!!}{n!} \\
&= 2^{n-1} \cdot (n-1)! \cdot \frac{(2n-3)!!}{(n-1)!\ n!} \\
&= \frac{(2n-2)!!\ (2n-3)!!}{(n-1)!\ n!} \\
&= \frac{(2n-2)!}{(n-1)!\ n!} = \frac{C_{2n-2}^{n-1}}{n}.
\end{aligned}$$

故 $E_n = \dfrac{C_{2n-4}^{n-2}}{n-1}$.

4.6 分段递归

在一般的递归数列中,任意一个项与前面若干项之间的函数关系对定义域内的所有项都成立.但在有的情况下,任意一个项与前面若干项之间的函数关系并不"统一",而是要依据 n 的不同取值,建

立某个项与前面若干项之间的不同的函数关系.我们称这样的一种递归形式为分段递归.

分段递归关系没有固定的解法,通常都是由递归关系得出数列若干个项的值,由此猜出数列的通项,进而给出证明.

例 1 设 n,p 为给定的正整数,M 是 $X_n=\{1,2,3,4,\cdots,n\}$ 的子集,如果对任何 $x\in M$,有 $px\notin M$,则称集合 M 是 X_n 的 p-相容子集.

记 X_n 的 p-相容子集 M 的元素个数 $|M|$ 的最大值为 $f_p(n)$.

(1) 求 $f_2(2\,015)$.

(2) 求 $f_3(2\,015)$.

(3) 是否存在常数 n_0,对一切正整数 $n\geqslant n_0$,都有 $f_2(n)<f_3(n)$?证明你的结论.

(4) 是否存在常数 n_0,对一切正整数 $n\geqslant n_0$,都有 $f_p(n)<f_{p+1}(n)$?证明你的结论.(原创题)

分析与解 (1) 设 M 是 X_n 的一个 2-相容子集,记 M 的元素个数的最大值为 $f(n)$.

先考虑一些简单情形.

当 $n=2$ 时,显然 $f(2)=1$,因为 1 与 2 存在 2 倍关系.由此可产生这样的想法:把具有 2 倍关系的数做成一些块,则每一个块中至多有 M 的一个数.

当 $n=5$ 时,$M=\{1,3,4,5\}$ 合乎条件,又显然 $f(5)<5$,所以 $f(5)=4$.

当 $n=6$ 时,$X_6=\{1,2,3,4,5,6\}$,其中可以构造 2 个具有 2 倍关系的块为
$$\{1,2\},\{3,6\},$$
剩下的数为 4,5.

由于 M 至多含有上述每个块中一个数,从而 $f(6)\leqslant 4$.而

$M=\{1,3,4,5\}$ 合乎条件,所以 $f(6)=4$.

由此可产生这样的想法:构造若干个具有 2 倍关系的块,每个块中取一个数,块外剩下的数全取构成集合 M.

再尝试一些特殊数,看上面的想法是否可行.考察 $n=12, X_{12}=\{1,2,\cdots,12\}$,其中可以构造 4 个具有 2 倍关系的块为

$$\{1,2\},\{3,6\},\{4,8\},\{5,10\},$$

剩下的数为 $7,9,11,12$.

而 $M=\{1,3,4,5,7,9,11,12\}$ 合乎条件,从而 $f(12)=8$.

从这个例子看,上面的想法好像是可行的.但仔细一想,那些具有 2 倍关系的块如何构造? 对于一般的正整数 n,其块是否有某种规律?

所有块并没有规律! 但其中部分块却有规律!! 例如,考察其中含有奇数的块:$\{1,2\},\{3,6\},\{5,10\}$.其中的奇数恰好是前面若干个连续的奇数,而剩下的奇数也恰好在我们所构造的合乎条件的集合 M 中.由此可产生这样的想法:

对一般的正整数 n,我们可取 $X_n=\{1,2,3,4,\cdots,n\}$ 中的所有奇数都属于 M,因为任何 2 个奇数都不具备 2 倍关系.然后把这些奇数的 2 倍(如果在 X 中的话)都去掉(是相应块中的另一个数).

为了判断 n 是否被剩下,首先要讨论 n 的奇偶性.进一步发现,所有奇数的 2 倍都被去掉,剩下的数都是 4 的倍数,因此为了确定取定了哪些块,还剩下哪些数,需要将 n 按模 4 来分类讨论.

(ⅰ) 如果 $n=4k(k\in\mathbf{N}^*)$,此时可取 $1,3,5,\cdots,4k-1$ 属于 M,则 $2,6,10,\cdots,4k-2$ 不能属于 M.此外,还剩下如下一些偶数(4 的倍数):$4,8,\cdots,4k$.这些数若继续分块则过程很繁,从另外的角度进行观察,发现各数提取公因数 4 之后,剩下因子构成连续自然数序列 $1,2,\cdots,k$.显然,对 $4,8,\cdots,4k$ 中的某两个数 x,y 满足 $x\neq 2y$,等价于 $1,2,\cdots,k$ 中的某两个数 x',y' 满足 $x'\neq 2y'$.于是,$4,8,\cdots,4k$

中至多有 $f(k)$ 个数属于 M. 这样,我们得到如下分块估计:
$$A_i = \{2i-1, 4i-2\} \quad (i=1,2,\cdots,k),$$
$$B = \{2k+1, 2k+3, \cdots, 4k-1\},$$
$$C = \{4, 8, \cdots, 4k\},$$

则 M 至多含有各 A_i 中的一个元素,含有 B 中的全部 k 个元素,含有 C 中的 $f(k)$ 个元素,所以
$$f(4k) \leqslant k + k + f(k) = 2k + f(k).$$

另一方面,C 中存在一个 2 -相容子集 C_1,使 $|C_1| = f(k)$,令 $M = \{1,3,5,\cdots,4k-1\} \cup C_1$,则 M 是 X_n 的 2 -相容子集.

实际上,对任何 $x, y \in M$,如果 $x, y \in \{1,3,5,\cdots,4k-1\}$,则因为 $x \equiv y \equiv 1 \pmod 2$,可知 $x \neq 2y$. 如果 $x, y \in C_1$,则因为 C_1 是 2 -相容子集,所以 $x \neq 2y$. 如果 $x \in \{1,3,5,\cdots,4k-1\}, y \subset C_1$,则因为 $x \equiv \pm 1, y \equiv 0 \pmod 4$,可知 $x \neq 2y, y \neq 2x$.

因为 $|M| = 2k + f(k)$,所以 $f(4k) = 2k + f(k)$.

(ii) 如果 $n = 4k + 1 (k \in \mathbf{N}^*)$,我们有类似的分块估计:
$$A_i = \{2i-1, 4i-2\} \quad (i=1,2,\cdots,k),$$
$$B = \{2k+1, 2k+3, \cdots, 4k+1\},$$
$$C = \{4, 8, \cdots, 4k\},$$

则 M 至多含有各 A_i 中的一个元素,含有 B 中的全部 $k+1$ 个元素,含有 C 中的 $f(k)$ 个元素,所以
$$f(4k+1) \leqslant k + k + 1 + f(k) = 2k + 1 + f(k).$$

另一方面,C 中存在一个 2 -相容子集 C_1,使 $|C_1| = f(k)$,令 $M = \{1,3,5,\cdots,4k+1\} \cup C_1$,则同样可知 M 是 X_n 的 2 -相容子集,此时 $|M| = 2k + 1 + f(k)$. 所以
$$f(4k+1) = 2k + 1 + f(k).$$

(iii) 如果 $n = 4k + 2 (k \in \mathbf{N}^*)$,令
$$A_i = \{2i-1, 4i-2\} \quad (i=1,2,\cdots,k+1),$$

4 如何建立递归关系

$$B = \{2k+3, 2k+5, \cdots, 4k+1\},$$
$$C = \{4, 8, \cdots, 4k\},$$

则 M 至多含有各 A_i 中的一个元素，含有 B 中的全部 k 个元素，含有 C 中的 $f(k)$ 个元素，所以

$$f(4k+2) \leqslant (k+1) + k + f(k) = 2k+1+f(k).$$

另一方面，C 中存在一个 2 -相容子集 C_1，使 $|C_1| = f(k)$，令 $M = \{1, 3, 5, \cdots, 4k+1\} \cup C_1$，则 M 是 X_n 的 2 -相容子集，此时 $|M| = 2k+1+f(k)$. 所以

$$f(4k+2) = 2k+1+f(k).$$

（iv）如果 $n = 4k+3(k \in \mathbf{N}^*)$，令

$$A_i = \{2i-1, 4i-2\} \quad (i = 1, 2, \cdots, k+1),$$
$$B = \{2k+3, 2k+5, \cdots, 4k+3\},$$
$$C = \{4, 8, \cdots, 4k\},$$

则 M 至多含有各 A_i 中的一个元素，含有 B 中的全部 $k+1$ 个元素，含有 C 中的 $f(k)$ 个元素，所以

$$f(4k+3) \leqslant (k+1) + (k+1) + f(k) = 2k+2+f(k).$$

另一方面，C 中存在一个 2 -相容子集 C_1，使 $|C_1| = f(k)$，令 $M = \{1, 3, 5, \cdots, 4k+3\} \cup C_1$，则 M 是 X_n 的 2 -相容子集，此时 $|M| = 2k+2+f(k)$. 所以

$$f(4k+3) = 2k+2+f(k).$$

上述分段递归关系可借助高斯函数将其写成如下的"统一形式"：

对所有正整数 n，有

$$f(n) = \left[\frac{n+1}{2}\right] + f\left(\left[\frac{n}{4}\right]\right).$$

于是，有

$$f(2\,015) = f(4 \times 504 - 1) = 2 \times 504 + f(503)$$

$$= 1\,008 + f(4 \times 126 - 1)$$
$$= 1\,008 + 2 \times 126 + f(125) = 1\,260 + f(4 \times 32 - 3)$$
$$= 1\,260 + 2 \times 32 - 1 + f(31) = 1\,327 + f(4 \times 8 - 1)$$
$$= 1\,323 + 2 \times 8 + f(7) = 1\,339 + f(4 \times 2 - 1)$$
$$= 1\,339 + 2 \times 2 + f(1) = 1\,344.$$

(2) 将 $f_3(n)$ 简记为 $g(n)$.

为了使 $|M|$ 尽可能大,我们可取 $X_n = \{1,2,3,4,\cdots,n\}$ 中的所有非 3 的倍数的数都属于 M,因为任何 2 个非 3 的倍数的数都不具备 3 倍关系.这样,我们需要判断剩下的 3 的倍数的数是哪些,即判断 n 是否被剩下,于是对 n 按模 3 的余数分类讨论.

另外,当取定一些非 3 的倍数的数属于 M 时,这些数的 3 倍必须去掉(不属于 M),为了知道究竟去掉的是哪些数,需对 n 按模 3^2 的余数分类讨论.

(ⅰ) 如果 $n = 9k(k \in \mathbf{N}^*)$,此时可取 $1,2,4,5,\cdots,3k-2,3k-1$ 属于 M,则 $3,6,12,15,\cdots,9k-6,9k-3$ 不能属于 M.此外,还剩下如下一些 9 的倍数的数:$9,18,\cdots,9k$.这些数提取公因数 9 之后,剩下的因子构成连续自然数序列 $1,2,\cdots,k$.于是,$9,18,\cdots,9k$ 中至多有 $g(k)$ 个数属于 M.于是,我们得到如下分块估计:

$$A_i = \{3i - 2, 3i - 1, 6i - 6, 6i - 3\} \quad (i = 1, 2, \cdots, k),$$
$$B = \{3k + 1, 3k + 2, 3k + 4, 3k + 5, \cdots, 9k - 2, 9k - 1\},$$
$$C = \{9, 18, \cdots, 9k\},$$

则 M 至多含有各 A_i 中的 2 个元素,含有 B 中的全部 $4k$ 个元素,含有 C 中的 $g(k)$ 个元素,所以

$$g(9k) \leqslant 2k + 4k + g(k) = 6k + g(k).$$

另一方面,C 中存在一个 3 -相容子集 C_1,使 $|C_1| = g(k)$,令 $M = \{3i - 2 \mid i \in \mathbf{N}, 1 \leqslant i \leqslant 3k\} \cup \{3i - 1 \mid i \in \mathbf{N}, 1 \leqslant i \leqslant 3k\} \cup C_1$,则 M 是 X_n 的 3 -相容子集.

实际上,对任何 $x,y \in M$,如果 $x,y \in \{3i-2 \mid i \in \mathbf{N}, 1 \leqslant i \leqslant 3k\} \cup \{3i-1 \mid i \in \mathbf{N}, 1 \leqslant i \leqslant 3k\}$,则由 $x,y \equiv \pm 1, \pm 2, \pm 4 \pmod 9$,可知 $x \neq 3y$.如果 $x,y \in C_1$,则因为 C_1 是 3-相容子集,所以 $x \neq 3y$.如果 $x \in \{3i-2 \mid i \in \mathbf{N}, 1 \leqslant i \leqslant 3k\} \cup \{3i-1 \mid i \in \mathbf{N}, 1 \leqslant i \leqslant 3k\}, y \in C_1$,则由 $3x \equiv 3,6 \equiv 0 \pmod 9, y \equiv 0 \pmod 9$,可知 $x \neq 3y, y \neq 3x$.

因为 $|M| = 6k + g(k)$,所以 $g(9k) = 6k + g(k)$.

(ⅱ) 如果 $n = 9k - 1(k \in \mathbf{N}^*)$,我们有类似的分块估计:
$A_i = \{3i-2, 3i-1, 6i-6, 6i-3\}$ $(i = 1, 2, \cdots, k)$,
$B = \{3k+1, 3k+2, 3k+4, 3k+5, \cdots, 9k-2, 9k-1\}$,
$C = \{9, 18, \cdots, 9k-9\}$,

则 M 至多含有各 A_i 中 2 个元素,含有 B 中的全部 $4k$ 个元素,含有 C 中的 $g(k-1)$ 个元素,所以

$$g(9k-1) \leqslant 2k + 4k + g(k-1) = 6k + g(k-1).$$

另一方面,C 中存在一个 3-相容子集 C_1,使 $|C_1| = g(k-1)$,令 $M = \{3i-2 \mid i \in \mathbf{N}, 1 \leqslant i \leqslant 3k\} \cup \{3i-1 \mid i \in \mathbf{N}, 1 \leqslant i \leqslant 3k\} \cup C_1$,则同样可知 M 是 X_n 的 3-相容子集,此时 $|M| = 6k + g(k-1)$,所以 $g(9k-1) = 6k + g(k-1)$.

(ⅲ) 如果 $n = 9k - 2(k \in \mathbf{N}^*)$,令
$A_i = \{3i-2, 3i-1, 6i-6, 6i-3\}$ $(i = 1, 2, \cdots, k)$,
$B = \{3k+1, 3k+2, 3k+4, 3k+5, \cdots, 9k-2\}$,
$C = \{9, 18, \cdots, 9k-9\}$,

则 M 至多含有各 A_i 中的 2 个元素,含有 B 中的全部 $4k-1$ 个元素,含有 C 中的 $g(k-1)$ 个元素,所以

$$g(9k-2) \leqslant 2k + 4k - 1 + g(k-1) = 6k - 1 + g(k-1).$$

另一方面,C 中存在一个 3-相容子集 C_1,使 $|C_1| = g(k-1)$,令 $M = \{3i-2 \mid i \in \mathbf{N}, 1 \leqslant i \leqslant 3k\} \cup \{3i-1 \mid i \in \mathbf{N}, 1 \leqslant i \leqslant 3k-1\} \cup C_1$,则同样可知 M 是 X_n 的 3-相容子集,此时 $|M| = 6k - 1 + g(k-1)$,

所以 $g(9k-2) = 6k-1+g(k-1)$.

(iv) 如果 $n = 9k-3(k \in \mathbf{N}^*)$,令
$A_i = \{3i-2, 3i-1, 6i-6, 6i-3\}$ $(i=1,2,\cdots,k)$,
$B = \{3k+1, 3k+2, 3k+4, 3k+5, \cdots, 9k-5, 9k-4\}$,
$C = \{9, 18, \cdots, 9k-9\}$,

则 M 至多含有各 A_i 中的 2 个元素,含有 B 中的全部 $4k-2$ 个元素,含有 C 中的 $g(k-1)$ 个元素,所以
$g(9k-2) \leqslant 2k + 4k - 2 + g(k-1) = 6k - 2 + g(k-1)$.

另一方面,C 中存在一个 3-相容子集 C_1,使 $|C_1| = g(k-1)$,令 $M = \{3i-2 \mid i \in \mathbf{N}, 1 \leqslant i \leqslant 3k-1\} \cup \{3i-1 \mid i \in \mathbf{N}, 1 \leqslant i \leqslant 3k-1\} \cup C_1$,则同样可知 M 是 X_n 的 3-相容子集,此时 $|M| = 6k - 2 + g(k-1)$,所以 $g(9k-3) = 6k - 2 + g(k-1)$.

于是,有
$$\begin{aligned}g(2\,015) &= g(9 \times 224 - 1) = 6 \times 224 + g(223) \\ &= 6 \times 224 + g(9 \times 25 - 2) \\ &= 6 \times 224 + 6 \times 25 - 1 + g(24) \\ &= 6 \times 249 - 1 + g(9 \times 3 - 3) \\ &= 6 \times 249 - 1 + 6 \times 3 - 2 + g(2) \\ &= 6 \times 252 - 1 = 1\,511.\end{aligned}$$

因为 $1\,348 < 1\,511$,所以 $f_2(2\,015) < f_3(2\,015)$.

注 本题中的(3)(4)我们都没有解决,希望读者能给出解答.

例 2 对任意正整数 n,记 $X_n = \{1, 2, \cdots, n\}$ 的 2-相容子集 M_n 的元素个数 $|M_n|$ 的最大值为 $f_2(n)$,如果 $f_2(n) = \dfrac{2n}{3}$,则称正整数 n 是平衡的.试问:区间 $[1, 2^{2016}]$ 中有多少个平衡的正整数?(原创题)

分析与解 将 $f_2(n)$ 简记为 $f(n)$.由上例,我们已得到 $f(n)$ 的

一个分段递推式:
$$f(4k) = 2k + f(k), \quad f(4k+1) = 2k + 1 + f(k),$$
$$f(4k+2) = 2k + 1 + f(k), \quad f(4k+3) = 2k + 2 + f(k).$$
由此,求出 $f(n)$ 的若干初值如表 4.1 所示.

表 4.1

n	1	2	3	4	5	6	7	8	9	10	11	12	13	14	15	16	17	18	19	20
$f(n)$	1	1	2	3	4	4	5	5	6	6	7	8	9	9	10	11	12	12	13	14

下面采用归纳通式的技巧,探索 $f(n)$ 的表达式.

归纳通式有两个要点:一是将初值用"n"的形式表示;二是各种表示"同构",即各个初值表示形式的结构相同.

(1) 当 $n = 1$ 时, $f(n) = f(1) = 1 = n$(用"n"的形式表示).

(2) 当 $n = 2$ 时, $f(n) = f(2) = 1$.

因为此时 $n = 2$,显然 1 与 "n" 的关系可以看成是 "2 倍关系",即 $1 = \dfrac{n}{2}$;可以看成是 "相差 1 的关系",即 $1 = n - 1$.为了照顾到与(1)的情形同构,我们选择

$$f(n) = \frac{n}{2} = n - \frac{n}{2}.$$

因为(1)可改写为

$$f(n) = f(1) = 1 = n = n - \left[\frac{n}{2}\right].$$

(3) 当 $n = 3$ 时, $f(n) = f(3) = 2 = n - 1$(用"n"的形式表示).

为了照顾到与(1)(2)的情形同构,我们将这里的"1"表示为 $1 = \left[\dfrac{n}{2}\right]$,这样,有

$$f(n) = f(3) = 2 = n - 1 = n - \left[\frac{n}{2}\right].$$

(4) 当 $n=4$ 时,$f(n)=f(4)=3=n-1$(用"n"的形式表示).

为了照顾到与(3)的情形同构,我们将这里的"1"表示为 $1=\left[\dfrac{n}{2}\right]-\left[\dfrac{n}{4}\right]$,这样,有

$$f(n)=n-1=n-\left[\dfrac{n}{2}\right]+\left[\dfrac{n}{4}\right].$$

显然上式在 $n=1,2,3$ 时也成立.

由此不难得到

$$f(n)=\sum_{i=0}^{\infty}(-1)^{i}\left[\dfrac{n}{2^{i}}\right].$$

证明如下:对 n 归纳.当 $n=1$ 时,$f(1)=1$,结论成立.
设结论对小于 n 的正整数成立,考虑 n 的情形.
(1) 若 $n=4a$,则由递归关系,有

$$f(n)=f(4a)=2a+f(a).$$

由于 $a<n$,由归纳假设,有

$$f(n)=2a+f(a)=2a+\sum_{i=0}^{\infty}(-1)^{i}\left[\dfrac{a}{2^{i}}\right]$$

$$=\dfrac{n}{2}+\sum_{i=0}^{\infty}(-1)^{i}\left[\dfrac{n}{2^{i+2}}\right]$$

$$=\left(n-\dfrac{n}{2}\right)+\sum_{i=0}^{\infty}(-1)^{i+2}\left[\dfrac{n}{2^{i+2}}\right]$$

$$=\left(n-\dfrac{n}{2}\right)+\sum_{i=2}^{\infty}(-1)^{i}\left[\dfrac{n}{2^{i}}\right]$$

$$=\sum_{i=0}^{\infty}(-1)^{i}\left[\dfrac{n}{2^{i}}\right],$$

结论成立.

(2) 若 $n=4a+1$,由递归关系,有

$$f(n)=f(4a+1)=2a+1+f(a).$$

由于 $a<n$，由归纳假设，有

$$f(n) = 2a + 1 + f(a) = 2a + 1 + \sum_{i=0}^{\infty}(-1)^i\left[\frac{a}{2^i}\right]$$

$$= \frac{n-1}{2} + 1 + \sum_{i=0}^{\infty}(-1)^i\left[\frac{n-1}{2^{i+2}}\right].$$

因为 $n = 4a + 1$，有 $4 \mid n-1$，从而 $4 \nmid n$，进而 $2^{i+2} \nmid n$，设 $n = p \cdot 2^{i+2} + r (1 \leqslant r < 2^{i+2})$，则

$$\left[\frac{n-1}{2^{i+2}}\right] = \left[\frac{p \cdot 2^{i+2} + r - 1}{2^{i+2}}\right] = p + \left[\frac{r-1}{2^{i+2}}\right] = p = \left[\frac{n}{2^{i+2}}\right],$$

所以

$$f(n) = \frac{n-1}{2} + 1 + \sum_{i=0}^{\infty}(-1)^i\left[\frac{n}{2^{i+2}}\right]$$

$$= \frac{n-1}{2} + 1 + \sum_{i=0}^{\infty}(-1)^{i+2}\left[\frac{n}{2^{i+2}}\right]$$

$$= \frac{n-1}{2} + 1 + \sum_{i=2}^{\infty}(-1)^i\left[\frac{n}{2^i}\right].$$

再注意到 $n = 4a + 1$，有

$$n - \left[\frac{n}{2}\right] = (4a+1) - 2a = 2a + 1 = \frac{n-1}{2} + 1,$$

代入上式，得

$$f(n) = n - \left[\frac{n}{2}\right] + \sum_{i=2}^{\infty}(-1)^i\left[\frac{n}{2^i}\right]$$

$$= \sum_{i=0}^{\infty}(-1)^i\left[\frac{n}{2^i}\right],$$

结论成立.

(3) 若 $n = 4a + 2$，由递归关系，有

$$f(n) = f(4a+2) = 2a + 1 + f(a).$$

由于 $a<n$，由归纳假设，有

$$f(n) = 2a + 1 + f(a) = 2a + 1 + \sum_{i=0}^{\infty}(-1)^i \left[\frac{a}{2^i}\right]$$

$$= \frac{n}{2} + \sum_{i=0}^{\infty}(-1)^i \left[\frac{n-2}{2^{i+2}}\right].$$

因为 $n = 4a + 2$,有 $4 \mid n-2$,从而 $4 \nmid n$, $4 \nmid n-1$,进而 $2^{i+2} \nmid n$, $2^{i+2} \nmid n-1$.

设 $n = p \cdot 2^{i+2} + r (2 \leqslant r < 2^{i+2})$,则

$$\left[\frac{n-2}{2^{i+2}}\right] = \left[\frac{p \cdot 2^{i+2} + r - 2}{2^{i+2}}\right] = p + \left[\frac{r-2}{2^{i+2}}\right] = p = \left[\frac{n}{2^{i+2}}\right],$$

所以

$$f(n) = \frac{n}{2} + \sum_{i=0}^{\infty}(-1)^i \left[\frac{n}{2^{i+2}}\right]$$

$$= \frac{n}{2} + \sum_{i=0}^{\infty}(-1)^{i+2} \left[\frac{n}{2^{i+2}}\right]$$

$$= n - \frac{n}{2} + \sum_{i=2}^{\infty}(-1)^i \left[\frac{n}{2^i}\right]$$

$$= \sum_{i=0}^{\infty}(-1)^i \left[\frac{n}{2^i}\right],$$

结论成立.

(4) 若 $n = 4a + 3$,由递归关系,有

$$f(n) = f(4a + 3) = 2a + 2 + f(a).$$

由于 $a < n$,由归纳假设,有

$$f(n) = 2a + 2 + f(a) = 2a + 1 + \sum_{i=0}^{\infty}(-1)^i \left[\frac{a}{2^i}\right]$$

$$= \frac{n-3}{2} + 2 + \sum_{i=0}^{\infty}(-1)^i \left[\frac{n-2}{2^{i+2}}\right].$$

因为 $n = 4a + 3$,有 $4 \mid n - 3$,从而 $4 \nmid n$, $4 \nmid n-1$, $4 \nmid n-2$,进而 $2^{i+2} \nmid n$, $2^{i+2} \nmid n-1$, $2^{i+2} \nmid n-2$.

设 $n = p \cdot 2^{i+2} + r(3 \leqslant r < 2^{i+2})$,则
$$\left[\frac{n-3}{2^{i+2}}\right] = \left[\frac{p \cdot 2^{i+2} + r - 3}{2^{i+2}}\right] = p + \left[\frac{r-3}{2^{i+2}}\right] = p = \left[\frac{n}{2^{i+2}}\right],$$
所以
$$f(n) = \frac{n-3}{2} + 2 + \sum_{i=0}^{\infty}(-1)^i\left[\frac{n}{2^{i+2}}\right]$$
$$= \frac{n-3}{2} + 2 + \sum_{i=0}^{\infty}(-1)^{i+2}\left[\frac{n}{2^{i+2}}\right]$$
$$= \frac{n-3}{2} + 2 + \sum_{i=2}^{\infty}(-1)^i\left[\frac{n}{2^i}\right].$$

再注意到 $n = 4a + 3$,有
$$n - \left[\frac{n}{2}\right] = (4a+3) - (2a+1) = 2a + 2 = \frac{n-3}{2} + 2,$$
代入上式,得
$$f(n) = n - \left[\frac{n}{2}\right] + \sum_{i=2}^{\infty}(-1)^i\left[\frac{n}{2^i}\right]$$
$$= \sum_{i=0}^{\infty}(-1)^i\left[\frac{n}{2^i}\right],$$
结论成立.

尽管我们已得到 $f(n)$ 的表达式,但利用这一表示求出满足 $f(n) = \frac{2n}{3}$ 的正整数 n 还是相当困难的.

现在的问题是,对于 $2^k \leqslant n < 2^{k+1}$,如何化简和式 $\sum_{i=0}^{k}(-1)^i\left[\frac{n}{2^i}\right]$,使 $f(n) = \frac{2n}{3}$ 容易求解?

为便于计算 $\left[\frac{n}{2^i}\right]$,令 $n = a_k 2^k + a_{k-1} 2^{k-1} + \cdots + a_1 2^1 + a_0$,其中 $a_i = 0, 1 (i = 0, 1, \cdots, k)$,且 $a_k \neq 0$,则
$$\left[\frac{n}{2^i}\right] = \left[a_k 2^{k-i} + a_{k-1} 2^{k-i-1} + \cdots + a_i + \frac{a_{i-1}}{2} + \frac{a_{i-2}}{2^2} + \cdots + \frac{a_0}{2^i}\right]$$

$$= a_k 2^{k-i} + a_{k-1} 2^{k-i-1} + \cdots + a_i + \left[\frac{a_{i-1}}{2} + \frac{a_{i-2}}{2^2} + \cdots + \frac{a_0}{2^i}\right]$$

注意到

$$\frac{a_{i-1}}{2} + \frac{a_{i-2}}{2^2} + \cdots + \frac{a_0}{2^i} \leqslant \frac{1}{2} + \frac{1}{2^2} + \cdots + \frac{1}{2^i} = 1 - \frac{1}{2^i} < 1,$$

所以

$$\left[\frac{n}{2^i}\right] = a_k 2^{k-i} + a_{k-1} 2^{k-i-1} + \cdots + a_i.$$

所以

$$f(n) = \sum_{i=0}^{k} (-1)^i \left[\frac{n}{2^i}\right]$$

$$= a_k 2^k + a_{k-1} 2^{k-1} + \cdots + a_1 2^1 + a_0 - (a_k 2^{k-1}$$
$$+ a_{k-1} 2^{k-2} + a_{k-2} 2^{k-3} + \cdots + a_3 2^2 + a_2 2^1 + a_1)$$
$$+ (a_k 2^{k-2} + a_{k-1} 2^{k-3} + a_{k-2} 2^{k-4} + \cdots + 2a_3 + a_2)$$
$$- (a_k 2^{k-3} + a_{k-1} 2^{k-4} + a_{k-2} 2^{k-5} + \cdots + a_3) + \cdots$$
$$+ (-1)^{k-1} (a_k 2^1 + a_{k-1}) + (-1)^k a_k$$

$$= a_k \sum_{i=0}^{k} (-1)^i 2^{k-i} + a_{k-1} \sum_{i=0}^{k-1} (-1)^i 2^{(k-1)-i} + \cdots$$
$$+ a_3 (2^3 - 2^2 + 2^1 - 1) + a_2 (2^2 - 2^1 + 1) + a_1$$

$$= a_k \cdot \frac{2^{k+1} + (-1)^k}{3} + a_{k-1} \cdot \frac{2^k + (-1)^{k-1}}{3} + \cdots$$
$$+ a_2 \cdot \frac{2^3 + (-1)^2}{3} + a_1 \cdot \frac{2^2 + (-1)^1}{3}$$

$$= \frac{2}{3} (a_k 2^k + a_{k-1} 2^{k-1} + \cdots + a_1 2^1 + a_0)$$
$$+ \frac{1}{3} \left[a_k (-1)^k + a_{k-1} (-1)^{k-1} + \cdots + a_1 (-1)^1 + a_0\right]$$

$$= \frac{1}{3} [2n + a_0 - a_1 + a_2 - a_3 + \cdots + a_k (-1)^k]$$

$$= \frac{1}{3}[2n + (a_0 + a_2 + a_4 + \cdots) - (a_1 + a_3 + a_5 + \cdots)].$$

由此可见,如果 n 的二进制表示为 $n = (a_k a_{k-1} \cdots a_1 a_0)_{(2)}$,则

$$f_2(n) = \frac{1}{3}[2n + a_0 - a_1 + a_2 - a_3 + \cdots + a_k(-1)^k].$$

例如,$2\,015 = (11111011111)_{(2)}$,所以

$$\begin{aligned}f(2\,015) &= \frac{1}{3}[2 \cdot 2\,015 + (a_0 + a_2 + a_4 + \cdots) \\ &\quad - (a_1 + a_3 + a_5 + \cdots)] \\ &= \frac{1}{3}[4\,030 + (1+1+1+1+1+1) \\ &\quad - (1+1+0+1+1)] \\ &= \frac{1}{3} \cdot 4\,032 = 1\,344.\end{aligned}$$

现在,设 $n = (a_k a_{k-1} \cdots a_1 a_0)_{(2)}$,如果 $f(n) = \dfrac{2n}{3}$,则

$$a_0 + a_2 + a_4 + \cdots = a_1 + a_3 + a_5 + \cdots.$$

注意到 $n = 2^{2016} = 1\underbrace{00\cdots0}_{2016 \text{个} 0}$ 不是平衡数,从而 $n \in [1, 2^{2016})$,于是可设 $n = (a_{2015} a_{2014} \cdots a_1 a_0)_{(2)}$,其中 $a_i \in \{0, 1\}$,$i = 0, 1, 2, \cdots, 2\,015$,且允许首位为 0,但各 a_i 不全为 0.

由上面的结论可知,"n 是平衡数"的充分必要条件为

$$a_0 + a_2 + a_4 + \cdots + a_{2014} = a_1 + a_3 + a_5 + \cdots + a_{2015}.$$

设 $a_0 + a_2 + a_4 + \cdots + a_{2014} = a_1 + a_3 + a_5 + \cdots + a_{2015} = k$,则 $a_0, a_2, a_4, \cdots, a_{2014}$ 与 $a_1, a_3, a_5, \cdots, a_{2015}$ 中都分别有 k 个 1,其余都为 0. 由于各 a_i 不全为 0,从而 $1 \leqslant k \leqslant 1\,008$.

在 $a_0, a_2, a_4, \cdots, a_{2014}$ 中取 k 个数字为 1,有 C_{1008}^k 种方法;在 $a_1, a_3, a_5, \cdots, a_{2015}$ 中取 k 个数字为 1,也有 C_{1008}^k 种方法,于是使

$$a_0 + a_2 + a_4 + \cdots + a_{2014} = a_1 + a_3 + a_5 + \cdots + a_{2015} = k$$

的正整数 $n = (a_{2015}a_{2014}\cdots a_1 a_0)_{(2)}$ 有 $(C_{1008}^k)^2$ 个.

注意到 $k = 1, 2, \cdots, 1008$，从而 $[1, 2^{2016}]$ 中的平衡正整数的个数为

$$\sum_{k=1}^{1008}(C_{1008}^k)^2 = \sum_{k=0}^{1008}(C_{1008}^k)^2 - 1 = C_{2016}^{1008} - 1.$$

其中注意 $\sum_{k=0}^{n}(C_n^k)^2 = C_{2n}^n$.

实际上，考察

$C_n^0 + C_n^1 x + C_n^2 x^2 + \cdots + C_n^n x^n = (1+x)^n$,

$(C_n^0 + C_n^1 x + C_n^2 x^2 + \cdots + C_n^n x^n)(C_n^0 + C_n^1 x + C_n^2 x^2 + \cdots + C_n^n x^n)$

$= (1+x)^{2n}$,

显然，$\sum_{k=0}^{n} C_n^k \cdot C_n^{n-k}$ 是上式左端 x^n 的系数，而上式右端 x^n 的系数为 C_{2n}^n，于是 $\sum_{k=0}^{n} C_n^k \cdot C_n^{n-k} = C_{2n}^n$.

例3 记 $X_n = \{1, 2, \cdots, n\}$ 的 p-相容子集 M 的元素个数 $|M|$ 的最大值为 $f_p(n)$，求证：

$$f_p(n) = \sum_{i=0}^{\infty}(-1)^i\left[\frac{n}{p^i}\right].$$

（原创题）

分析与证明 我们采用划块估计，将具有 p 倍关系的一些数归入同一个集合，然后将其中的数两两配对，使同一个对子中至多一个元素属于 M. 令

$A_1 = \{1, p, p^2, p^3, \cdots\}$,

$A_2 = \{2, 2p, 2p^2, 2p^3, \cdots\}$,

$\cdots\cdots$

$A_{p-1} = \{p-1, (p-1)p, (p-1)p^2, (p-1)p^3, \cdots\}$,

$A_{p+1} = \{p+1, (p+1)p, (p+1)p^2, (p+1)p^3, \cdots\}$,

$\cdots\cdots$

$$A_{2p-1} = \{2p-1, (2p-1)p, (2p-1)p^2, (2p-1)p^3, \cdots\},$$
$$A_{2p+1} = \{2p+1, (2p+1)p, (2p+1)p^2, (2p+1)p^3, \cdots\},$$
$$\cdots\cdots$$

一般地,对 $1 \leqslant i \leqslant n, p \nmid i$,有

$$A_i = \{i, ip, ip^2, ip^3, \cdots\} = \left\{ ip^k \mid k \in \mathbf{N}, k \leqslant \left[\log_p\left(\frac{n}{i}\right)\right]\right\},$$

其中,注意由 $ip^k \leqslant n$,得 $k \leqslant \left[\log_p\left(\frac{n}{i}\right)\right]$.

显然,对每个 $A_i(1 \leqslant i \leqslant n, p \nmid i)$,每两个相邻元素中至多有一个属于 M,从而 M 最多含有每个 $A_i (1 \leqslant i \leqslant n, p \nmid i)$ 中的 $\left[\frac{|A_i|+1}{2}\right]$ 个元素,所以

$$|M| \leqslant \sum_{\substack{1 \leqslant i \leqslant n \\ p \nmid i}} \left[\frac{|A_i|+1}{2}\right].$$

另一方面,令

$$B_i = \{i, ip^2, ip^4, \cdots\} = \left\{ ip^{2k} \mid k \in \mathbf{N}, k \leqslant \left[\frac{1}{2}\log_p\left(\frac{n}{i}\right)\right]\right\},$$

则 $B_i \subseteq A_i$,且 $|B_i| = \left[\frac{|A_i|+1}{2}\right]$.令

$$M = \bigcup_{\substack{1 \leqslant i \leqslant n \\ p \nmid i}} B_i,$$

则

$$|M| = \sum_{\substack{1 \leqslant i \leqslant n \\ p \nmid i}} |B_i| = \sum_{\substack{1 \leqslant i \leqslant n \\ p \nmid i}} \left[\frac{|A_i|+1}{2}\right].$$

对 M 中的任意两个元素 $x, y (x < y)$,如果 x, y 属于同一个 B_i,则

$$y \geqslant xp^2 > xp;$$

如果 $x \in B_i, y \in B_j$,则不妨设 $x = ip^s, y = jp^t$,于是有

$$px = ip^{s+1} \neq jp^t = y,$$

所以 M 是 p-相容集.

所以

$$f_p(n) = \sum_{\substack{1 \leqslant i \leqslant n \\ p \nmid i}} \left[\frac{|A_i| + 1}{2} \right].$$

下面证明

$$\sum_{\substack{1 \leqslant i \leqslant n \\ p \nmid i}} \left[\frac{|A_i| + 1}{2} \right] = \sum_{i=0}^{\infty} (-1)^i \left[\frac{n}{p^i} \right].$$

显然,如果将 A_i 中的元素按由小到大的顺序排列,则 $\left[\dfrac{|A_i|+1}{2}\right]$ 就是 A_i 中序号为奇数的元素的个数.

将每个集合 A_i 中的第 $2j-1$ ($1 \leqslant j \leqslant \left[\log_p\left(\dfrac{n}{i}\right)\right]+1$) 个元素

ip^{2j-2} ($1 \leqslant j \leqslant \left[\dfrac{1}{2}\log_p\left(\dfrac{n}{i}\right)\right]+1$,是因为 $ip^{2j-2} \leqslant n$)

构成一个集合 C_j,则

$C_1 = \{x \mid p \nmid x, x \leqslant n\}$,

$C_j = \{x \mid p^{2j-2} \parallel x, x \leqslant n\}$ ($2 \leqslant j \leqslant \left[\dfrac{1}{2}\log_p\left(\dfrac{n}{i}\right)\right]+1$).

如果我们将 $X_n = \{1, 2, \cdots, n\}$ 中的元素排列成如表 4.2 所示的一个"三角形"数表,每一行都是由某个集合 A_i ($1 \leqslant i \leqslant n, p \nmid i$) 中的所有元素按从小到大的顺序排列的,则上述结论一目了然:C_j 就是表中第 $2j-1$ 列的数构成的集合.

表 4.2

1	p	p^2	p^3	p^4
2	$2p$	$2p^2$	$2p^3$	$2p^4$
3	$3p$	$3p^2$	$3p^3$	$3p^4$

续表

⋮					
$p-1$	$(p-1)p$	$(p-1)p^2$	$(p-1)p^3$	$(p-1)p^4$	
$p+1$	$(p+1)p$	$(p+1)p^2$	$(p+1)p^3$	$(p+1)p^4$	
⋮					
$2p-1$	$(2p-1)p$	$(2p-1)p^2$	$(2p-1)p^3$	$(2p-1)p^4$	
$2p+1$	$(2p+1)p$	$(2p+1)p^2$	$(2p+1)p^3$	$(2p+1)p^4$	
⋮					
$n-t$	$(n-t)p$	$(n-t)p^2$			
$n-t-1$	$(n-t-1)p$				
⋮					

显然, $|C_1| = n - \left[\dfrac{n}{p}\right]$, $|C_j| = \left[\dfrac{n}{p^{2j-2}}\right]$(被 p^{2j-2} 整除的所有整数的个数) $- \left[\dfrac{n}{p^{2j-1}}\right]$(被 p^{2j-1} 整除的所有整数的个数).

于是,有

$$\sum_{\substack{1\leqslant i\leqslant n \\ p\nmid i}}\left[\frac{|A_i|+1}{2}\right] = \sum_{i=1}^{\infty}|C_i|$$

$$= n - \left[\frac{n}{p}\right] + \sum_{j=2}^{\infty}\left(\left[\frac{n}{p^{2j-2}}\right] - \left[\frac{n}{p^{2j-1}}\right]\right)$$

$$= \sum_{i=0}^{\infty}(-1)^i\left[\frac{n}{p^i}\right],$$

其中,注意 $j > \left[\dfrac{1}{2}\log_p n + 1\right]$ 时, $p^{2j-1} > n$, 有 $\left[\dfrac{n}{p^{2j-1}}\right] = 0$.

综上所述,命题获证.

注 取 $p=2$,由本题的结论便解决了我们在拙著《巧用抽屉原理》3.2 节例 14 中提出的一个问题.

最后举一个题给条件中给出了分段递归关系的例子.

例 4 设 $f(n)$ 是定义在正整数集上的函数,且对任何自然数 n,有
$$f(1)=f(2)=1, \quad f(3n)=f(n)+2\,014,$$
$$f(3n+1)=3f(n)+2\,015, \quad f(3n+2)=5f(n)+2\,016.$$
令 $A_n=\{i\,|\,1\leqslant i\leqslant n, f(i)\text{ 为奇数}\}, B_n=\{i\,|\,1\leqslant i\leqslant n, f(i)\text{ 为偶数}\}$.

(1) 求 $|A_{2\,015}|$.

(2) 求证:对任何正整数 n,有 $|A_n|>|B_n|$. (原创题)

分析与解 首先,从解题目标考虑,我们能否将原问题化为一种与之等价的简单形式?

注意到我们只关心数列 $\{f(n)\}$ 中项的奇偶性,从而可用模 2 来处理题给的递归关系,使其变得简单.

在模 2 的意义下,我们有
$$f(1)=f(2)=1, \quad f(3n)\equiv f(n),$$
$$f(3n+1)\equiv f(n)+1, \quad f(3n+2)\equiv f(n).$$

为了计算序列 $\{f(n)\}(1\leqslant n\leqslant 2\,015)$ 有多少项为偶数,先从初值开始试验,$f(n)$ 的前面若干个值的奇偶性如表 4.3 所示(其中 1 表示奇数,0 表示偶数).

表 4.3

n	1	2	3	4	5	6	7	8	9	10	11	12	13	14	15	16	17	18
$f(n)$	1	1	1	0	1	1	0	1	1	0	1	0	1	0	1	0	1	1

因为偶数项较少,我们先观察使 $f(n)$ 为偶数的 n 构成的子列:4,7,10,12,14,16.由此似乎难以发现该子列各项的共同特征.将该子列各项换一种进制的数来试试.换哪种进制的数合适呢?——三进制数!

为什么不是二进制数?——因为题给的递归关系是以模 3 分

类的!

那么,这里的"模 3 分类"与"三进制数"这两个"3"纯属某种巧合,还是有必然联系?

确实是有紧密联系的:如果题给的递归关系是以模 3 分类的,则将各数用三进制表示后,递归关系的运用也是很方便的.

实际上,由 n 的三进制表示可以很容易得到 $3n, 3n+1, 3n+2$ 的三进制表示.

设 $n = (a_k a_{k-1} \cdots a_1 a_0)_{(3)}$,其中 $a_k \neq 0$,则
$3n = (a_k a_{k-1} \cdots a_1 a_0 0)_{(3)}$, $\quad 3n+1 = (a_k a_{k-1} \cdots a_1 a_0 1)_{(3)}$,
$3n+2 = (a_k a_{k-1} \cdots a_1 a_0 2)_{(3)}$.

现在,我们将上表中的数都用三进制表示,看能否有新的发现(见表 4.4):

表 4.4

n	1	2	10	11	12	20	21	22	100	101	102	110	111	112
$f(n)$	1	1	1	0	1	1	0	1	1	0	1	0	1	0

此时,表中 $f(n)$ 为偶数的项的规律还比较隐蔽,仔细观察那些使 $f(n)$ 为偶数的三进制数 n 构成的子列:
$$a = 11, 21, 101, 110, 112,$$
你能否发现它们的共同特征?

先看前面 3 个数:11、21 和 101 的共同点是个位数相同.但第 4 个数 110 却不具备这一特点,从而个位相同的特征不是普适的.

我们将 110 与其中的 101 比较,其共同点是首位相同,而末两位数字的集合相同(只是排列顺序不同).我们逐步拓宽"相同"的意义:由"个位数相同"拓展到"末两位数字的集合相同".

我们再看后 3 个数:101、110、112 的末两位数字,尽管它们不尽相同,但其和的奇偶性相同.进一步拓宽"相同"的意义:由"末两位数

字的集合相同"拓展到"后若干位数字和的奇偶性相同".

推而广之,我们发现,上述所有数去除第一个数字后,剩下数字的和都是奇数.

那么,使 $f(n)$ 为奇数的三进制数 n 构成的子列是否也具有类似的性质呢? 我们将上表中的三进制数的第一个数码划掉,得到如表 4.5 所示的简化数表.

表 4.5

n'	0	0	0	1	2	0	1	2	0	1	2	10	11	12
$f(n)$	1	1	1	0	1	1	0	1	1	0	1	0	1	0

由表 4.5 可见, n' 与 $f(n)$ 的奇偶性有明显规律: $f(n)$ 与 n' 的三进制数字之和不同奇偶.

我们用 $\overline{a_k a_{k-1} \cdots a_1 a_0}$ 表示 n 的三进制数: $n = (a_k a_{k-1} \cdots a_1 a_0)_{(3)}$, 其中 $a_k \neq 0$.

对于 $n = \overline{a_k a_{k-1} \cdots a_1 a_0} (a_k \neq 0)$, 定义
$$S^-(n) = a_{k-1} + a_{k-2} + \cdots + a_1 + a_0,$$
其中规定,当 $k = 0$(n 为一位三进制数)时, $S^-(n) = 0$. 则有如下结论:

引理 1 对任何正整数 n, $f(n)$ 与 $S^-(n)$ 不同奇偶,即
$$f(n) \equiv S^-(n) + 1 \pmod 2.$$

证明 当 $n = 1$ 时,结论显然成立. 设结论对小于 n 的正整数成立,考虑 n 的情形. 为证明 $f(n) \equiv S^-(n) + 1 \pmod 2$, 可分别计算 $f(n)$ 和 $S^-(n)$.

其中 $S^-(n)$ 利用定义很易计算,只需要知道 n 的三进制表示即可. 于是,我们设 $n = \overline{a_k a_{k-1} \cdots a_1 a_0} (a_k \neq 0)$, 则 $S^-(n) = a_{k-1} + a_{k-2} + \cdots + a_1 + a_0$.

下面计算 $f(n)$, 这只需利用递归关系,化为小于 n 的情形以利

用归纳假设.为了利用递归关系,需要将 n 的三进制表示 $\overline{a_k a_{k-1} \cdots a_1 a_0}(a_k \neq 0)$ 化成 $3m+r$ 的形式.怎样化? 将其末位数字单独分离出来即可!

$$n = \overline{a_k a_{k-1} \cdots a_1 a_0} = \overline{a_k a_{k-1} \cdots a_1 0} + a_0 = 3\overline{a_k a_{k-1} \cdots a_1} + a_0.$$

下面只需对 a_0 的值进行分类讨论,便可利用递归关系.

若 $a_0 = 0$,则 $n = \overline{a_k a_{k-1} \cdots a_1 0} = 3\overline{a_k a_{k-1} \cdots a_1}$,此时,有

$$f(n) = f(3\overline{a_k a_{k-1} \cdots a_1}) \xlongequal{\text{递归关系}} f(\overline{a_k a_{k-1} \cdots a_1})$$

$$\xlongequal{\text{归纳假设}} S^-(\overline{a_k a_{k-1} \cdots a_1}) + 1$$

$$= a_{k-1} + a_{k-2} + \cdots + a_1 + 1 \equiv S^-(n) + 1 \pmod{2},$$

所以结论成立.

若 $a_0 = 1$,则 $n = \overline{a_k a_{k-1} \cdots a_1 1} = 3\overline{a_k a_{k-1} \cdots a_1} + 1$,此时,有

$$f(n) = f(3\overline{a_k a_{k-1} \cdots a_1} + 1) \xlongequal{\text{递归关系}} f(\overline{a_k a_{k-1} \cdots a_1}) + 1$$

$$\xlongequal{\text{归纳假设}} S^-(\overline{a_k a_{k-1} \cdots a_1}) + 1 + 1$$

$$= a_{k-1} + a_{k-2} + \cdots + a_1 + 2 \equiv S^-(n) + 1 \pmod{2},$$

所以结论成立.

若 $a_0 = 2$,则 $n = \overline{a_k a_{k-1} \cdots a_1 2} = 3\overline{a_k a_{k-1} \cdots a_1} + 2$,此时,有

$$f(n) = f(3\overline{a_k a_{k-1} \cdots a_1} + 2) \xlongequal{\text{递归关系}} f(\overline{a_k a_{k-1} \cdots a_1})$$

$$\xlongequal{\text{归纳假设}} S^-(\overline{a_k a_{k-1} \cdots a_1}) + 1$$

$$= a_{k-1} + a_{k-2} + \cdots + a_1 + 1 \equiv S^-(n) + 1 \pmod{2},$$

所以结论成立.

(1) 下面计算 $|B_{2015}|$,即序列 $\{f(n)\}(1 \leqslant n \leqslant 2015)$ 中为偶数的项的个数.

由引理 1,只需计算 $S^-(n)$ 为奇数的 $n(1 \leqslant n \leqslant 2015)$ 的个数.其中当 n 的三进制数为 $(a_k a_{k-1} \cdots a_1 a_0)_{(3)}(a_k \neq 0)$ 时,$S^-(n) = a_{k-1} + a_{k-2} + \cdots + a_1 + a_0$,因为 $2015 = (2202122)_{(3)}$,从而合乎条件的

n 的三进制表示至多有 7 位.考察其中的任意一个合乎条件的 n 的三进制数 x,设其有 k 位.

① 当 $k=1$ 时,因为 $f(1)=1$,$f(2)=1$ 都是奇数,从而这样的三进制数 x 不存在.

② 当 $k=2$ 时,设 $x=\overline{a_1 a_0}(a_1 \neq 0)$,此时,$S^-(x)=a_0$ 为奇数,从而 $a_0=1$,而 $a_1 \in \{1,2\}$ 有 2 种取值,所以这样的 x 有 2 个.

③ 当 $k=3$ 时,设 $x=\overline{a_2 a_1 a_0}(a_2 \neq 0)$,此时,$S^-(x)=a_1+a_0$ 为奇数,所以 a_0,a_1 中有奇数个 1.在 a_0,a_1 中取一个数为奇数有 C_2^1 种方法,而另一个取偶数,可为 0 或 2,有 2 种方法,又 $a_2 \in \{1,2\}$ 有 2 种取值,所以这样的 x 有 $2C_2^1 2^1=8$ 个.

④ 当 $k=4$ 时,设 $x=\overline{a_3 a_2 a_1 a_0}(a_3 \neq 0)$,此时,$S^-(x)=a_2+a_1+a_0$ 为奇数,所以 a_0,a_1,a_2 中有奇数个 1.当有 1 个 1 时,在 a_0,a_1,a_2 中取一个数为奇数有 C_3^1 种方法,而另 2 个都取偶数,有 2^2 种方法,又 $a_3 \in \{1,2\}$ 有 2 种取值,所以这样的 x 有 $2C_3^1 2^2$ 个.当有 3 个 1 时,在 a_0,a_1,a_2 中取 3 个数为奇数有 C_3^3 种方法,又 $a_3 \in \{1,2\}$ 有 2 种取值,所以这样的 x 有 $2C_3^3 2^0$ 个.所以,此时的 x 共有 $2(C_3^1 2^2 + C_3^3 2^0)=26$ 个.

⑤ 当 $k=5$ 时,类似地,x 共有 $2(C_4^1 2^3 + C_4^3 2^1)=80$ 个.

⑥ 当 $k=6$ 时,类似地,x 共有 $2(C_5^1 2^4 + C_5^3 2^2 + C_5^5 2^0)=242$ 个.

⑦ 当 $k=7$ 时,设 $x=\overline{a_6 a_5 \cdots a_1 a_0}(a_6 \neq 0)$,此时,$S^-(x)=a_5+a_4+\cdots+a_0$ 为奇数.

(i) 如果 $a_6=1$,则 $a_5,a_4,\cdots,a_0$ 可取奇数个 1,从而这样的 x 共有 $C_6^1 2^5 + C_6^3 2^3 + C_6^5 2^1=364$ 个.

(ii) 如果 $a_6=2$,则当 $a_5=0$ 时,$a_4,a_3,\cdots,a_0$ 可取奇数个 1,从而这样的 x 共有 $C_5^1 2^4 + C_5^3 2^2 + C_5^5 2^0=121$ 个.

4 如何建立递归关系

当 $a_5=1$ 时,$a_4,a_3,\cdots,a_0$ 可任取偶数个 1,从而这样的 x 共有 $C_5^0 2^5 + C_5^2 2^3 + C_5^4 2^1 = 122$ 个.

当 $a_5=2$ 时,必有 $a_4=0$.有以下情况:

当 $a_3=0$ 时,a_2,a_1,a_0 可任取奇数个 1,这样的 x 有 $C_3^1 2^2 + C_3^3 2^0 = 13$ 个.

当 $a_3=1$ 时,a_2,a_1,a_0 可任取偶数个 1,这样的 x 有 $C_3^0 2^3 + C_3^2 2^1 = 14$ 个.

当 $a_3=2, a_2=0$ 时,a_1,a_0 可任取奇数个 1,这样的 x 有 $C_2^1 2^1 = 4$ 个.

当 $a_3=2, a_2=1$ 时,a_1,a_0 可任取偶数个 1,这样的 x 有 $C_2^0 2^2 + C_2^2 2^0 = 5$ 个.

综上所述,$|B_{2015}| = 2+8+26+80+242+364+121+122+13+14+4+5 = 1\,001$,所以 $|A_{2015}| = 2\,015 - 1\,001 = 1\,014 > 1\,001 = |B_{2015}|$.

另解 再观察上述数表,我们可发现如下的引理 2.

引理 2 对任何正整数 n,相邻两项 $f(n), f(n+1)$ 中至少有一个为奇数.

证明 如果 $f(n)$ 为奇数,则结论成立.

下设 $f(n)$ 为偶数,我们证明 $f(n+1)$ 必为奇数.

对于 $n = \overline{a_k a_{k-1} \cdots a_1 a_0} (a_k \neq 0)$,同上有 $f(n) \equiv S^-(n) + 1 \pmod 2$.

由于 $f(n)$ 为偶数,从而 n 的三进制数至少有 2 位,且 $S^-(n)$ 为奇数.设 $n = \overline{a_k a_{k-1} \cdots a_1 a_0} (a_k \neq 0, k > 0)$.

如果 $a_0 \leqslant 1$,则 $n+1 = \overline{a_k a_{k-1} \cdots a_1 (a_0+1)}$,所以

$S^-(n+1) = a_{k-1} + a_{k-2} + \cdots + a_1 + (a_0+1) = S^-(n) + 1$

为偶数,从而 $f(a+1)$ 为奇数.

如果 $a_0 = 2$,则由 $S^-(n)$ 为奇数可知,$a_{k-1}, a_{k-2}, \cdots, a_1, a_0$ 中至少有一个不为 2,假定 i 是使 $a_i \neq 2$ 的最小下标($1 \leqslant i \leqslant k-1$),此

时,有
$$n = \overline{a_k a_{k-1} \cdots a_i 22 \cdots 2} \quad (a_k \neq 0, a_i \neq 2, k > 0),$$
$$n + 1 = \overline{a_k a_{k-1} \cdots a_{i+1}(a_i + 1)00 \cdots 0},$$
$$1 \equiv S^-(n) = (a_{k-1} + a_{k-2} + \cdots + a_i) + 2 + 2 + \cdots + 2$$
$$\equiv a_{k-1} + a_{k-2} + \cdots + a_i \pmod{2},$$
$$S^-(n+1) = [a_{k-1} + a_{k-2} + \cdots + a_{i+1} + (a_i + 1)] + 0$$
$$\equiv a_{k-1} + a_{k-2} + \cdots + a_i + 1 \equiv 0 \pmod{2},$$

所以 $S^-(n+1)$ 为偶数,从而 $f(a+1)$ 为奇数.

由引理 2 可知,或者 $f(n), f(n+1)$ 同为奇数,或者 $f(n), f(n+1)$ 一奇一偶.

为了计算序列 $\{f(n)\}(1 \leq n \leq 2015)$ 中为偶数的项的个数,我们只需弄清楚有多少个 n,使 $f(n), f(n+1)$ 同为奇数.

如果 $f(n), f(n+1)$ 同为奇数,为了便于计算 $S^-(n)$,不妨先假定 n 的三进制数至少有 2 位,设 $n = \overline{a_k a_{k-1} \cdots a_1 a_0}(a_k \neq 0, k > 0)$.

易知,n 的三进制数除首位数字外其余数字都是 2,即 $a_{k-1} = a_{k-2} = \cdots = a_0 = 2$.

否则,假定 i 是使 $a_i \neq 2$ 的最小下标 $(0 \leq i \leq k-1)$,此时,有
$$n = \overline{a_k a_{k-1} \cdots a_i 22 \cdots 2} \quad (a_k \neq 0, a_i \neq 2, k > 0),$$
$$n + 1 = \overline{a_k a_{k-1} \cdots a_{i+1}(a_i + 1)00 \cdots 0},$$
$$S^-(n) = (a_{k-1} + a_{k-2} + \cdots + a_i) + 2 + 2 + \cdots + 2$$
$$\equiv a_{k-1} + a_{k-2} + \cdots + a_i \pmod{2},$$
$$S^-(n+1) = [a_{k-1} + a_{k-2} + \cdots + a_{i+1} + (a_i + 1)] + 0$$
$$\equiv a_{k-1} + a_{k-2} + \cdots + a_i + 1 \pmod{2},$$

所以 $S^-(n), S^-(n+1)$ 不同奇偶,矛盾.

于是,当 $f(n), f(n+1)$ 同为奇数时,n 只能是如下两种形式的三进制数:

4 如何建立递归关系

$$n = \overline{122\cdots 2} = 2 \cdot 3^k - 1 \quad (k \in \mathbf{N}^*),$$

$$n = \overline{22\cdots 2} = 3^k - 1 \quad (k \in \mathbf{N}, k \geqslant 2).$$

注意到 $n \leqslant 2015 < 3^7$,连同两个一位三进制数 $1,2$,所有合乎要求的 n 为 $n = 2 \cdot 3^k - 1 (k = 0,1,2,\cdots,6)$ 及 $n = 3^k - 1 (k = 1,2,\cdots,6)$.

所以,共有 $7 + 6 = 13$ 个三进制数 n,使 $f(n), f(n+1)$ 同为奇数.

去掉这样的 13 个数,则剩下 $2015 - 13 = 2002$ 个三进制数,其中对应项为奇、偶的各有一半,从而共有 $\dfrac{2002}{2} = 1001$ 个项为偶数.

所以,$|A_{2015}| = 2015 - 1001 = 1014$.

(2) 所谓 $|A_n| > |B_n| (n \in \mathbf{N}^*)$,就是序列 $\{f(n)\}$ 的前 n 项中总是为奇数的项多于为偶数的项.分情况讨论如下:

① 如果 $n = 1, 2$,则 $|A_n| = n, |B_n| = 0$,结论成立.

② 如果 $n \geqslant 3$,且 n 为奇数,则将 $2, 3, \cdots, n$ 分成如下 $\dfrac{n-1}{2}$ 对:

$$(2,3), (4,5), \cdots, (n-1, n),$$

则由前面的引理 2,每一对中至少有一个属于 A_n,又 1 属于 A_n,从而

$$|A_n| \geqslant 1 + \dfrac{n-1}{2} = \dfrac{n+1}{2},$$

$$|B_n| = n - |A_n| \leqslant n - \dfrac{n+1}{2} = \dfrac{n-1}{2},$$

结论成立.

③ 如果 $n \geqslant 3$,且 n 为偶数,则将 $3, 4, \cdots, n$ 分成如下 $\dfrac{n-2}{2}$ 对:

$$(3,4), (5,6), \cdots, (n-1, n),$$

则由前面的引理 2,每一对中至少有一个属于 A_n,又 $1, 2$ 属于 A_n,从而

$$|A_n| \geqslant 2 + \frac{n-2}{2} = \frac{n+2}{2},$$

$$|B_n| = n - |A_n| \leqslant n - \frac{n+2}{2} = \frac{n-2}{2},$$

结论成立.

综上所述,命题获证.

思考 对给定的正整数 n,$|A_n| - |B_n| = ?$,希望读者能得到一般结论.显然,它等价于计算有多少个 $a \in [1, n]$,使 $f(a), f(a+1)$ 都为奇数.

习 题 4

1. 用 $g(n)$ 表示自然数 n 的最大奇因子,如 $g(3) = 3, g(14) = 7$,求 $g(1) + g(2) + g(3) + \cdots + g(2^n)$.

2. 设有 N 个人,排成一行,从第一名开始,1 至 3 报数,凡报到 3 的就退出队伍,余下的向前靠拢.再按此规律重复进行,直到第 p 次报数后,剩下三个人为止.

试问:当 $N = 1\,000$ 时,这剩下的三个人,他们最初分别在原队伍的什么位置?(1979 年浙江省数学竞赛试题)

3. 求 n 位十进制数中,出现偶数个 5 的正整数的个数.

4. 用 1,3,4 这三个数字组成各位数字之和为 $n(n>4)$ 的自然数,设这样的自然数有 a_n 个,求证:a_{2n} 为完全平方.

5. 设 n 为偶数,A_n 是用 2×1 矩形覆盖 $2 \times n$ 矩形的不同方法数,B_n 是由 1 和 2 组成的和为 n 的数列的个数,$C_n = C_{\frac{n}{2}}^0 + C_{\frac{n}{2}+1}^2 + C_{\frac{n}{2}+2}^4 + \cdots + C_n^n$.

求证:$A_n = B_n = C_n$.

6. 对一个边长互不相等的凸 $n(n \geqslant 3)$ 边形的边染色,每条边可以染红、黄、蓝三种颜色中的一种,但是不允许相邻的边有相同的颜

色.问:共有多少种不同的染色方法?(2006年上海市高中数学竞赛试题)

7. 正六边形的中心与顶点连成6个区域,各区域分别种上植物,要求同一区域种同样的植物,相邻两个区域种的植物不同.若有4种不同的植物可供选择,求不同的种法种数.(2001年全国高中数学联赛试题)

8. 给定$s\in \mathbf{N}$, $f:\mathbf{N}\to\mathbf{N}$ 满足:对 $n\in\mathbf{N}$,都有 $f(f(n))f(n)=n^{s(s+1)}$,求 $f(n)$.

9. 将$3\times n$矩形表的某些方格染红,任何相邻两列构成的3×2矩形的方格未全染红,设染法种数为P_n,求证$7|P_{1995}$.

10. 将一个$2\times n$棋盘的某些格染红色,使任何2×2正方形中至少有一个格未染红色.记不同的染色方法数为p_n,求证$3|p_{1989}$,并求r,使$3^r \parallel p_{1989}$.(1989年捷克数学奥林匹克试题)

11. 使用结合律(不交换)计数乘积$x_1 x_2 \cdots x_n$时,有多少不同的结合方式?

12. 设$n_1, n_2, \cdots, n_{26}$是26个互不相同的正整数,满足:

(1) 每个n_i在十进制表示中的数码均属于集合$\{1,2\}$;

(2) 对任意的$i\neq j (1\leqslant i,j\leqslant 26)$,在$n_i$的末位后添加若干个数码,不能得到$n_j$.

试求$\sum_{i=1}^{26} S(n_i)$的最小值,这里$S(m)$表示正整数m的十进制表示的各位数码之和.(2010年IMO中国国家集训队测试试题)

13. 设S是含有2 002个元素的集合,整数N满足$0\leqslant N\leqslant 2^{2\,002}$.试证:可将$S$的所有子集染上黑色或白色,使得下列条件成立:

(1) 任何两个白色子集的并集是白的;

(2) 任何两个黑色子集的并集是黑的;

(3) 恰好存在N个白色子集.

(2002年美国数学奥林匹克试题)

14. 在 $n \times n$ 方格棋盘的每一个方格填入一个非零复数,使棋盘中所填的数不全等,且每个方格中的数都等于其邻格(具有公共边)中的数的积,则称之为一个 n 阶和谐数表. 试证:至少有两个不同的 2 015 阶和谐数表. (原创题)

15. 求一切正整数 m,使全体正整数可分割为 m 个没有公共项且公差不全相等的无穷等差数列的并. (原创题)

16. 试证:除了有限个正整数外,其他的正整数 n 均可表示为 2 004 个正整数之和,即 $n = a_1 + a_2 + \cdots + a_{2004}$,且满足 $1 \leqslant a_1 < a_2 < \cdots < a_{2004}$,$a_i | a_{i+1}$ ($i = 1, 2, \cdots, 2\,003$). (2004年中国数学奥林匹克试题)

17. 求证:对任何 $n \in \mathbf{N}$,存在一个 n 位数 a_n,使 a_n 的十进制表示中不含有数字 0,且 $2^n | a_n$. (原创题)

18. 试证:对任意不小于 4 的正整数 n,可以将集合 $G_n = \{1, 2, \cdots, n\}$ 的元素个数不小于 2 的子集排成一列 $P_1, P_2, \cdots, P_{2^n - n - 1}$,使得 $|P_i \cap P_{i+1}| = 2$ ($i = 1, 2, \cdots, 2^n - n - 2$). (2008年IMO中国国家集训队选拔考试试题)

19. 设 n, p 为给定的正整数,M 是 $X_n = \{1, 2, 3, 4, \cdots, n\}$ 的子集,如果对任何 $x \in M$,有 $px \notin M$,则称集合 M 是 X_n 的 p-相容子集. 求当 $n = p^{2016} - q$ ($0 \leqslant q \leqslant p$, $q \in \mathbf{N}$) 时,X_n 的 p-相容子集 M 的元素个数 $|M|$ 的最大值. (原创题)

习题4解答

1. 先理解定义,有

$$g(n) = \begin{cases} n, & n \text{ 为奇数}, \\ g\left(\dfrac{n}{2}\right), & n \text{ 为偶数}. \end{cases}$$

令 $S_n = g(1) + g(2) + \cdots + g(2^n)$，则
$S_1 = g(1) + g(2^1) = 1 + 1 = 2$,
$S_n = [g(1) + g(3) + \cdots + g(2^n - 1)]$
$\quad + [g(2) + g(4) + \cdots + g(2^n)]$
$= 1 + 3 + 5 + \cdots + (2^n - 1) + g(1) + g(2) + \cdots + g(2^{n-1})$
$= 1 + 3 + 5 + \cdots + (2^n - 1) + S_{n-1} = (2^{n-1})^2 + S_{n-1}$,

所以

$$S_n - S_{n-1} = 4^{n-1},$$

$$S_n = S_1 + \sum_{i=2}^{n}(S_i - S_{i-1}) = 2 + \sum_{i=2}^{n} 4^{i-1} = \frac{4^n + 2}{3}.$$

2. 显然，最后剩下的三个人中，前二人最初的位置分别是第一和第二。设第三个人的最初的位置是第 a_{p+1} 个。第一次报数后他排在第 a_p 个，……，第 p 次报数后他排在第 a_1 个，显然 $a_1 = 3$.

由于 $a_{p+1}, a_p, \cdots$ 都没有被淘汰，因此 a_{p+1}, a_p 等都不是 3 的倍数.

设 $a_{p+1} = 3q + r_p (r_p = 1$ 或 $2)$，则 $a_{p+1} - a_p = q$，消去 q，得

$$a_{p+1} = \frac{1}{2}(3a_p - r_p) = a_p + \left[\frac{a_p - 1}{2}\right].$$

当 $N = 1\,000$ 时，用递推公式算得 $a_1 = 3, a_2 = 4, a_3 = 5, a_4 = 7, \cdots, a_{16} = 712, a_{17} = 1\,067 > 1\,000$，所以当 $N = 1\,000$ 时，共报数 15 次，最后剩下的三个人最初的位置分别是 1, 2, 712.

3. 设合乎条件的数有 a_n 个，考察 n 位数的第一个位置，此位置上的数有 9 种排法。但对不同的排法，剩下的 $n-1$ 个位置不一定构成 $n-1$ 位数（因为第二个数码可能是 0），无法利用 a_{n-1}.

因此，只能考察 n 位数的最后一位，但此位上的排法不同，则前 $n-1$ 位数的排法数不尽相同，从而应对最后一位上排的数分类讨论.

若最后一位上排 5, 则剩下的 $n-1$ 位数中只有奇数个 5, 注意到偶数个 5 的 $n-1$ 位数有 a_{n-1} 个, 从而奇数个 5 的 $n-1$ 位数有 $9\times 10^{n-2}-a_{n-1}$ 个; 若最后一位上不排 5, 则该位上有 9 种排法, 前 $n-1$ 位上有偶数个 5, 有 a_{n-1} 种排法, 此时有 $9a_{n-1}$ 种排法.

综上所述, 有 $a_n=(9\times 10^{n-2}-a_{n-1})+9a_{n-1}=8a_{n-1}+9\times 10^{n-2}$.

解得

$$a_n=\frac{1}{2}(7\times 8^{n-1}+9\times 10^{n-1}).$$

4. 设第一位上排 $k(k=1,3,4)$, 则后若干位之和为 $n-k$, 有 a_{n-k} 种排法, 所以 $a_n=a_{n-1}+a_{n-3}+a_{n-4}$.

易知, $a_1=1$ (即 1), $a_2=1$ (即 11), $a_3=2$ (即 111,3), $a_4=4$ (即 1111,13,31,4).

由特征方程法, 求得

$$a_n=\frac{2}{5}\cos\frac{n\pi}{2}+\frac{2}{5}\sin\frac{n\pi}{2}+\frac{1}{5}\left(\frac{1+\sqrt{5}}{2}\right)^n+\frac{1}{5}\left(\frac{1-\sqrt{5}}{2}\right)^n,$$

于是, 有

$$a_{2n}=\frac{2}{5}\cos(n\pi)+\frac{2}{5}\sin(n\pi)+\frac{1}{5}\left(\frac{1+\sqrt{5}}{2}\right)^{2n}+\frac{1}{5}\left(\frac{1-\sqrt{5}}{2}\right)^{2n}$$

$$=\frac{2}{5}(-1)^n+\frac{1}{5}\left(\frac{1+\sqrt{5}}{2}\right)^{2n}+\frac{1}{5}\left(\frac{1-\sqrt{5}}{2}\right)^{2n}$$

$$=\left[\frac{1}{\sqrt{5}}\left(\frac{1+\sqrt{5}}{2}\right)^n+\frac{1}{\sqrt{5}}\left(\frac{1-\sqrt{5}}{2}\right)^n\right]^2=F_{n+1}^2.$$

其中 $F_1=F_2=1, F_n=F_{n-1}+F_{n-2}$.

5. 题中限定 n 为偶数, 我们连同奇数一并考虑.

对任何正整数 n, 先证明 $A_n=B_n$.

易知, $A_1=1, A_2=2$, 考察 $2\times(n+1)$ 矩形.

如果第一列是竖着盖的, 则剩下的列有 A_n 种盖法; 若第一列与第二列是横着盖的,则剩下的列有 A_{n-1} 种盖法,于是 $A_{n+1} = A_n + A_{n-1}$.

同样,$B_1 = 1, B_2 = 2$,考察和为 $n+1$ 的数列,若第一项为1,则剩下的项有 B_n 种排法;若第一项为2,则剩下的项有 B_{n-1} 种排法,于是 $B_{n+1} = B_n + B_{n-1}$.

为了使 C_n 也符合 $C_{n+1} = C_n + C_{n-1}$,需定义 C_n(n 为奇数).

C_{2k-1} 如何定义?因为 $C_{2k} = C_{2k-1} + C_{2k-2}$,所以 $C_{2k-1} = C_{2k} - C_{2k-2}$.

利用偶数时的定义,得

$$C_{2k-1} = C_{2k} - C_{2k-2}$$
$$= (C_k^0 + C_{k+1}^2 + \cdots + C_{2k}^{2k}) - (C_{k-1}^0 + C_k^2 + \cdots + C_{2k-2}^{2k-2})$$
$$= (C_{k+1}^2 - C_k^2) + (C_{k+2}^3 - C_{k+1}^3) + \cdots + (C_{2k-1}^{2k-2} - C_{2k-2}^{2k-2}) + C_{2k}^{2k}$$
$$= C_k^1 + C_{k+1}^3 + \cdots + C_{2k-2}^{2k-3} + C_{2k-1}^{2k-1}.$$

而

$$C_{2k} = C_k^0 + C_{k+1}^2 + C_{k+2}^4 + \cdots + C_{2k}^{2k},$$

则显然,$C_1 = 1, C_2 = 2, C_{n+1} = C_n + C_{n-1}$(分 n 的奇偶性证明).

由于 A_n, B_n, C_n 有相同的初值和递归关系,从而 $A_n = B_n = C_n$.

6. 设不同的染色法有 p_n 种,易知 $p_3 = 6$.

采用容斥递归,先不考虑边1与 n 的颜色是否不同,那么,当 $n \geqslant 4$ 时,对边 a_1 有3种不同的染法,因为边 a_2 的颜色与边 a_1 的颜色不同,所以对边 a_2 有两种不同的染法,类似地,对边 $a_3, \cdots$,边 a_{n-1} 均有2种染法.对于边 a_n,用与边 a_{n-1} 不同的2种颜色染色,但是,这样也包括了它与边 a_1 颜色相同的情况,而边 a_1 与边 a_n 颜色相同的不同染色方法数就是凸 $n-1$ 边形的不同染色方法数的种数 p_{n-1},于是可得 $p_n = 3 \times 2^{n-1} - p_{n-1}$,变形得 $p_n - 2^n = -(p_{n-1} - 2^{n-1})$.

于是,$p_n - 2^n = (-1)^{n-3}(p_3 - 2^3) = (-1)^{n-2} \cdot 2, p_n = 2^n +$

$(-1)^n \cdot 2, n \geq 3$.

综上所述,不同的染色方法数为 $p_n = 2^n + (-1)^n \cdot 2$.

7. 设 $n(n \geq 3)$ 个区域的种法种数为 a_n,将 n 个区域编号为 $1, 2, \cdots, n$.

采用容斥递归,先不考虑区域 1 与区域 n 种的植物是否不同,这样,区域 1 有 4 种种植方法.

再考虑区域 2,它不能种与区域 1 相同的植物,所以有 3 种种植方法.

如此下去,区域 $2, 3, \cdots, n$ 都有 3 种种植方法,于是共有 $4 \times 3^{n-1}$ 种种法.

但其中含有区域 1 与区域 n 种的植物相同的情形,对于这样的情形,将区域 1 与区域 n 合并看成一个区域,则得到 $n-1$ 个区域的合乎条件的种法.

于是,区域 1 与区域 n 种的植物相同的种法有 a_{n-1} 种.

所以 $a_n = 4 \times 3^{n-1} - a_{n-1}$.

由此迭代,可得 $a_6 = 732$.

8. 记 $f^{(k)}(n) = \underbrace{f(f(\cdots f(n)))}_{k \uparrow f}$,则条件变为 $f^{(2)}(n) f(n) = n^{s(s+1)}$.

用 $f^{(k)}(n)$ 代替 n,则对 $k \in \mathbf{N}^*$,有
$$f^{(k+2)}(n) f^{(k+1)}(n) = \left[f^{(k)}(n)\right]^{s(s+1)}. \qquad ①$$

补充规定 $f^{(0)}(n) = n$,则由题给条件,知①式对所有自然数 k 成立.

由①式,有 $\lg f^{(k+2)}(n) + \lg f^{(k+1)}(n) = s(s+1) \lg f^{(k)}(n)$.

令 $a_k = \lg f^{(k)}(n)$,则 $a_{k+2} + a_{k+1} = s(s+1) a_k$.

由特征方程 $x^2 + x = s(s+1)$ 解得两个根分别为 $s, -s-1$,从而
$$a_k = As^k + B(-s-1)^k. \qquad ②$$

利用数学归纳法可知,$f^{(k)}(n)$为自然数,从而 $a_k = \lg f^{(k)}(n) \geq 0$.

注意到 $\lim\limits_{k \to \infty}\left(\dfrac{s+1}{s}\right)^k = \infty$,若 $B>0$,则取 k 为奇数,且 $\left(\dfrac{s+1}{s}\right)^k > \dfrac{A}{B}$,代入②式,有 $a_k<0$,矛盾.

若 $B<0$,取 k 为偶数,且 $\left(\dfrac{s+1}{s}\right)^k > \dfrac{A}{B}$,代入②式有 $a_k<0$,矛盾.

所以 $B=0$,这样,由②式,有 $a_k = As^k$.

又 $a_0 = \lg n$,所以 $\lg n = As^0 = A$,所以 $a_k = (\lg n)s^k$,$\lg f^{(k)}(n) = s^k \lg n = \lg n^{s^k}$,则对任何自然数 k,有 $f^{(k)}(n) = n^{s^k}$.

特别地,取 $k=1$,有 $f(n) = n^s$.

经检验,$f(n) = n^s$ 合乎条件.

9. 考察 $3 \times n(n \geq 3)$ 矩形表的染色,如果第 1 列全红,第 1 列有唯一的一种染色方法,此时第 2 列不全红,第 2 列有 $2^3 - 1 = 7$ 种染色方法,而第 3 列可以任意染色,于是从第 3 列起的后 $n-2$ 列有 p_{n-2} 种染色方法,所以第 1 列全红的染色方法有 $7p_{n-2}$ 种;如果第 1 列不全红,第 1 列有 $2^3 - 1 = 7$ 种染色方法,此时第 2 列可以任意染色,于是从第 2 列起的后 $n-1$ 列有 p_{n-1} 种染色方法,所以第 1 列不全红的染色方法有 $7p_{n-1}$ 种.

所以 $p_n = 7p_{n-2} + 7p_{n-1}$.

特别地,$p_{1995} = 7p_{1994} + 7p_{1993}$.而 p_{1994},p_{1993} 都是整数,故 $7 | p_{1995}$.

10. 设合乎条件的染色中,第 n 列全红的方法数为 a_n,第 n 列不全红的方法数为 b_n,则 $p_n = a_n + b_n$.

当第 n 列全红时,第 $n-1$ 列至少有一格未染红,前 $n-1$ 列的染色方法数有 b_{n-1} 种,所以 $a_n = b_{n-1}$.

当第 n 列至少一格未染红时,第 n 列有 3 种染色方法,此时第

$n-1$ 列的格可任意染色,其方法数有 p_{n-1} 种,所以 $b_n = 3p_{n-1}$.

由上可知,$p_n = a_n + b_n = b_{n-1} + b_n = 3p_{n-2} + 3p_{n-1}$.

易知,$p_1 = 2^2 = 4, p_2 = 2^4 - 1 = 15$. 由递归关系结合数学归纳法,知 $3 \mid p_n$.

我们用数学归纳法证明:$3^{[\frac{n}{2}]} \mid p_n$,且 $3^n \parallel p_{2n+1}$.

先证明 $3^{[\frac{n}{2}]} \mid p_n$,设结论对小于 n 的自然数成立,考察 p_n.

(1)若 $n = 2m$,则因为 $p_{2m} = 3(p_{2m-2} + p_{2m-1})$,由归纳假设,有 $3^{m-1} \mid p_{2m-2}, 3^{m-1} \mid p_{2m-1}$,所以 $3^m \mid p_{2m}$.

(2)若 $n = 2m+1$,则因为 $p_{2m+1} = 3(p_{2m-1} + p_{2m})$,由归纳假设,有 $3^{m-1} \mid p_{2m-1}, 3^m \mid p_{2m}$,所以 $3^m \mid p_{2m+1}$.

再证明 $3^n \parallel p_{2n+1}$,由上已证 $3^n \mid p_{2n+1}$,从而只需证 3^{n+1} 不整除 p_{2n+1}.

设上述结论对小于 n 的自然数成立,考察 p_{2n+1} 的情形.

因为 $p_{2n+1} = 3(p_{2n} + p_{2n-1})$,所以 $3p_{2n-1} = p_{2n+1} - 3p_{2n}$,反设 $3^{n+1} \mid p_{2n+1}$,又 $3^{n+1} \mid 3p_{2n}$,故反设 $3^{n+1} \mid 3p_{2n-1}$,即 $3^n \mid p_{2n-1}$. 但由归纳假设,有 $3^{n-1} \parallel p_{2n-1}$,矛盾.

11. 设不同的结合方式有 T_n 种,则 $T_1 = 1, T_2 = 1$.

一般地,对于乘积 $a = x_1 x_2 \cdots x_n$,其最后一次运算将其分成前后两部分:$a = x_1 x_2 \cdots x_n = (x_1 x_2 \cdots x_k)(x_{k+1} x_{k+2} \cdots x_n) = a_1 a_2$. 其中,$a_1 = x_1 x_2 \cdots x_k$ 有 T_k 种结合方式,$a_2 = x_{k+1} x_{k+2} \cdots x_n$ 有 T_{n-k} 种结合方式,从而乘积 a 有 $T_k T_{n-k}$ 种结合方式.

注意到 k 可取 $1, 2, \cdots, n-1$,从而乘积 a 的结合方式数为 $T_n = T_1 T_{n-1} + T_2 T_{n-2} + \cdots + T_{n-1} T_1$.

这样,令 $T_k = D_{k+1}(k = 1, 2, \cdots, n)$,则 $D_{n+1} = D_2 D_n + D_3 D_{n-1} + \cdots + D_n D_2$.

所以,D_n 与欧拉剖分中的 E_n 有相同的初值和递归关系,故

$$T_n = D_{n+1} = E_{n+1} = \frac{1}{n}C_{2n-2}^{n-1}.$$

12. 对于两个十进制正整数 a, b,若在 b 的末位后添加数码可以得到 a,则称 a 包含 b.

我们先证明如下的引理.

引理 给定一些互不相同的正整数 $n_1, n_2, \cdots, n_r$,每一个 n_i 的十进制表示中的数码均为 1 和 2.若它们当中的任意两个互相不包含,则对任意正整数 t,满足 $S(n_i) \leqslant t$ 的 i 最多有 F_t 个,这里 F 是斐波那契数列: $F_1 = 1, F_2 = 2, F_{n+2} = F_{n+1} + F_n (n \geqslant 1)$.

引理的证明 对 t 进行归纳.当 $t = 1, 2$ 时显然成立($t = 2$ 时 1 和 11 不能同时存在).

若引理对小于 t 的正整数都成立,考虑 t 的情况,不妨设 $S(n_1), S(n_2), \cdots, S(n_p)$ 是所有不大于 t 的 $S(n_i)$,其中 $n_1, n_2, \cdots, n_j$ 的首位为 1, $n_{j+1}, n_{j+2}, \cdots, n_p$ 的首位为 2.

若 $n_1, n_2, \cdots, n_j$ 中有一位数,则其必然为 1,此时 $j = 1 \leqslant F_{t-1}$,否则将 $n_1, n_2, \cdots, n_j$ 首位的 1 去掉,剩下的数仍然互不包含,由归纳假设亦知 $j \leqslant F_{t-1}$,同理 $p - j \leqslant F_{t-2}$.

因此,$p \leqslant F_{t-1} + F_{t-2} = F_t$,故引理对 t 也成立,至此引理得证.

解答原题 设将题目中的 26 改为 m 后,$\sum_{i=1}^{m} S(n_i)$ 的最小值为 $f(m)$.

对于任何 $m \geqslant 3$,由 $f(m)$ 的定义知,存在互不包含且各位数码均为 1 或 2 的正整数 $n_1, n_2, \cdots, n_m$,使得它们的各位数码之和满足 $\sum_{i=1}^{m} S(n_i) = f(m)$.不妨设 $\max_{1 \leqslant i \leqslant m} S(n_i) = S(n_1)$,且 n_1 是所有这些各位数码和为 $S(n_1)$ 的数中最大的一个.由 $m \geqslant 3$ 知,n_1 不是一位数.

若 n_1 的末位数字为 1,则由 $n_1, n_2, \cdots, n_m$ 互不包含知,$\frac{n_1 - 1}{10}$ 不

在 $n_2,\cdots,n_m$ 中,注意到 $S\left(\dfrac{n_1-1}{10}\right)=S(n_1)-1$,于是,$\dfrac{n_1-1}{10}$,$n_2,\cdots,n_m$ 两两不同且各位数码之和为 $f(m)-1$.

由 $f(m)$ 的定义知,$\dfrac{n_1-1}{10}$,$n_2,\cdots,n_m$ 中有两个数,一个包含另一个.

由 $n_1,n_2,\cdots,n_m$ 互不包含知,$n_1,n_2,\cdots,n_m$ 中有一个包含 $\dfrac{n_1-1}{10}$,不妨设 n_2 包含 $\dfrac{n_1-1}{10}$,则 n_2 的各位数码之和至少比 $\dfrac{n_1-1}{10}$ 的各位数码之和多 2(在 $\dfrac{n_1-1}{10}$ 后添加一个 1 即为 n_1),这说明 $S(n_2)>S(n_1)$,矛盾,因此 n_1 的末位数码为 2.

若 n_1-1 不在 $n_2,n_3,\cdots,n_m$ 中,则因为 $S(n_1-1)=S(n_1)-1$,所以 $n_1-1,n_2,\cdots,n_m$ 两两不同且各位数码之和为 $f(m)-1$,由 $f(m)$ 的定义知,$n_1-1,n_2,\cdots,n_m$ 中有两个数,一个包含另一个.

由于 $n_1,n_2,\cdots,n_m$ 互不包含,故只能是 n_1-1 与某个 n_i 间存在包含关系.

若 n_i 包含 n_1-1,则由 $S(n_1-1)=S(n_1)-1$ 知,这个 n_i 只能是在 n_1-1 的十进制表示的末位加上一个 1,即 $n_i=10(n_1-1)+1$,因此 $S(n_i)=S(n_1)$ 且 $n_i>n_1$,这与 n_1 的定义矛盾;若 n_1-1 包含某个 n_i,则 n_1 也包含 n_i(因为 n_1 与 n_1-1 仅是末位不同),与假设矛盾.

因此,n_1 的末位数码为 2 且 n_1-1 在 $n_1,n_2,\cdots,n_m$ 中,不妨设 $n_2=n_1-1$.

考虑 $\dfrac{n_1-2}{10},n_3,n_4,\cdots,n_m$,显然 $n_3,n_4,\cdots,n_m$ 互不包含,$\dfrac{n_1-2}{10}$ 也不可能包含 $n_3,n_4,\cdots,n_m$ 中的任何一个(因 n_1 包含

$\frac{n_1-2}{10}$,且包含具有传递性),若 $n_3, n_4, \cdots, n_m$ 中的某一个包含 $\frac{n_1-2}{10}$,不妨设为 n_3,由于 $S\left(\frac{n_1-2}{10}\right) = S(n_1) - 2$,故 n_3 只能是在 $\frac{n_1-2}{10}$ 的末位后加上 $1,2$ 或 11 得到.

但在 $\frac{n_1-2}{10}$ 后加上 $1,2$ 分别构成 n_2, n_1,故只能有 $n_3 = 100 \cdot \frac{n_1-2}{10} + 11 = 10n_1 - 9$.

又 $S(n_3) = S(n_1)$ 且 $n_3 > n_1$,与 n_1 的定义矛盾,因此 $\frac{n_1-2}{10}$, $n_3, n_4, \cdots, n_m$ 互不包含,由 f 的定义知,它们的各位数码之和的总和应不小于 $f(m-1)$.因此,$f(m) - S(n_1) - (S(n_1) - 1) + (S(n_1) - 2) \geq f(m-1)$,即 $f(m) \geq f(m-1) + S(n_1) + 1$.

设 u 是满足 $F_{u-1} < m \leq F_u$ 的整数,则由引理知,$S(n_1), S(n_2), \cdots, S(n_m)$ 中最多有 F_{u-1} 个小于或等于 $u-1$,因此 $S(n_1) \geq u$,由此得
$$f(m) \geq f(m-1) + u + 1. \qquad ①$$

易知 $f(1) = 1, f(2) = 3$,所以
$$\begin{aligned}
f(26) &= f(2) + \sum_{i=3}^{26}(f(i) - f(i-1)) \\
&= f(2) + (f(3) - f(2)) + (f(5) - f(3)) \\
&\quad + (f(8) - f(5)) + (f(13) - f(8)) \\
&\quad + (f(21) - f(13)) + (f(26) - f(21)) \\
&\geq 3 + 4 \cdot 1 + 5 \cdot 2 + 6 \cdot 3 + 7 \cdot 5 \\
&\quad + 8 \cdot 8 + 9 \cdot 5 \quad (\text{由 ① 式}) = 179,
\end{aligned}$$
即 $\sum_{i=1}^{25} S(n_i) \geq 179$.

另一方面,由斐波那契数的性质易知,恰有 8 个由数码 1 和 2 组

成,且各位数码之和为 5 的正整数,设它们分别为 $a_1,a_2,\cdots,a_8$;恰有 13 个由数码 1 和 2 组成,且各位数码之和为 6 的正整数,设它们分别为 $b_1,b_2,\cdots,b_{13}$;在 $a_1,a_2,\cdots,a_8$ 末位后各添一个 2 组成 8 个新数 $c_1,c_2,\cdots,c_8$;在 b_1,b_2,b_3,b_4,b_5 的末位后添上 1 和添上 2 各组成 5 个新数 d_1,d_2,d_3,d_4,d_5 和 e_1,e_2,e_3,e_4,e_5.考虑 $c_1,c_2,\cdots,c_8,d_1,d_2,d_3,d_4,d_5,e_1,e_2,e_3,e_4,e_5,b_6,b_7,\cdots,b_{13}$ 这 26 个数,它们均由数码 1 和 2 组成,各位数码之和的总和为 $7\cdot 8+7\cdot 5+8\cdot 5+6\cdot 8=179$,且没有两个互相包含(事实上,若有 x 包含 y,考虑到它们的各位数码之和都是 6,7 或 8,且各位数码之和为 8 的数末位都是 2,则 x 应当恰比 y 多一个末位,d_1,d_2,d_3,d_4,d_5 和 e_1,e_2,e_3,e_4,e_5 去掉末位后是 b_1,b_2,b_3,b_4,b_5,而 $c_1,c_2,\cdots,c_8$ 去掉末位后是 $a_1,a_2,\cdots,a_8$,均不能与集合中其他数相同).

综上所述,$\sum_{i=1}^{26}S(n_i)$ 的最小值为 179.

13. 我们对 n 归纳证明更一般的结论:对任意 n 元集合 $S_n=\{a_1,a_2,\cdots,a_n\}$ 及任意整数 $N(0\leqslant N\leqslant 2^n)$,可将 S_n 的所有子集染成黑色或白色,使得它们满足题目条件(1)(2)(3).

当 $n=1$ 时,若 $N=0$,则将 $\varnothing$ 及 $\{a_1\}$ 都染黑色,符合要求;若 $N=1$,则将 $\varnothing$ 染黑色,$\{a_1\}$ 染白色,符合要求;若 $N=2$,则将 $\varnothing$ 及 $\{a_1\}$ 都染白色,符合要求.

设当 $n=k$ 时,对 k 元集合 S_k 及整数 $N(0\leqslant N\leqslant 2^k)$,存在符合条件(1)(2)(3)的染色方法,考虑 $k+1$ 元集合 $S_{k+1}=\{a_1,a_2,\cdots,a_{k+1}\}$ 及整数 $N(0\leqslant N\leqslant 2^{k+1})$,记 $S_{k+1}=S_n\bigcup\{a_{k+1}\}$.

若 $0\leqslant N\leqslant 2^k$,则由归纳假设知可将 S_k 的所有子集染成白色或黑色,满足条件(1)(2)(3),再将含 a_{k+1} 的所有子集染黑色,此时染色满足条件(1)(2)(3).

若 $N=2^k+r(r=1,2,\cdots,2^k)$,则可先将含 a_{k+1} 的 2^k 个子集染

白色,并且由归纳假设可将 S_k 中 r 个子集染白色,其余染黑色,使满足条件(1)(2)(3).这时,对 S_{k+1},一共有 $N=2^k+r$ 个子集染白色,即条件(3)满足,且条件(1)(2)显然也满足,结论成立.特别地,令 $n=2\,002$,原题结论成立.

14. 如果存在 n 阶和谐数表,则称 n 是和谐阶的.

对一个 n 阶数表 A 中的一个数 a,如果 a 等于其邻格中的数的积,则称 a 在 A 中是和谐的.

对一个 n 阶数表 A,将 A 向右边翻转,并将其中的每一个数都换成它的倒数,得到的数表记为 $A_{纵}^{-1}$,则称 $A,A_{纵}^{-1}$ 是互为关于纵轴反对称的数表.

将 A 向下边翻转,并将其中的每一个数都换成它的倒数,得到的数表记为 $A_{横}^{-1}$,则称 $A,A_{横}^{-1}$ 是互为关于横轴反对称的数表.

将 A 向右边翻转,再接着向下边翻转,并将经过两次翻转后的每一个数都换成它的倒数,得到的数表记为 $A_{对}^{-1}$,则称 $A,A_{对}^{-1}$ 是互为关于对角反对称的数表.

我们先证明:若 k 是和谐阶的,则对任何正整数 p,有 $(k+1)p+k$ 都是和谐阶的.

实际上,设 k 阶和谐数表为 A,在 A 的右侧补一列格,每个格都填1,再在该列的右侧补一个 A 的关于纵轴反对称的数表 B,我们称对 A 进行了一次横向操作,然后对 B 进行类似的操作,连续 p 次横向操作后得到的 $k\times[(k+1)p+k]$ 数表记为 M.

在 M 的下方补一行格,每个格都填1,再在该行的下方补一个 M 的关于横轴反对称的数表 N,我们称对 M 进行了一次纵向操作,然后对 N 进行类似的操作,连续 p 次纵向操作后得到的 $[(k+1)p+k]\times[(k+1)p+k]$ 数表记为 U,下面证明 U 是和谐数表.

对 U 中任何一个数 a,如果 a 是操作中补充的1,则 a 两侧的两个相邻数互为倒数,另外的相邻数都是1,从而 a 在 U 中是和谐的.

如果 a 不是操作中补充的 1, 则 a 必定属于某个数表 A 或某个 A 关于横(纵、对角)轴反对称的数表 $A_{横}^{-1}(A_{纵}^{-1}、A_{对}^{-1})$, a 的邻格一部分就是它在 A 或 $A_{横}^{-1}(A_{纵}^{-1}、A_{对}^{-1})$ 中的邻格, 而另一部分邻格中的数都是 1, 由于 a 在 A 或 $A_{横}^{-1}(A_{纵}^{-1}、A_{对}^{-1})$ 中是和谐的, 所以 a 在 U 中是和谐的.

显然, $A = \begin{pmatrix} \omega & \omega^2 \\ \omega^2 & \omega \end{pmatrix}$ 是和谐的, 其中 $\omega^3 = 1$, 所以 2 是和谐阶的.

又 $B = \begin{pmatrix} x^2 & x & x^2 \\ x & x^4 & x \\ x^2 & x & x^2 \end{pmatrix}$ 是和谐的, 其中 $x^7 = 1$, 所以 3 是和谐阶的.

再由上述结论, 对任何正整数 p, 有 $3p+2, 4p+3$ 都是和谐阶的.

而 $2\,015 = 3 \cdot 671 + 2, 2\,015 = 4 \cdot 503 + 3$, 所以 2 015 是和谐阶的.

因为 $2\,015 = 3 \cdot 671 + 2$, 所以由 $A = \begin{pmatrix} \omega & \omega^2 \\ \omega^2 & \omega \end{pmatrix}$ 连续进行 $p = 671$ 次横向操作, 然后连续进行 $p = 671$ 次纵向操作, 可得到由 $\omega, \omega^2 (\omega^3 = 1)$ 构成的 2 015 阶和谐数表.

因为 $2\,015 = 4 \cdot 503 + 3$, 所以由 $B = \begin{pmatrix} x^2 & x & x^2 \\ x & x^4 & x \\ x^2 & x & x^2 \end{pmatrix}$ 连续进行 $p = 503$ 次横向操作, 然后连续进行 $p = 503$ 次纵向操作, 可得到由 $x, x^2, x^4 (x^7 = 1)$ 构成的 2 015 阶和谐数表.

故至少有 2 个不同的 2 015 阶和谐数表.

15. 显然 $m > 1$.

其次, $m \neq 2$, 否则, 设两个等差数列分别为 $\{a_n\}$、$\{b_n\}$, 公差分别为 d_1, d_2. 若 $d_1 = 1$, 则 $\{b_n\}$ 只有有限项, 矛盾. 若 $d_1 = 2$, 则因剩余

的项都属于$\{b_n\}$,从而$d_2=2$,矛盾.

下面证明$m\geqslant 3$时,一切m合乎要求,采用递归构造即可.

我们证明更强的命题:全体正整数可分割为m个没有公共项且公差不全相等的无穷等差数列的并,且公差最大的一个等差数列为$\{2^{m-1}n\}$.

当$m=3$时,取3个等差数列分别为$\{2n-1\},\{4n-2\},\{4n\}$,其中公差最大的一个等差数列为$\{2^{3-1}n\}$,结论成立.

设$m=k$时结论成立,并设k个等差数列分别为$\{a_n^{(1)}\},\{a_n^{(2)}\}$,$\cdots,\{a_n^{(k)}\}$,其中公差最大的一个等差数列为$a_n^{(k)}=2^{k-1}n$.

当$m=k+1$时,取$k+1$个等差数列分别为$\{a_n^{(1)}\},\{a_n^{(2)}\},\cdots$,$\{a_n^{(k-1)}\},\{2^kn-2^{k-1}\},\{2^kn\}$.

由归纳假设,$\{a_n^{(1)}\},\{a_n^{(2)}\},\cdots,\{a_n^{(k)}\}$的公差$d_1,d_2,\cdots,d_k$不全相等,且最大公差为$d_k=2^{k-1}$.

又$\{a_n^{(1)}\},\{a_n^{(2)}\},\cdots,\{a_n^{(k-1)}\},\{2^kn-2^{k-1}\},\{2^kn\}$的公差分别为$d_1,d_2,\cdots,d_{k-1},2d_k,2d_k$.

由于$2d_k=d_k+d_k\geqslant d_{k-1}+d_k>d_{k-1}$,从而$d_1,d_2,\cdots,d_{k-1}$,$2d_k,2d_k$不全相等,且公差最大的一个等差数列为$\{2^kn\}$,结论成立.

16. 我们找一个充分条件:从某个正整数开始,后面的正整数都可以按要求表出.即存在正整数N,当$n\geqslant N$时,存在正整数a_1,$a_2,\cdots,a_{2004}$,其中$1\leqslant a_1<a_2<\cdots<a_{2004}$,$a_i\mid a_{i+1}(i=1,2,\cdots,2003)$,使$n=a_1+a_2+\cdots+a_{2004}$.

我们证明更一般的结论,对任何正整数r,都存在正整数$N(r)$,当$n\geqslant N(r)$时,存在正整数$a_1,a_2,\cdots,a_r$,其中$1\leqslant a_1<a_2<\cdots<a_r$,$a_i\mid a_{i+1}(i=1,2,\cdots,r-1)$,使$n=a_1+a_2+\cdots+a_r$.

取$r=2004$,则得到原命题的证明.

采用递归构造.当$r=2$时,有$n=1+(n-1)$,要使$1<n-1$,只需$n\geqslant 3$,从而取$N(2)=3$即可.

假设当 $r=k$ 时结论成立,当 $r=k+1$ 时,取 $N(k+1)=4N(k)^3$,设 $n=2^a(2l+1)$,其中 $a,l\in \mathbf{N}$.

若 $n\geqslant N(k+1)=4N(k)^3$,即 $2^a(2l+1)\geqslant 4N(k)^3$,则两个不等式 $2^a\geqslant 2N(k)^2, 2l+1\geqslant 2N(k)$ 中,至少有一个成立;否则 $2^a<2N(k)^2,(2l+1)<2N(k)$,相乘,得 $2^a(2l+1)<4N(k)^3$,矛盾.

若 $2^a\geqslant 2N(k)^2$,我们先将 2^a 按要求表出.

取偶数 $2t\leqslant a$,使 $2^{2t}\geqslant N(k)^2$,即 $2^t\geqslant N(k)$,所以 $2^t+1\geqslant N(k)$,根据归纳假设,2^t+1 可按要求表出,即存在正整数 $b_1,b_2,\cdots,b_k$,其中 $1\leqslant b_1<b_2<\cdots<b_k, b_i\mid b_{i+1}(i=1,2,\cdots,k-1)$,使 $2^t+1=b_1+b_2+\cdots+b_k$.

于是,有
$$\begin{aligned}2^a &= 2^{a-2t}\cdot 2^{2t} = 2^{a-2t}\cdot[1+(2^t-1)(2^t+1)]\\ &= 2^{a-2t}+2^{a-2t}(2^t-1)(2^t+1)\\ &= 2^{a-2t}+2^{a-2t}(2^t-1)(b_1+b_2+\cdots+b_k)\\ &= 2^{a-2t}+2^{a-2t}(2^t-1)b_1+2^{a-2t}(2^t-1)b_2+\cdots\\ &\quad +2^{a-2t}(2^t-1)b_k,\end{aligned}$$

此时,有
$$\begin{aligned}n &= 2^a(2l+1)\\ &= 2^{a-2t}(2l+1)+2^{a-2t}(2^t-1)(2l+1)b_1\\ &\quad +2^{a-2t}(2^t-1)(2l+1)b_2+\cdots\\ &\quad +2^{a-2t}(2^t-1)(2l+1)b_k,\end{aligned}$$

结论成立.

若 $2l+1\geqslant 2N(k)$,我们先将 l 按要求表出.

因为 $l\geqslant N(k)$,根据归纳假设,l 可按要求表出,即存在正整数 $c_1,c_2,\cdots,c_k$,其中 $1\leqslant c_1<c_2<\cdots<c_k, c_i\mid c_{i+1}(i=1,2,\cdots,k-1)$,使 $l=c_1+c_2+\cdots+c_k$.

此时,有

$$n = 2^a(2l+1) = 2^a + 2^{a+1}l$$
$$= 2^a + 2^{a+1}(c_1 + c_2 + \cdots + c_k)$$
$$= 2^a + 2^{a+1}c_1 + 2^{a+1}c_2 + \cdots + 2^{a+1}c_k,$$

结论成立.

17. 对 n 归纳. 当 $n=1$ 时,取 $a_1=2$,结论成立.

设 $n \leqslant k$ 时结论成立,即存在 $r=1,2,\cdots,k$,使 $2^r | a_r$,且 a_r 的十进制表示中不含有数字 0.

(1) 若 $2^{k+1} | a_k$,则取 $a_{k+1} = 2 \cdot 10^k + a_k$,有 $2^{k+1} | a_{k+1}$.

由于 a_k 是 k 位数, $a_{k+1} = 2 \cdot 10^k + a_k$ 相当于在 a_k 的十进制表示前面添加一个数字 2,从而 a_{k+1} 的十进制表示中也不含有数字 0,结论成立,且 a_{k+1} 是 $k+1$ 位数,结论成立.

(2) 若 $2^{k+1} \nmid a_k$,因为 $2^k | a_k$,可设 $a_k = 2^k \cdot p$(p 为奇数).

令 $p = 2r+1$,则
$$a_k = 2^k \cdot (2r+1) = 2^{k+1} \cdot r + 2^k \equiv 2^k \pmod{2^{k+1}}.$$

取 $a_{k+1} = 10^k + a_k$,则
$$a_{k+1} = 10^k + a_k = 2^k \cdot 5^k + a_k$$
$$\equiv 2^k \cdot 5^k + 2^k \equiv 2^k(5^k+1) \equiv 0 \pmod{2^{k+1}}.$$

由于 a_k 是 k 位数, $a_{k+1} = 10^k + a_k$ 相当于在 a_k 的十进制表示前面添加一个数字 1,从而 a_{k+1} 的十进制表示中也不含有数字 0,结论成立,且 a_{k+1} 是 $k+1$ 位数,结论成立.

18. 首先证明如下的引理.

引理 对任意正整数 $n \geqslant 3$,可以将集合 $G_n = \{1,2,\cdots,n\}$ 的全部非空子集排成一个序列 $P_1, P_2, \cdots, P_{2^n-1}$,使得对任意的 $i \in \{1, 2, \cdots, 2^n - n - 2\}$,都有 $|P_i \cap P_{i+1}| = 1$,且 $P_1 = \{1\}, P_{2^n-1} = G_n$.

对 n 用数学归纳法.

当 $n=3$ 时,序列 $\{1\},\{1,2\},\{2\},\{2,3\},\{1,3\},\{3\},\{1,2,3\}$ 满足要求.

假设 $n = k(k \geqslant 3)$ 时,存在 G_k 的非空子集的序列 $P_1', P_2', \cdots, P_{2^k-1}'$ 满足要求,其中 $P_1' = \{1\}, P_{2^n-1}' = G_k$.

对于 $n = k+1$,构造如下序列:$P_1', P_{2^k-1}', P_{2^k-2}' \bigcup \{k+1\}$, $P_{2^k-3}', P_{2^k-4}' \bigcup \{k+1\}, P_{2^k-5}', P_{2^k-6}' \bigcup \{k+1\}, \cdots, P_3', P_2' \bigcup \{k+1\}, \{k+1\}, P_1' \bigcup \{k+1\}, P_2', P_3' \bigcup \{k+1\}, P_4', P_5' \bigcup \{k+1\}, \cdots, P_{2^k-2}', P_{2^k-1}' \bigcup \{k+1\}$.

显然,$P_1 = P_1' = \{1\}, P_{2^{k+1}-1} = P_{2^k-1}' \bigcup \{k+1\} = G_{k+1}$.

此外,$|P_1 \bigcap P_2| = |P_1' \bigcap P_{2^k-1}'| = |P_1'| = 1$,且由归纳假设有
$$|(P_2' \bigcup \{k+1\}) \bigcap \{k+1\}| = |\{k+1\}| = 1,$$
$$|\{k+1\} \bigcap P_1' \bigcup \{k+1\}| = |\{k+1\}| = 1,$$
且对 $r = 1, 2, \cdots, 2^k - 1$,有
$$|(P_r' \bigcup \{k+1\}) \bigcap (P_{r-1}')| = |P_r' \bigcap P_{r-1}'| = 1,$$
$$|P_{r-1}' \bigcap (P_r' \bigcup \{k+1\})| = |P_{r-1}' \bigcap P_r'| = 1,$$

所以,上述序列满足要求,引理获证.

解答原题 我们用数学归纳法证明下述加强命题:

对任意正整数 $n \geqslant 4$,可以将集合 $G_n = \{1, 2, \cdots, n\}$ 的全部元素个数不小于 2 的子集排成一列,为 $P_1, P_2, \cdots, P_{2^n-n-1}$,使得
$$|P_i \bigcap P_{i+1}| = 2 \quad (i = 1, 2, \cdots, 2^n - n - 2),$$
且 $P_{2^n-n-1} = \{1, n\}$.

实际上,当 $n = 4$ 时,序列 $\{1,3\}, \{1,2,3\}, \{2,3\}, \{1,2,3,4\}, \{1,2\}, \{1,2,4\}, \{2,4\}, \{2,3,4\}, \{3,4\}, \{1,3,4\}, \{1,4\}$ 满足要求.

假设当 $n = k(k \geqslant 4)$ 时,存在 G_k 的非空子集的序列 $P_1, P_2, \cdots, P_{2^k-k-1}$,满足
$$|P_i \bigcap P_{i+1}| = 2 \quad (i = 1, 2, \cdots, 2^n - k - 2),$$
其中 $P_{2^k-k-1} = \{1, k\}$.

对于 $n = k+1$,因为 $G_{k+1} = G_k \bigcup \{k+1\}$ 的全部子集可以分为两类:一类都不含有元素 $k+1$,而另一类都含有元素 $k+1$.

由前述引理,存在 G_k 的全部非空子集排成一个序列,为 q_1, $q_2,\cdots,q_{2^k-1}$,使得对任意的 $i\in\{1,2,\cdots,2^k-2\}$,都有 $|q_i\cap q_{i+1}|=1$,且 $q_{2^k-1}=\{1\}$,$q_1=G_k$.

构造序列 $P_1,P_2,\cdots,P_{2^k-k-1},q_1\cup\{k+1\},q_2\cup\{k+1\},\cdots,q_{2^k-1}\cup\{k+1\}$,由归纳假设及引理知,上述序列满足要求,且 $P_{2^{k+1}-(k+1)-1}=q_{2^k-1}\cup\{k+1\}=\{1,k+1\}$.

由归纳原理,原命题得证.

19. 设 M 是 X_n 的一个 $p-$相容子集,记 $|M|$ 的元素个数最大值为 $f(n)$.

为了使 $|M|$ 尽可能大,我们可取 $X_n=\{1,2,3,4,\cdots,n\}$ 中的所有非 p 的倍数的数都属于 M,因为任何 2 个非 p 的倍数的数都不具备 p 倍关系.这样,我们需要判断剩下的 p 的倍数的数是哪些,即判断 n 是否被剩下,于是对 n 按模 p 的余数分类讨论.

另外,当取定一些非 p 的倍数的数属于 M 时,这些数的 p 倍必须去掉(不属于 M),为了知道究竟去掉的是哪些数,需对 n 按模 p^2 的余数分类讨论.

(1) 如果 $n=p^2k(k\in\mathbf{N}^*)$,此时可取 $(1,2,\cdots,p-1),(p+1,p+2,\cdots,2p-1),(kp-p+1,kp-p+2,\cdots,kp-1)$ 属于 M,则 $p,2p,\cdots,p^2k-p$ 不能属于 M.此外,还剩下如下一些 p^2 的倍数的数:$p^2,2p^2,\cdots,kp^2$.这些数提取公因数 p^2 之后,剩下的因子构成连续自然数序列 $1,2,\cdots,k$.于是,$p^2,2p^2,\cdots,kp^2$ 中至多有 $f(k)$ 个数属于 M.于是,我们得到如下分块估计:

$A_i=\{pi-p+1,pi-p+2,\cdots,pi-1\}\cup\{p^2i-p^2+p,p^2i-p^2+2p,\cdots,p^2i-p\}$ $(i=1,2,\cdots,k)$,

$B=\{pk+1,pk+2,\cdots,pk+p-1,pk+p+1,\cdots,p^2k-1\}$,

$C=\{p^2,2p^2,\cdots,kp^2\}$.

则 M 至多含有各 A_i 中 $p-1$ 个元素,含有 B 中的全部 $(p-1)^2k$ 个元

素,含有 C 中的 $f(k)$ 个元素,所以 $f(p^2k) \leqslant (p-1)k + (p-1)^2k + f(k) = p(p-1)k + f(k)$.另一方面,$C$ 中存在一个 p-相容子集 C_1,使 $|C_1| = f(k)$,令 $M = \{pi-p+1, pi-p+2, \cdots, pi-1 | i \in \mathbf{N}, 1 \leqslant i \leqslant pk\} \cup C_1$,则 M 是 X_n 的 p-相容子集.实际上,对任何 $x, y \in M$,如果 $x, y \in \{pi-p+1, pi-p+2, \cdots, pi-1 | i \in \mathbf{N}, 1 \leqslant i \leqslant pk\}$,则因为 $x, y \not\equiv 0 \pmod{p}$,可知 $x \neq py$.如果 $x, y \in C_1$,则因为 C_1 是 p-相容子集,所以 $x \neq py$.如果 $x \in \{pi-p+1, pi-p+2, \cdots, pi-1 | i \in \mathbf{N}, 1 \leqslant i \leqslant pk\}$,$y \in C_1$,则因为 $px \equiv p, 2p, \cdots, (p-1)p \not\equiv 0 \pmod{p^2}$,$y \equiv 0 \pmod{p^2}$,可知 $x \neq py, y \neq px$.

因为 $|M| = p(p-1)k + f(k)$,所以 $f(p^2k) = p(p-1)k + f(k)$.

(2) 如果 $n = p^2k - 1(k \in \mathbf{N}^*)$,则进行如下分块估计:
$A_i = \{pi-p+1, pi-p+2, \cdots, pi-1\} \cup \{p^2i - p^2 + p,$
  $p^2i - p^2 + 2p, \cdots, p^2i - p\}$ $(i = 1, 2, \cdots, k)$,
$B = \{pk+1, pk+2, \cdots, pk+p-1, pk+p+1, \cdots, p^2k-1\}$,
$C = \{p^2, 2p^2, \cdots, (k-1)p^2\}$.

则 M 至多含有各 A_i 中的 $p-1$ 个元素,含有 B 中的全部 $(p-1)^2k$ 个元素,含有 C 中的 $f(k-1)$ 个元素,所以
$$f(p^2k-1) \leqslant (p-1)k + (p-1)^2k + f(k-1)$$
$$= p(p-1)k + f(k-1).$$

另一方面,C 中存在一个 p-相容子集 C_1,使 $|C_1| = f(k-1)$,令 $M = \{pi-p+1, pi-p+2, \cdots, pi-1 | i \in \mathbf{N}, 1 \leqslant i \leqslant pk\} \cup C_1$,则同样可知 M 是 X_n 的 p-相容子集,此时 $|M| = p(p-1)k + f(k-1)$,所以 $f(p^2k) = p(p-1)k + f(k-1)$.

(3) 一般地,如果 $n = p^2k - q(k \in \mathbf{N}^*, 1 < q \leqslant p)$,则进行如下分块估计:
$A_i = \{pi-p+1, pi-p+2, \cdots, pi-1\} \cup \{p^2i - p^2 + p,$

$$p^2i - p^2 + 2p, \cdots, p^2i - p\} \quad (i = 1, 2, \cdots, k),$$
$$B = \{pk + 1, pk + 2, \cdots, pk + p - 1, pk + p + 1, \cdots, p^2k - 1\} \setminus$$
$$\{p^2k - q + 1, p^2k - q + 2, \cdots, p^2k - 1\},$$
$$C = \{p^2, 2p^2, \cdots, (k-1)p^2\}.$$

则 M 至多含有各 A_i 中的 $p-1$ 个元素, 含有 B 中的全部 $(p-1)^2k - q + 1$ 个元素, 含有 C 中的 $f(k-1)$ 个元素, 所以

$$f(p^2k) \leqslant (p-1)k + (p-1)^2k - q + 1 + f(k-1)$$
$$= p(p-1)k + f(k-1).$$

另一方面, C 中存在一个 p-相容子集 C_1, 使 $|C_1| = f(k-1)$, 令

$$M = \{pi - p + 1, pi - p + 2, \cdots, pi - 1 \mid i \in \mathbf{N}, 1 \leqslant i \leqslant pk\}$$
$$\cup C_1 \setminus \{p^2k - q + 1, p^2k - q + 2, \cdots, p^2k - 1\},$$

则同样可知 M 是 X_n 的 p-相容子集, 此时 $|M| = p(p-1)k - q + 1 + f(k-1)$, 所以

$$f(p^2k - q) = p(p-1)k - q + 1 + f(k-1).$$

上式在 $q = 1$ 时也成立.

于是, 当 $q = 0$ 时, 有
$$f(p^{2016}) = f(p^{2014} \times p^2) = p(p-1) \times p^{2014} + f(p^{2014})$$
$$= p(p-1) \times p^{2014} + p(p-1) \times p^{2012} + f(p^{2012})$$
$$= \cdots = p(p-1) \times p^{2014} + p(p-1) \times p^{2012} + \cdots$$
$$+ p(p-1) \times p^0 + f(1)$$
$$= p(p-1)[p^{2014} + p^{2012} + \cdots + p^0] + 1$$
$$= \frac{p^{2017} + 1}{p + 1}.$$

当 $1 \leqslant q \leqslant p$ 时, 有
$$f(p^{2016} - q) = f(p^{2014} \times p^2 - q)$$
$$= p(p-1) \times p^{2014} - q + 1 + f(p^{2014} - 1)$$

$$= p(p-1) \times p^{2014} - q + 1$$
$$\quad + p(p-1) \times p^{2012} + f(p^{2012} - 1)$$
$$= \cdots$$
$$= p(p-1) \times p^{2014} - q + 1 + p(p-1) \times p^{2012}$$
$$\quad + \cdots + p(p-1) \times p^2 + f(p^2 - 1)$$
$$= p(p-1)[p^{2014} + p^{2012} + \cdots + p^2]$$
$$\quad - q + 1 + (p^2 - p)$$
$$= p(p-1)[p^{2014} + p^{2012} + \cdots + p^0] - q + 1$$
$$= \frac{p^{2017} + 1}{p + 1} - q.$$

综上所述,对所有 $0 \leqslant q \leqslant p$,有 $f(p^{2016} - q) = \dfrac{p^{2017} + 1}{p + 1} - q$.